新民主主义法治历程与经验研究

基于理论与实践的探索

刘晓慧◎著

光明日报出版社

图书在版编目（CIP）数据

新民主主义法治历程与经验研究：基于理论与实践
的探索/刘晓慧著 . -- 北京：光明日报出版社，
2023.12

ISBN 978-7-5194-7703-5

Ⅰ.①新… Ⅱ.①刘… Ⅲ.①社会主义法治－研究－
中国 Ⅳ.① D920.0

中国国家版本馆 CIP 数据核字（2023）第 250269 号

新民主主义法治历程与经验研究：基于理论与实践的探索
XINMINZHUZHUYI FAZHI LICHENG YU JINGYAN YANJIU：JIYU LILUN YU SHIJIAN DE
TANSUO

著　　者：刘晓慧

责任编辑：杨　茹　　　　　　　责任校对：杨　娜　温美静
封面设计：中联华文　　　　　　责任印制：曹　净

出版发行：光明日报出版社
地　　址：北京市西城区永安路 106 号，100050
电　　话：010-63169890（咨询），010-63131930（邮购）
传　　真：010-63131930
网　　址：http://book.gmw.cn
E － mail：gmrbcbs@gmw.cn
法律顾问：北京市兰台律师事务所龚柳方律师

印　　刷：三河市华东印刷有限公司
装　　订：三河市华东印刷有限公司
本书如有破损、缺页、装订错误，请与本社联系调换，电话：010-63131930

开　　本：170mm×240mm
字　　数：208 千字　　　　　　印　　张：17.5
版　　次：2025 年 1 月第 1 版　　印　　次：2025 年 1 月第 1 次印刷
书　　号：ISBN 978-7-5194-7703-5

定　　价：95.00 元

序

    中国特色社会主义法治道路是在改革开放40多年、新中国成立70多年、中国共产党成立百余年的伟大实践中走出来的。新民主主义革命时期，中国共产党领导中国人民在开展新民主主义法治建设的进程中，开始探索独具中国特色的法治之路。立足我国半殖民地半封建社会的基本国情，中国共产党创造性地运用马克思主义法治理论，先后形成了工农民主法治、抗日民主法治、人民民主法治的认识，开启了马克思主义法治理论中国化的历史进程。新民主主义法治理论与实践，是以毛泽东同志为主要代表的中国共产党人在思考中国法治问题、领导人民实行法治过程中形成的理论原则和经验总结，为新中国社会主义法治的创建奠定了坚实的法治基础，亦成为中国特色社会主义法治的红色基因和精神血脉。历史总能给人以深刻启示。系统研究新民主主义法治理论与实践，对于新时代新征程坚定不移走中国特色社会主义法治道路，贯彻中国特色社会主义法治理论，深入理解和把握习近平法治思想，更好发挥法治固根本、稳预期、利长远的保障作用，在法治轨道上全面建设现代化国家，都具有重要的理论价值和现实意义。基于以上背景和缘由，刘晓慧选择了"民主革命时期中国共产党对法治的认识及其当代启示研究"作为博士学位论文选题。

    2015年，她以优异成绩考入东北师范大学马克思主义学部马克思主义中国化研究专业攻读硕士学位，在硕士研究生期间，就参与了我主持的国家社科基金项目"中国共产党探索中国特色社会主义法治道路的历程与经验研究"的相关工作。同时，她结合自己的研究兴趣，独立撰写的《抗战时期陕甘宁革命根据地的法治建设及其当代启示》一文，获评"纪念全民族抗战爆发80周年暨陕甘宁边区政府成立80周年学术研讨会"优秀论文、吉林省中国共产党历史与理论研究会第二届优秀成果奖（论文类）一等奖。2018年，她又顺利通过东北师范大学马克思主义学部马克思主义中国化研究专业博士研究生考核，成为我指导的博士研究生。攻读博士学位期间，她勤奋刻苦，努力夯实本学科基础理论和专业知识，关注学科与学术前沿问题，不断提升自身的理论思维和研究能力。她以第一作者身份发表的学术论文《民主革命时期党对马克思主义中国化主题的认识——以毛泽东三篇经典著作为分析视角》（《思想理论教育导刊》，2021年第3期），被人大复印资料《毛泽东思想》（2021年第4期）全文转载。适逢新时代全面推进依法治国不断深入、全党全国党史学习教育的普遍展开以及中国共产党成立一百周年的重大历史节点，我支持她在已有研究的基础上进一步深入研究新民主主义革命时期中国共产党对法治的认识问题，她将此作为博士论文选题，最终完成了近18万字的博士学位论文，并顺利通过了论文答辩。本书正是她对博士学位论文进行充实修改的基础上完成的。

本书在系统梳理学界已有相关研究成果的基础之上，以新民主主义革命时期中国共产党对法治的理论认识与实践探索为主题，以马克思主义法治理论与中国革命实际相结合的历程为主线，力图从整体上研究新民主主义法治理论与实践的基本条件、历史脉络、主要成就以及经验启示，在研究视角、研究思路以及研究内容方面有所创新。

在研究视角方面，本书立足于马克思主义中国化研究视域，将新民主主义革命时期作为研究时段，以法治理论与实践作为核心命题，遵循历史与现实相结合、理论和实践相统一的原则，试图通过历史、理论、逻辑、实践的维度，综合运用文献研究法、比较研究法、跨学科研究法，对新民主主义法治理论与实践展开系统研究，将这一时期党对法治的理论认识与党在不同阶段的法治实践紧密衔接，着重分析和总结党在革命年代探索和运用法治方式的历史背景、发展进程和经验启示，进一步拓展马克思主义中国化的研究视野，丰富中国共产党推进马克思主义法治理论中国化时代化的研究成果。

在研究框架方面，本书将历史与现实、理论与实践有机统一起来，在历史的纵深中深入考察并分析了中国共产党探索新民主主义法治理论与实践的基本条件；在理论的建构上将中国共产党对法治的认识划分为互相区别又彼此联系的三个阶段，系统研究了党对工农民主法治、抗日民主法治以及人民民主法治认识的发展过程、主要成就及其内在关联，总结了新民主主义法治理论与实践的阶段性与整体性特征，并在总结和提炼中国共产党探索新民主主义法治理论与实践基本经验的基础上，面向新时代全面推进依法治国的现实要求，揭示了其对进一步坚持和完善中国特色社会主义法治的现实启示。

在研究内容方面，本书提出了一系列具有创新价值的理论观点。

第一，中国共产党对新民主主义法治理论与实践的探索经历了一个由浅入深、由相对简单到不断完善的历史过程，是这一时期马克思主义中国化时代化在法治领域的具体展现。从半殖民地半封建国家到新民主主义共和国的变革、从半殖民地半封建经济到新民主主义经济的变革以及从半殖民地半封建文化到新民主主义文化的变革构成了中国共产党探索新民主主义法治理论与实践的历史背景；马克思主义经典作家的法治思想为党探索新民主主义法治理论与实践奠定了坚实的理论基础，中华优秀传统法治思想和西方资本主义法治思想为党探索新民主主义法治理论与实践提供了思想资源镜鉴，中国传统法制向近现代法制的转型、马克思主义法治思想的传播、中国共产党对中国革命的主张是新民主主义法治理论与实践的现实依据。

第二，工农民主法治是中国共产党探索新民主主义法治理论与实践的初步成果。中国共产党成立后，就以民主革命纲领确立了法治建设的人民立场和反帝反封建的目标，党提出了废除旧法、创制新法、改革司法的主张，并将其贯彻到工农运动之中。中华苏维埃共和国成立后，党主张颁行统一的苏维埃法律，巩固工农民主政权，保障工农群众的民主权利和自由；要求建立各级司法机关，保障苏维埃法律的实施，贯彻民主原则，惩治和肃清反革命势力；强调广大工农群众对苏维埃法律的了解和运用，实现自己的利益和要求。同时，党逐步纠正了"左"倾路线影响下对法治的错误认识，党对工农民主法治的认识也随着抗战要求的提出开始转变。

第三，抗日民主法治标志着中国共产党探索新民主主义法治理论与实践取得重大突破。全国抗战爆发后，党明确要求制定符合抗战需要的新法律，将团结抗战作为法治建设的中心任务，颁行了保障和实现抗日人民的根本权益的各类法律；强调坚持党的领导、"三三制"原则、精兵简政原则，建立抗日民主政权的各级政府及其行政机关，依法执行政务；党坚持领导司法工作，规定由专门机关行使逮捕权和审判权，坚持法律面前人人平等，司法工作依靠群众、便利群众；党主张动员一切力量团结抗战，将法治宣传教育作为党的思想政治工作的重要内容。抗战后期，党以人民民主理念为指导，为建立民主联合政府做了法治方面的调整与准备。

第四，人民民主法治是中国共产党探索新民主主义法治理论与实践进一步深化的重要成果。抗战胜利后，在国共谈判过程中党提出了一系列有利于人民民主法治的主张和要求。全面内战爆发后，党将坚持人民解放战争、推翻美蒋反动统治、建立新中国作为法治建设的中心思想，主张适应人民民主政权的建立和巩固，构建并完善新民主主义法律体系、建立统一的行政制度和人民的司法制度。伴随着人民解放战争的胜利推进，党深刻揭露了国民党《六法全书》及一切反动法律的剥削本质，明确宣布废除旧法，并以制定和贯彻《中国人民政治协商会议共同纲领》为标志，确立了新民主主义国家的制度根基以及立法、司法的根本依据，为新中国社会主义法治的创立奠定了坚实基础。

第五，新民主主义法治理论与实践的探索表明，中国共产党作为推进马克思主义法治理论中国化时代化的核心主体，致力于推翻传统封建法律对人民的剥削、帝国主义对中国司法主权的破坏和掠夺以及国民党反动法律对人民的压迫和限制，主张建立既不同于资本主义、又不同于社会主义的新民主主义法律体系，发挥法律对于保障和实现广大人民的根本利益、惩治国内外敌人、确认和巩固人民民主政权、推动革命根据地经济社会建设的重要功能。中国共产党始终重视法治建设，坚持领导人民制定和执行新民主主义法律，不断总结和提炼法治建设的理论原则和实践经验，为探索具有中国特色且符合革命实际的法治道路、实现新民主主义法治向社会主义法治的过渡和转变，提供了根本保证、制度保障和理论指导。

第六，新民主主义法治理论与实践对于新时代坚持全面依法治国、推进法治中国建设具有重要的价值和启示。坚定不移推进马克思主义法治理论中国化、坚持党对法治的领导地位、坚持立足国情实际推进法治发展完善、坚持以人民为中心、坚持德治与法治有机结合的理论原则和实践经验，成为中国特色社会主义法治的红色基因。新时代新征程，继续深化和拓展新民主主义革命时期党对法治认识的研究，进一步揭示和阐明百余年来中国共产党领导人民探索和践行法治的历史逻辑、理论逻辑、实践逻辑，对于坚定不移走中国特色社会主义法治道路，创新发展中国特色社会主义法治理论，进而开创法治中国建设新局面、夯实全面建设社会主义现代化的法治保障具有重要的理论价值和现实意义。

党的十八大以来，以习近平同志为核心的党中央从坚持和发展中国特色社会主义的全局和战略高度定位法治、布局法治、厉行法治，创造性提出了关于依法治国的一系列具有原创性、标志性的新理念新思想新战略，形成了习近平法治思想。这一思想推动中国特色社会主义法治理论和实践实现新飞跃，标志着中国共产党对社会主义法治建设和人类法治文明发展的规律性认识达到新的历史高度，既为新时代新征程坚持全面依法治国、推进法治中国建设提供了根本遵循和行动指南，也提出了新的更高的要求。新民主主义法治理论与实践的历程及经验研究，有助于我们从历史和现实相贯通、理论和实践相结合上深刻理解和把握习近平法治思想。由于本研究涉及马克思主义理论、中共党史党建学、政治学、法学等诸多学科，研究的历史跨度和难度均较大，本书所依据的研究资料仍有待丰富和扩展，研究内容也有待进一步深入，对中国共产党探索新民主主义法治理论与实践经验启示的揭示和凝练还有一定的提升空间。希望刘晓慧在以后的学习和工作中不断拓展学术视野，厚积理论素养，持续进行研究并取得更有价值的成果。

应作者之邀，为本书作序。

李婧

2023年9月

目 录
CONTENTS

引 言

一、研究缘起与意义

法治是人类社会文明和进步的重要标志和成果,是现代国家和社会治理的主要方式。中国共产党历来重视法治建设。民主革命时期,以毛泽东同志为主要代表的中国共产党人坚持把马克思主义法治理论应用于中国实际,逐步探索新民主主义法治理论与实践,形成了对于工农民主法治、抗日民主法治、人民民主法治的认识,开启了马克思主义法治理论中国化的历史进程,为新中国社会主义法治的开创奠定了思想理论基础,也成为中国特色社会主义法治理论的红色基因和历史前提。对新民主主义法治理论与实践的探索进行系统而深入的研究,不仅有助于拓展马克思主义中国化研究视野,全面把握中国共产党成立百年以来法治理论与实践形成发展的整体面貌,总结和提升党在革命时期领导人民实行法治的理论原则与实践经验,而且对于深入理解和把握习近平法治思想,坚定不移走中国特色社会主义法治道路,贯彻中国特色社会主义法治理论,具有重要的价值和意义。

(一)研究背景与问题

崇尚和厉行法治,坚持把法治作为治国理政的基本方式,是中国共产党深刻总结百年来领导广大人民进行革命、建设和改革历程中的经验教训得出的重要结论。新时代,推进全面依法治国,既是坚持和发展中国特色社会主义的本质要求和重要保障，也是实现国家治理体系和治理能力现代化的必然要求。

改革开放以来，特别是党的十八大以来，高度重视法治成为党在新的历史起点上不断提升治国理政能力和水平的一条主线。十八届三中全会提出要推进法治中国建设的目标任务，十八届四中全会专门通过了《中共中央关于全面推进依法治国若干重大问题的决定》，对新时代全面依法治国做出了顶层设计和战略部署。党的十九大将全面依法治国作为坚持和发展中国特色社会主义的基本方略之一，确立了深化依法治国实践的具体安排。十九届四中全会进一步强调要坚持和完善中国特色社会主义法治体系，提高党依法治国与依法执政的能力与水平。2020年11月召开的中央全面依法治国工作会议，从把握新发展阶段、贯彻新发展理念和构建新发展格局的实际出发，进一步强调了全面依法治国对于推进国家治理体系和治理能力现代化、全面建设社会主义现代化国家和实现中华民族伟大复兴的重要意义，明确提出习近平法治思想并将其作为全面依法治国的根本遵循和行动指南。党的二十大报告明确将全面依法治国总体格局基本形成作为新时代十年来党和国家事业所取得的一项重要成就，明确提出要坚持全面依法治国，推进法治中国建设，构筑全面建设社会主义现代化国家坚实的法治轨道。这一系列重大举措充分表明，党对法治的认识不断深化、逐渐成熟。

中国共产党对法治的认识经历了一个长期的、不断深入的过程。民主革命时期，党运用马克思主义法治思想，依据不同阶段的政治形势和阶级状况，结合革命根据地实际，对新民主主义法治理论与实践的探索日益深化。建党之初，党在制定反帝反封建的民主革命纲领的同时，提出了自己的法治主张，党要求废除限制和压迫人民的法律、制定保护和实现人民利益的各类法律，改革司法制度，并在领导工农运动中注重法律保障工农权益，发挥了镇压破坏工人运动的反革命分子、惩治土豪劣绅的重要功能，萌发了对于法治的最初认识。土地革命时期，党立足土地革命战争的实际需要，进一步认识到制定和实施法律的必要性和重要性，伴随着中华苏维埃共和国的成立，党主张制定和实施统一的苏维埃法律，确认工农民主政权的性质地位，保障工农群众的民主和自由；要求建立各级司法机关，保障苏维埃法律的实施，贯彻民主原则，惩治和肃清反革命势力；强调广大工农群众对苏维埃法律的了解和运用，实现自己的利益和要求，初步形成了对于工农民主法治的认识。全面抗战时期，党将团结抗战作为法治建设的中心任务，进一步完善了各类法律，保障和实现抗日人民的根本权益；坚持党的领导、"三三制"原则、精兵简政原则，建立抗日民主政权的各级权力机关和行政机关，依法执行政务；党坚持领导司法工作，规定由专门机关行使逮捕权和审判权，坚持法律面前人人平等，司法工作依靠群众、便利群众；党主张动员一切力量团结抗战，注重开展法治宣传工作，进一步形成了对于抗日民主法治的认识。解放战争时期，党将推翻国民党反动统治、建立新中国作为法治建设的中心思想，主张适应人民民主政权的建立和巩固，构建和完善新民主主义法律体系、建立统一的行政制度和人民的司法制度，深化对于人民民主法治的认识。伴随着人民解放战争的胜利推进，党揭露了国民党反动法律的剥削本质，宣布废除旧法，为新中国法治建设扫清了障碍。民主革命时期党对法治的认识，是党将马克思主义法治思想与中国革命相结合，思考和解决中国法治问题过程中形成的理论原则和经验总结，奠定了新中国社会主义法治的理论基础，也是中国特色社会主义法治的红色基因和精神血脉。

20世纪80年代至今，学界对于新民主主义法治理论与实践的相关研究主要以中国革命法制史和革命根据地法律制度（新民主主义法律制度）为主题，运用中共党史、法制史和法学的方法，对革命根据地法律制度的发展历程、主要内容、基本特征和历史地位进行了广泛研究。但是，新时代全面依法治国视域下，对新民主主义法治理论与实践的研究，还有需要进一步深化的问题，如这一时期中国共产党对法治认识的整体水平，如何理解党对法治的认识与马克思主义法治理论中国化的关系，党对法治认识遵循怎样的历史逻辑、理论逻辑和实践逻辑，在此基础上进一步总结党对法治认识的经验启示。运用马克思主义中国化研究学科的基本理论与方法，系统研究民主革命时期党对法治认识的基本条件、历史脉络和主要成就，挖掘其当代价值，有助于凝练党领导人民实行法治的成功经验，丰富与发展符合中国实际的、具有中国特色的社会主义法治理论，以期为新时代全面依法治国提供学理支撑和历史镜鉴。

（二）研究意义

第一，有助于从整体上把握新民主主义法治理论与实践。本研究以民主革命时期为研究区间，以党对法治的认识为主题，分析了党对法治认识的历史背景、理论基础、思想资源以及实践前提，梳理了新民主主义法治理论与实践的历史进程，重点论述了党对工农民主法治、抗日民主法治、人民民主法治的认识，深刻揭示了党对法治认识对于新时代全面依法治国的重要启示。本研究将民主革命时期党对法治的认识与革命各个阶段的法治实践结合起来，阐明了这一时期党对法治认识的历史逻辑、理论逻辑和实践逻辑，实现了对新民主主义法治理论与实践的整体性、系统性、全面性研究。

第二，有助于丰富马克思主义法治理论中国化的研究成果。作为马克思主义中国化开创和奠基的重要阶段，新民主主义革命时期，以毛泽东同志为主要代表的中国共产党人从中国革命实际和法治国情出发，在政策指导和参与实践的过程中提出了一系列法治建设的理论观点和方法原则，在特殊的历史条件下逐步深化了对法治的认识，成为这一时期党推进马克思法治理论中国化的重要成果。系统分析和研究中国共产党对法治认识的历史背景、理论与实践条件、发展脉络、基本成就以及经验启示，对于丰富马克思主义法治理论中国化时代化研究成果具有重要意义。

第三，有助于总结新民主主义法治理论与实践探索的历史经验，为新时代中国特色社会主义法治建设提供现实启迪，坚定中国特色社会主义法治道路自信。民主革命时期党对法治的认识，是党在特殊历史条件下思考和探索法治的形成的理论原则和经验结晶，是中国特色社会主义法治建设弥足珍贵的本土资源和历史借鉴。深入研究民主革命时期党对法治的认识，有助于理解党在法治建设历程中的重要作用，总结和提炼党领导人民实行法治的成功经验，在宏观的历史进程中准确把握法治建设的基本规律，对新时代坚定不移走中国特色社会主义法治道路，开创法治中国建设新局面具有重要的理论与实践意义。

二、研究现状与述评

学界对于新民主主义法治理论与实践的相关研究开始于20世纪80年代，自党的十八届四中全会召开，明确做出总结和提炼党领导法治实践的历史经验，以促进法治理论创新的要求以来，学者们关于民主革命时期党的法治理论和实践的研究更为深入，研究成果主要集中在以下四个方面：

（一）马克思主义法学理论在中国的传播研究

自五四运动爆发后，伴随着马克思主义在中国影响的逐渐扩大，作为马克思主义科学理论体系重要组成部分的马克思主义法学理论，开始在中国广泛传播。学者们围绕其在中国传播的历史背景、思想境遇及其传播展开研究。

第一，马克思主义法学理论在中国传播的历史背景。学者们普遍认为，五四运动之后是马克思主义法学理论在中国传播的历史起点，其之所以能够在中国大地广泛传播，有着特殊的政治、经济、思想等历史条件。公丕祥、蔡道通分析了马克思主义法学得以被接受和传播的文化前提、阶级基础与思想基础。[①]张小军在考察马克思法学传入中国的语境时指出，在中国，马克思主义法学理论的传播既受马克思主义理论广泛传播的影响，也与中国的实际命运、俄国十月革命的激励密切相关，同时近代早期共产主义者也有意介绍和传播马克思主义法律观和苏俄法律制度。[②]宋秉武等人认为，对中国先进知识分子而言，他们之所以能够接受历史唯物主义法律观，蕴含着深刻的社会历史缘由：青年学生群体与无产阶级的急速壮大构成其坚实的阶级基础；在经济基础方面，辛亥革命以来中国社会境况的恶化，广大农民生活艰苦、处境艰难，社会矛盾不断激化，促使知识分子开始关注和研究工农问题，探寻解决方法；新文化运动之后，中国社会前所未有的思想解放，为马克思主义法学理论的广泛传播，并进一步成为主流，奠定了深厚的思想基础。[③]付子堂认为，辛亥革命后，中国社会的现实与思想都处于混乱状态，政治动荡，帝国主义列强在经济上的干预和垄断，

---

① 公丕祥，蔡道通. 马克思主义法律思想通史：第3卷［M］. 南京：南京师范大学出版社，2014：27-31.

② 张小军. 马克思主义法学理论在中国的传播与发展：1919—1966［M］. 北京：中国人民大学出版社，2016：24-25.

③ 宋秉武，赵菁，杨栋. 马克思主义法律思想研究［M］. 北京：中国社会科学出版社，2017：232-233.

中国工农饱受艰难困苦，工人阶级在五四运动后和马克思主义者的结合，新文化运动的洗礼、对第一次世界大战的反思以及群众观念的变迁为中国马克思主义法律思想的产生提供了社会、政治、经济以及思想背景。

第二，马克思主义法学理论在中国传播的境遇。学者们普遍认为，当时中国社会处于政治、思想以及文化的急剧性变革之中，马克思主义法学传入中国的境遇相当复杂。公丕祥在考察五四时期的各种社会思潮时，认为马克思主义及其法学理论在与国粹主义思想、无政府主义思潮、三民主义思想等多种社会思潮的交流与激烈角逐中，凸显了其理论自身蕴含的科学性与发展潜力。① 在此基础上，公丕祥进一步阐明了马克思主义法学理论在中国传播的鲜明特色，他认为，马克思主义法学思想在中国的传播具有强烈的实用性，是出于推翻专制和服务于革命的实际需要，以先进性确立了主导地位，并且与马克思主义理论交织传播。② 张小军等着重研究了马克思主义法学在民国的境遇，认为马克思主义法学对当时的法学家或多或少都有些影响，且有些研究成果也达到了一定高度，但整体力量还是比较弱小，总体上看，民国法学界对于马克思主义法学的态度可分为积极介绍、企图利用、企图调和马克思主义与资本主义、彻底否认和反对四种类型，并认为马克思主义法学未能在民国学界占据一席之地的原因，一是由于马克思主义法学自身的阶级性，遭受代表中国大资产阶级利益的国民党政府的限制和禁止；二是民国法学界西方各类法学流派盛行，多以批判和修

---

① 公丕祥. 马克思主义法学中国化的进程［M］. 北京：法律出版社，2012：40-48.
② 公丕祥. 马克思主义法学中国化的进程［M］. 北京：法律出版社，2012：55-60.

正的态度对待马克思主义法学。① 同时，他详细阐述了民国时期的学者郑竞毅、彭学海、肖邦承、史家祺等人围绕马克思主义法学以及苏联法律哲学所展开的理论研究和相关介绍。② 张小军还研究了五四时期苏俄社会主义法制在中国的传播。③ 孙明春指出，20世纪20年代，马克思主义及其法律思想作为外来理论，遭受国民党的排挤和打压，其影响十分有限，且与其他法学思想展开交锋和互动的空间也被限制。④ 程波考察了黄右昌对唯物史观和法社会学的运用，张知本对"唯物派法律学"类型的划分，丘汉平、吴经熊对于法律唯物史观的保留态度和批判介绍，以及张君劢等人对马克思主义国家和法律观的批判，认为尽管自由主义法学与马克思主义法学彼此对立，但其对马克思主义法学思想进行了间接介绍和传播。⑤ 付子堂等人指出，作为国民党元老、早期领导人之一、担任南京政府立法院长的胡汉民，在其著作《唯物史观批评之批评》《阶级与道德学说》以及《从经济基础观察家族制度》之中，传播了历史唯物主义法律思想，认为在研究中国马克思主义法律思想起源这一课题时，胡汉民应算一位标志性人物。⑥

第三，马克思主义法学理论的广泛传播。五四新文化运动之后，

---

① 张小军，张天羽啸. 马克思主义法学在民国法学界境遇概览［J］. 新疆大学学报（哲学·人文社会科学版），2010，38（06）：48-50.

② 张小军. 马克思主义法学理论在中国的传播与发展：1919—1966［M］. 北京：中国人民大学出版社，2016：70-94.

③ 张小军. 五四时期苏俄社会主义法制在中国传播的过程和特点［J］. 马克思主义与现实，2021（01）：195-202.

④ 孙明春. 超越"中西之争"：百年中国法学演进［J］. 中国社会科学评价，2019（03）：75.

⑤ 程波. 二十世纪二、三十年代中国法学话语的多面性［J］. 法学杂志，2011，32（04）：23-26.

⑥ 付子堂. 马克思主义法学理论的中国实践与发展研究［M］. 北京：中国人民大学出版社，2020：153.

更多的先进中国知识分子开始转入马克思主义的宣传和研究之中，李大钊、陈独秀、李达、杨匏安、瞿秋白等人不仅为马克思主义法学理论的广泛传播做出了重大贡献，也为日后推进马克思主义法学理论在中国的丰富发展进入新阶段创造了有利条件。公丕祥、蔡道通研究了陈独秀、李大钊、蔡和森、瞿秋白、邓中夏等人对马克思主义法学理论的宣传和介绍。① 他们指出，陈独秀在《谈政治》中对阶级斗争学说和无产阶级专政学说进行了初步阐释，指出了无产阶级必须掌握国家机器、掌握反映民众利益的法律、消除包括法律在内的剥削工具的观点；李大钊通过撰写和发表《我的马克思主义观》《社会主义与社会运动》《平民政治与工人政治》等一系列重要著述，在系统研究马克思主义的同时提出经济基础决定法律的形式与内容、一定的法律服务和服从于一定的经济基础，着重强调只有无产阶级的政治才是平民政治、只有社会主义的法律才是平民主义的法律等一系列鲜明观点。作为在中国最早介绍和传播马克思主义法学的先进知识分子之一，李大钊对历史唯物主义法学观进行了深刻而系统的研究与阐述，也对这一科学法律观在现实中的应用倾注了大量精力，大大推动了马克思主义法学在中国的传播；蔡和森曾负责主办《向导》周报并发表了多篇政治理论文章，在大量阅读以及翻译马克思主义理论经典著作的基础之上，提出法律是统治阶级意志的体现，阶级基础决定法律性质和发展趋势，只有无产阶级的政权才能实现法治国家的理想等观点；瞿秋白担任《新青年》《前锋》刊物的编辑工作，后来在《社会科学概论》《社会哲学概论》以及《现代社会学》等著作中，对马克思主义的法学思想进行了详尽介绍，并以此深刻揭露了国民党反动法律的阶级属性，提出要

---

① 公丕祥，蔡道通. 马克思主义法律思想通史：第3卷［M］. 南京：南京师范大学出版社，2014：51-129.

以体现广大劳动人民意志和利益的革命法律代替反动的专制法律；邓中夏则将马克思主义法律观贯彻于中国工人运动，通过撰写和发表《我们的力量》《论工人运动》和起草《劳动法大纲》，主张开展劳动立法，将广大工人群众要求实现自身权益的纲领确立下来，明确劳工阶级的法权要求，努力培养工人阶级的法律意识，使马克思主义的国家和法律学说得到丰富和发展。付子堂指出，李大钊在《我的马克思主义观》一文中，详述了马克思历史唯物主义的基本原理，认为这是其法律思想内在的理论基础与方法原则。同时，李大钊发表的《物质变动与道德变动》一文，触及了马克思主义法律思想中法的历史发展理论。[①] 张小军认为，1920年后，李大钊、陈独秀、杨匏安、朱镜我、李达等人推动了马克思法律观在中国的广泛传播。[②] 其中，陈独秀、李大钊二人先后撰写和发表的《我的马克思主义观》《马克思学说》等著作，在传播和研究马克思主义理论的同时，触及了马克思主义的法律观，提出了法由经济基础决定、无产阶级夺得政权后各项事业必须依法进行、社会主义的民主与专政和无产阶级的法律职能是实现公共事务的管理等观点；杨匏安则通过连续十九天登载《马克思主义》（一称科学的社会主义），在阐发历史唯物主义基本观点的同时，对马克思主义法学理论中关涉法的经济基础、阶级实质以及发展规律等问题进行了粗略考察与分析；瞿秋白以1920年至1923年对苏维埃俄国的考察为基础，在《社会哲学概论》《现代社会学》等著作中阐释了马克思主义关于国家与法的一般问题；朱镜我于1929年在《新华文化》创刊号上发表《法的本质》，以马克思主义法理学视角，揭示了法的根本性质、公法与私

---

① 付子堂. 马克思主义法学理论的中国实践与发展研究 [M]. 北京：中国人民大学出版社，2020：140-145.

② 张小军. 马克思主义法学理论在中国的传播与发展：1919—1966 [M]. 北京：中国人民大学出版社，2016：43.

法、民主主义国家宪法的产生和实行、民众权利以及权利战胜等问题，同时严厉批判了资产阶级法学；李达是我国传播马克思主义的先驱之一，在其撰写的教材《法理学大纲》中，详述了马克思主义的法学方法、法的本质、法的功能与作用、国家与法以及道德与法的关系等重大问题。刘青和李龙指出，李达不仅详述了马克思主义科学理论的三大组成部分，同时，他撰写的《法理学大纲》，以唯物辩证法为指导，科学阐释了法理学的基本内容，对马克思主义法学的基本原理进行了系统论述。李达毕生致力于马克思主义宣传和法学教育的理论与实践，成为马克思主义法学中国化的奠基者。①

（二）马克思主义法学理论中国化研究

百年以来，中国共产党不断推进马克思主义法学理论与中国实际相结合，取得了丰硕的理论与实践成果。围绕马克思主义法学理论中国化的相关核心问题，学界积累了一定的研究成果。

第一，马克思主义法学理论中国化的基本命题及概念。学者们普遍认为，马克思主义中国化命题的提出并获得普遍认同，是马克思主义法学理论中国化开启的重要前提，后者是前者的重要组成部分。蒋传光指出，二者在发展脉络与路径方面存在一致性，但就关系而言，他们是部分与整体的关系，后者既是前者的重要内容，也是逻辑上的必然结果。②张文显认为，二者同步生成、同步展开，同时也辩证相关。可以准确地说，马克思主义法学理论中国化不仅仅是马克思主义中国化在法学或者法治方面的详细展开与具体呈现，也是党领导人民百年

---

① 刘青，李龙. 李达：马克思主义法学中国化的奠基者［J］. 马克思主义研究，2019（06）.

② 蒋传光. 马克思主义法学理论在当代中国的新发展［M］. 南京：译林出版社，2017：7-8.

实践所必然围绕的核心课题。① 马治国对马克思主义法学中国化的可能性进行了分析。② 王永杰指出，马克思主义法学中国化与马克思主义中国化相互影响，二者关系主要体现为一致性与相应性、原则性与具体性以及互补性和互动性。③ 蒋传光基于对马克思主义法学理论中国化主客体关系的理解，阐明了其内涵，并辨析和厘清了相关概念。④ 他认为，在涉及的诸多概念之间，马克思主义法学理论中国化最为准确，可以与马克思主义法学中国化通用。笔者认为，这些概念尽管存在些许差异，但都一致分析并强调了马克思主义经典作家形成了对法的科学认识和理论成果。

第二，马克思主义法学理论中国化的历史演进、理论成果及经验启示。学者们共识性的观点认为，马克思主义法学中国化经历了两大历史阶段，其理论成果凝练为不同时期党的主要领导人的法律思想，且研究还在不断深入。孙国华等将马克思主义法学原理的中国化分为两个相互联系的阶段，一是毛泽东人民民主专政及其法制理论，二是中国特色社会主义民主政治和法治理论。⑤ 蒋传光认为，中国化马克思主义法学理论由毛泽东法律思想和中国特色社会主义法学理论共同组

① 张文显. 马克思主义法学中国化的百年历程［J］. 吉林大学社会科学学报, 2021（04）: 5.

② 马治国. 论马克思主义法学的中国化——马克思主义法学对中国特色社会主义法制建设的指导地位［J］. 中国特色社会主义研究, 2008（05）: 61-62.

③ 王永杰. 从普适性到地方性马克思主义法学中国化研究［M］. 上海: 东方出版中心, 2011: 27-29.

④ 蒋传光. 马克思主义法学理论在当代中国的新发展［M］. 南京: 译林出版社, 2017: 10-13.

⑤ 孙国华, 龚刚强. "科学、民主、人权、法治"的中国之路探索与理论精髓——马克思主义法学原理中国化六十年［J］. 法学杂志, 2009, 30（10）: 1-2.

成，其中后者的历史脉络可进一步分为四个阶段。^①马京平认为，1947年，毛泽东提出了关于新民主主义法律的重大论断，使马克思主义法学理论中国化内在蕴含着的本质特性在延安时期就得以确立，而这也是早期马克思主义法学理论中国化形成的标志。^②李龙等指出，马克思主义法学中国化经历了四个里程碑^③，即启蒙阶段（1921—1927）和马克思主义法学指导下的法制实践阶段（1927—1949）、奠基时期（1949—1978）、重要转折时期（1978—2012）和全新时代（2012年至今）。^④张文显认为，马克思主义法学中国化在马克思主义中国化历程中具有特殊意义，马克思主义法学相应地发生三次历史性飞跃，产生了三大标志性成果。^⑤公丕祥认为，百年中，马克思主义国家与法学说中国化经历了三次历史性飞跃，其主要标志性成果可以分别凝练为革命、建设和改革各个时期党和国家的主要领导人关于国家与法的学说。^⑥基于对马克思主义法学中国化历史进程与理论成果的全面梳理，学者们进一步深刻总结和阐述了推进马克思法学中国化的经验启示。李婧、田克勤认为，党在推进马克思主义法律思想中国化进程中积累了重要经验，要以科学的态度对待马克思主义法律思想、正确把握中国国情、推动

---

① 蒋传光. 马克思主义法学理论在当代中国的新发展［M］. 南京：译林出版社，2017：15.

② 马京平. 延安时期马克思主义法学理论中国化初探［J］. 西北大学学报（哲学社会科学版），2015，45（04）：146.

③ 李龙. 马克思主义法学中国化的光辉历程——兼论社会主义法治理念的历史地位［J］. 政治与法律，2008（01）：2-7.

④ 李龙，刘玄龙. 马克思主义法学中国化的百年历史回顾与时代展望［J］. 社会科学战线，2021（03）：25-37.

⑤ 张文显. 马克思主义法学中国化的百年历程［J］. 吉林大学社会科学学报，2021（04）：5-25.

⑥ 公丕祥. 马克思主义国家与法的学说中国化百年行程［J］. 社会科学战线，2021（05）：12-25.

马克思主义法律思想与中国法治的具体实际相结合。① 孙国华认为，要坚持以马克思主义为指导，坚持理论联系实际，并不断发展马克思主义法学，正确认识和处理马克思主义法学与其他法学理论、政治文明、法律文化之间的关系，培养和树立良好的马克思主义学风。② 唐丰鹤、王永杰认为，马克思主义法学中国化理论成果表现出了显著的民族性与时代性，在内容构成方面一脉相通，积累了重要经验。③ 封丽霞指出，推进法治建设，必须始终将马克思主义法律理论和中国法治实践相结合，走符合中国国情的法治道路。④ 张文显指出，推进马克思主义法学理论中国化，必须挖掘经典文献，系统总结中国特色社会主义法治实践，并进行理论概括和理念提升，挖掘中华传统法学思想，辩证吸收和提炼西方法学理论。⑤ 公丕祥认为，百年以来中国共产党在推进马克思主义国家与法的学说中国化的历程中积累了重要经验，必须立足社会革命，必须坚持马克思主义国家与法的学说及其中国化成果的指导地位，必须紧紧跟随实际和实践发展，必须着眼于现实问题的思考并彰显其时代特色。⑥

第三，马克思主义法治理论中国化研究。有学者指出，马克思主义法学的核心是法治理论，马克思主义法治理论中国化，即是将马克

①　李婧，田克勤. 马克思主义法律思想中国化的历史进程及其经验启示——基于中国特色法律体系构建的视角 [J]. 马克思主义研究，2009（09）：113-115.

②　孙国华. 中国特色社会主义民主、法治理论的核心 [J]. 法学家，2009（05）：4-5.

③　唐丰鹤，王永杰. 论马克思主义法学中国化与社会主义法律体系的建立 [J]. 毛泽东邓小平理论研究，2011（06）：55-60.

④　封丽霞. 马克思主义法律理论中国化的当代意义 [J]. 法学研究，2018，40（01）：17.

⑤　张文显. 马克思主义法学中国化的百年历程 [J]. 吉林大学社会科学学报，2021（04）：22.

⑥　公丕祥. 马克思主义国家与法的学说中国化百年行程 [J]. 社会科学战线，2021（05）：12-25.

思主义法治理论创造性运用于中国法治的具体实际，并将其实践经验提升为理论的过程。① 以此为研究视角，王峰在其博士论文中，阐释了马克思主义法治理论得以中国化的必要性与可能性，系统梳理了其历史进程和理论成果，深刻揭示了其历史地位和经验启示。他立足新的时代条件，对中国法治实践中如何解读和具体展开马克思主义法治理论、如何本土化、如何应对现实挑战，提出了具体的应对措施。② 强调依据中国的具体实践掌握马克思主义法治理论蕴含的精神实质、扬弃中国传统法律文化、充分汲取西方法治经验。③ 唐立军认为，马克思主义法治理论中国化的历程分为前奏、开端、发展和成熟四个阶段，在此过程中要准确把握马克思主义法治理论精髓，科学把握马克思主义法治理论与中国传统法治文化的关系，吸收西方法治优秀经验。④ 李其瑞等人立足于理论和实践两个维度，回顾了新中国成立70年来马克思主义法治理论中国化的历史进程，并从宏观和微观角度出发，研究了中国走向法治的必然过程。⑤

党的十八大以来，伴随着党对法治的高度重视，学界对马克思主义法治理论中国化的研究给予了更大关注，特别是习近平法治思想成为学术热点后，有关这一命题的研究更加深入，既有成果主要集中在以下两个方面。

① 王峰. 马克思主义法治理论中国化研究 [D]. 青岛：中国石油大学，2011.

② 王峰. 马克思主义法治理论中国化进程中的挑战与应对 [J]. 法律适用，2011（02）：47-52.

③ 王峰. 关于马克思主义法治理论中国化的思考 [J]. 山东社会科学，2011（04）：69-72.

④ 唐立军. 马克思主义法治理论中国化研究 [J]. 哈尔滨师范大学社会科学学报，2014（06）：26-28.

⑤ 李其瑞，邱昭继，王金霞，等. 马克思主义法治理论中国化70年 [M]. 北京：中国法制出版社，2019：5.

一是，阐明马克思主义法治理论是习近平法治思想的理论来源。公丕祥强调，对马克思主义的法治本体论、辩证论、价值论、发展论、国情论的全面贯彻和丰富发展，构成习近平法治思想的理论逻辑。① 李林指出，马克思主义经典作家尽管没有提出系统完整的法治理论，但是其所持的法治立场、观点与方法蕴涵着关键的理论价值与现实意义，主要内容包括法由经济基础决定、法具有鲜明阶级性、法以社会为基础、实行人民民主、用宪法法律巩固和发展人民民主与国家政权、实行共产党领导。② 莫纪宏认为，习近平法治思想继承了马克思主义法治理论中法的本质、法的经济基础、社会主义法律的专政职能、法治建设坚持实事求是和一切从实际出发、法律内部和谐一致与法律规范之间不矛盾等思想精髓。③ 张文显指出，马克思、恩格斯第一次科学揭示了法的本质、特征、规律与价值，论述了科学的法学世界观、方法论和价值论，习近平法治思想实现了对其的继承、创新和发展。④ 许先春指出，党在各个时期，始终将马克思主义关于法的发展规律、价值取向和社会功能等理论观点应用于中国实际，不断探索法治建设规律，正是在这样的理论和实践基础上习近平法治思想才得以形成发展。⑤ 江必新纵观法治理论的发展脉络，认为马克思主义法治理论以显著的历史唯物主义特性，在揭露资产阶级法治虚伪性的同时，对构建社会主

---

① 公丕祥. 习近平法治思想：马克思主义法治思想中国化的第三次历史性飞跃［J］. 法治现代化研究，2021，5（01）：28-42.

② 李林. 习近平法治思想的理论渊源［N］. 光明日报，2021-01-21（11）.

③ 莫纪宏. 习近平法治思想的理论渊源及发展脉络［J］. 中国井冈山干部学院学报，2021（03）：5-24.

④ 张文显. 习近平法治思想的实践逻辑、理论逻辑和历史逻辑［J］. 中国社会科学，2021（03）：4-25.

⑤ 许先春. 习近平法治思想的形成基础、内在逻辑和辩证品格［J］. 马克思主义与现实，2021（02）：51-58.

义法治提出基本设想，成为中国共产党人法治思想的理论源头和实践遵循。① 李娟指出，马克思主义法治理论对21世纪中国法治道路拓展具有重要意义，它不仅有助于揭露资本主义宪政道路的阶级性和局限性，而且有助于科学把握中国特色社会主义法治道路的党性和人民性。② 张奇指出，马克思、恩格斯揭示了法的本质、价值与发展规律，在此基础上，列宁从立法、执法、司法等角度进一步阐述了社会主义法治的构想，这一系列理论观点奠定了习近平法治思想的坚固基石。③ 戴艳军、段中卫认为，马克思、恩格斯运用历史唯物主义对法律的概念及其本质属性做出了科学阐释，列宁进一步系统论述了社会主义历史条件下的法治建设，这些都为习近平法治思想的形成提供了科学的世界观、方法论和有益借鉴。④

二是，论述习近平法治思想对于坚持和发展马克思主义法治理论的重要意义。杜艳艳指出，习近平总书记以马克思主义法治思想为基石，创造性地提出了中国特色社会主义法治道路、体系、原则、方针、布局等，促进了马克思主义法治思想在理论和实践方面的创新。⑤ 公丕祥指出，习近平法治思想作为当下中国法治实践的理论结晶，以其独有的关于法治的时代精神、战略视野、逻辑体系以及价值导向，开启

---

① 江必新. 习近平全面依法治国新理念新思想新战略对法治理论的发展［J］. 法学杂志，2020，41（05）：1–16.

② 李娟. 新时代马克思主义法治理论的科学内涵与时代价值［J］. 理论月刊，2019（07）：13–19.

③ 张奇. 习近平法治思想的理论渊源、基本特征与重要意义［J］. 思想教育研究，2021（01）：20–25.

④ 戴艳军，段中卫. 论习近平全面依法治国思想的理论渊源［J］. 马克思主义与现实，2017（03）：176–181.

⑤ 杜艳艳. 当代马克思主义法治思想的理论与实践创新［J］. 学习与实践，2017（01）：29–36.

了马克思主义法治思想中国化的第三次历史性飞跃。① 张文显认为，习近平法治思想内容丰富、系统完备，形成了"三基""三新""六论"等学理逻辑，集中体现了中国共产党在法治领域的鲜明特质，习近平同志为此做出了独创性、原创性、继承性贡献。② 金国坤指出，习近平法治思想以其科学的战略思维、系统思维和辩证思维方法论，丰富了马克思主义法治理论。③ 莫纪宏认为，习近平法治思想顺应了时代的要求，迎合了现实的需要，不仅承续了马克思主义经典作家关于法治的核心理念，同时以其理论观点的实践性、针对性和具体性，推动了马克思主义法治理论与时俱进，巩固和捍卫了马克思主义在法治领域的意识形态阵地。④ 翟国强指出，习近平法治思想继承了马克思主义法治理论的基本逻辑与方法，同时在依法治理、法治道路、党法关系、依宪治国等几个方面实现了理论的创新与发展。⑤

（三）民主革命时期中国共产党主要代表人物的法治思想与实践研究

民主革命的艰辛历程中，中国共产党人以马克思主义科学理论为指导，在思考和解决中国革命基本问题以及开展法治建设的过程中形成了一系列法治思想，为中国共产党带领广大人民探索和实施法治提供了有益的指导，因而党的主要代表人物的法治思想与实践值得仔细

---

① 公丕祥. 21世纪中国马克思主义法学的新飞跃［J］. 江海学刊，2018（02）：5-19.

② 张文显. 习近平法治思想的实践逻辑、理论逻辑和历史逻辑［J］. 中国社会科学，2021（03）：4-25.

③ 金国坤. 习近平法治思想的思想渊源、逻辑主线和思维方式［J］. 新视野，2021（02）：18-25.

④ 莫纪宏. 顺应实现中华民族伟大复兴时代要求应运而生的重大理论创新成果——习近平法治思想的基本理论问题研究［J］. 山西师大学报（社会科学版），2021,48（03）：1-16.

⑤ 翟国强. 习近平法治思想对马克思主义法治理论的原理性创新［J］. 重庆大学学报（社会科学版），2021，27（04）：1-13.

梳理和深入研究。

1. 李大钊、陈独秀的法治思想

"五四"时期，李大钊、陈独秀在宣传马克思主义理论和创建中国共产党的过程中开始运用马克思主义法学理论分析和研究中国法治。张晋藩、曾宪义指出，"五四"期间，陈独秀、李大钊等先驱开始将马列主义的科学法律观作为自己的锐利武器。他们运用这一理论武器，揭示了反动法律的剥削本质，同时对无政府主义及其法律主张发起了猛烈的驳斥和抨击。①公丕祥在回顾20世纪初叶中国法律文化思潮时指出，面对中国法律文化传统与现代之间的矛盾关系，李大钊和瞿秋白从更为深层次的社会经济机理方面把握这一矛盾的症结，是当时为数不多的真知灼见。他们有意在社会大系统中，揭示法律所依赖的社会经济关系及其与阶级斗争的关系。②侯强指出，五四前后，陈独秀、李大钊等人在马克思主义思想的指导下，以敏锐的目光洞察近代中国法制变革的病灶，将建立社会主义的工人政治作为自己的奋斗目标，认识到法律是阶级统治的工具，阐明了国家与法律的阶级性，法律受经济基础支配的同时对经济基础又具有反作用，推动了政治法律观念的更新。③武树臣认为，陈独秀在五四运动之后开始接受、传播马克思列宁主义，主张无产阶级专政，面对当时社会上的各种错误思潮，加之国民党政府的专断统治，陈独秀提出了倡导民主科学，批判封建礼教，

---

① 张晋藩，曾宪义."五四"运动时期争取民主与法制的斗争［J］. 教学与研究，1979（03）：9-17.

② 公丕祥."西化"与现代化：20世纪初叶中国法律文化思潮概览［J］. 法制现代化研究，2000（01）：279.

③ 侯强. 五四前后知识分子转型及其法制现代化思想［J］. 中共天津市委党校学报，2008（02）：58-64.

废除资产阶级政权，建立劳动者的国家的政治法律思想。①

关于李大钊的法治思想。栗劲认为李大钊的法治思想观点主要包括：法依从经济基础，革命是运用法律之外的暴力手段根本地解决经济基础问题，社会主义法是从对人的统治到对公共事务的管理的发展。②侯欣一认为，李大钊第一次运用唯物史观就法律与经济基础、上层建筑之间的关系做出科学的表述。③史艺军认为，李大钊以唯物史观为指导，树立了社会主义的法治观，他主张建立社会主义民主法治，妇女参政是妇女解放和法律平等的标志，使工农大众拥有选举权、实现经济的分配平等，强调只有解决经济问题，才能根本解决法律问题。④刘宝东认为，李大钊主张借鉴人类一切法制文明成果，法律制度的建构要与中国国情相适应，以民为本是构筑法治大厦的基石。⑤

关于陈独秀的法治思想。宋秉武、杨栋认为，五四运动后期，陈独秀初步阐明了法的本质与功能，主张劳工神圣、保障人民权利，重视言论自由、强调破旧立新。⑥田坤、程波认为，五四运动之后，陈独秀主张用社会改革的方式达到经济平等，还重点介绍了马克思主义的社会矛盾理论，坚持了社会领域中的辩证法思想，坚信社会主义民主将取代民主共和，他在改革制度和革命方法方面蕴含着马克思主义法

---

① 武树臣. 中国法律思想史［M］. 北京：法律出版社，2004：350.

② 栗劲. 李大钊的马克思主义法律观初探［J］. 吉林大学社会科学学报，1989（06）：1-6.

③ 侯欣一. 李大钊法律思想研究［J］. 甘肃政法学院学报，1996（02）：67-73.

④ 史艺军. 李大钊与中国法制现代化［J］. 中共党史研究，2002（02）：83.

⑤ 刘宝东. 李大钊的法制建设思想及其当代价值［J］. 科学社会主义，2009（04）：43-46.

⑥ 宋秉武，杨栋. 五四时期陈独秀法律思想述论［J］. 兰州大学学报（社会科学版），2015，43（06）：135-137.

学观的基本因子。[①]

2. 毛泽东的法治思想

民主革命时期，虽然毛泽东没有对法律做过详细的论述，但是，这一时期毛泽东的著作不同程度地反映了其法治思想。李仲达研究了毛泽东法律思想的理论贡献与实践贡献，认为毛泽东在领导新民主主义宪政运动，依法建设红色政权，依法进行土地制度改革，开展革命根据地政治、经济、文化建设，确立新民主主义婚姻家庭制度、人民司法制度的过程中形成了丰富的法律思想，成为废除旧法制、创建新法制的科学总结。[②] 李龙指出，五四运动后，毛泽东在马克思主义的影响下确立了科学的法律观，要求运用历史唯物主义的正确观点，透视资产阶级法律的虚伪表象，揭示其剥削实质，强调国家与法律密不可分，提出了人民当家作主的法律思想。大革命时期，毛泽东倡导劳动立法，制定新法，运用法律进行斗争，维护工人和农民权利；土地革命时期，毛泽东主张法制建设为土地革命服务，开始了土地法、婚姻法、宪法以及刑法的理论与实践的探索；抗战时期，毛泽东形成了新民主主义宪政理论、运用法律保障人权的思想、定罪量刑以犯罪事实和社会危害为依据，并进一步发展了部门法思想；解放战争时期，毛泽东形成了关于废除旧法的理论、人民民主专政理论、土地法理论，展开了依法组成政府、创建国家的实践。[③] 俞荣根分别以起步、创建、成熟三个章节论述了民主革命时期毛泽东在领导中国革命和开展法治实践过程中形成的法治思想，阐明了这一时期毛泽东在法制方面的基本

① 田坤，程波. 中国早期马克思主义者之法学观述要 [J]. 湘潭大学学报（哲学社会科学版），2017，41（06）：60-63.

② 李仲达. 毛泽东法律思想和实践 [M]. 西安：陕西人民出版社，1989：60-188.

③ 李龙. 毛泽东法律思想研究 [M]. 武汉：武汉大学出版社，1993：15-24.

观点。① 吕世伦等人认为，第一次国内革命战争时期，毛泽东就利用法律领导罢工、示威等抗议活动，为工人争取利益，强调宪法具有最高效力，在领导农民运动中，毛泽东主张建立农民权力机关，通过革命变革法律秩序，废除封建宗法制度和陈规陋习；第二次国内革命战争期间，毛泽东围绕红军法规、土地法、乡苏维埃组织法以及抗日民族统一战线中的法律问题进行了理论思考；抗战爆发后，毛泽东详述了民主与抗日的关系，形成了新民主主义宪政思想，提出了构建联合政府的政治体制、法律制度和宪法原则，阐述了人民的自由和共产党的法律地位，针对黄克功案件提出了一系列法律基本原则；解放战争时期，毛泽东主张彻底废除国民党政权及其法律，并对新中国的政权性质、政治体制以及法律原则做出了具体论述。② 付子堂认为，毛泽东思想中法学理论的主要内容可以概括为以下六个方面：着重强调颁行各项保障人权的法律法规，要求对广大党员实行愈加严格的纪律、规范以及法令，坚持以人民代表大会制度为政体，发挥党组织和党员的守法模范作用，主张废除伪宪法、伪法统和推翻国民党统治，妥善处理两类矛盾中的法律问题、对人民实行民主、对反动派实行专政。③ 宋秉武等人则系统研究了毛泽东法律思想形成与发展的历史条件、实践基础、理论资源、历史进程，概括了民主革命时期毛泽东法律思想的发展阶段和基本内容。④ 王人博认为，只有把握毛泽东法律思想，才能全

① 俞荣根. 艰难的开拓——毛泽东的法思想与法实践 [M]. 桂林：广西师范大学出版社，1997：40-168.

② 吕世伦，李瑞强，张学超. 毛泽东邓小平法律思想史 [M]. 西安：西安交通大学出版社，2016：38-105.

③ 付子堂. 马克思主义法律思想研究 [M]. 北京：高等教育出版社，2005：199-209.

④ 宋秉武，赵菁，杨栋. 马克思主义法律思想研究 [M]. 北京：中国社会科学出版社，2017：232-233.

面认识中国共产党自土地革命时期开始的法治实践。毛泽东认识到了法律对于政权的顺从与依赖，进而触及了法律的本质，即法律是国家掌权者订立的，统治阶级就是以此来维持已取得的政权、实现自己的利益，所以，掌握国家政权，是颁行符合实际的法律的首要前提；毛泽东从法律是掌握政权的阶级依据自己意志制定的这一基本观点出发，有力批判了统治阶级妄图通过利用法律奴役人民的罪恶本质，同时毛泽东认识到，对无产阶级而言，法律能够成为掌握在自己手中的革命武器，据此，法律的革命性特质进一步凸显；此外，实现人民当家作主是其政治法律理想。① 公丕祥、龚廷泰认为，法哲学思想、宪法思想、刑事政策思想以及经济法思想构成了毛泽东法律思想的主体内容。② 迟方旭梳理了毛泽东在建党及北伐时期、土地革命时期、抗战时期以及人民解放战争时期形成的关于法治的主要观点，认为其创立了自己的法学思想体系，崇尚法治、关注法学，以人民为法律制定、实施的主体，将人民利益满足度作为评价法治建设成功与否的标准，注重识别不同阶级的不同利益诉求，为中国法治发展做出了创造性贡献。③

　　蒋传光回顾了毛泽东法制思想产生和发展的三个阶段，认为其立足新民主主义革命实际，不断依据各个阶段的内外局势与人民需要提出了自己的法律主张，进而形成了重要的法学基础理论、宪政思想和部门法思想。④ 刘亚玲指出，毛泽东的法治思想内容丰富、特色鲜明、

---

① 王人博. 中国法制现代化的历史［M］. 北京：知识产权出版社，2010：121–124.

② 公丕祥，龚廷泰. 马克思主义法律思想通史［M］. 南京：南京师范大学出版社，2014：184–231.

③ 迟方旭. 毛泽东对中国法治建设的创造性贡献［M］. 北京：中国社会科学出版社，2016：80–89.

④ 蒋传光. 马克思主义法律思想的中国化及其在当代中国的新发展［J］. 上海师范大学学报（哲学社会科学版），2007（04）：1–9.

自成体系，关于立法，坚持民主原则和社会主义原则、实事求是原则和群众路线原则；关于执法，注重证据且不轻信口供、反对刑讯逼供、有错必究；关于守法，毛泽东要求严格遵守法律规定，特别强调党员领导干部要带头遵守法律。① 张小军研读了毛泽东的《致雷经天》一文，认为其中蕴含着重要的法治思想，并揭示了其对当代法治实践的重要启示。② 薛剑符指出，毛泽东在思索近代中国救亡、革命和建国等时代问题的过程中形成的法治思想，具有非常鲜明的特色，其根本出发点是国家本位，终极目标是人民民主，价值标准是阶级性，锋芒所在是其革命性。③

　　李婧、蒋青青认为，毛泽东宪法思想内容十分丰富，对新时代建设法治中国具有重要的理论和实践意义。④ 关于土地立法，陈非文认为毛泽东主持制定的一系列土地法规，高度灵活且阶级性突出，特别注重保护农民权益。⑤ 关于毛泽东的刑事法治思想，公丕祥指出，毛泽东从革命的实际出发，坚持运用马克思主义唯物辩证法和法治观，创立了以镇压和宽大相结合、惩罚与教育相结合为基本内容的马克思主义刑事法治学说。⑥ 段丽认为，在毛泽东法律思想中，刑法思想是主体部分，他倡导实事求是、独立自主，主张在立法中体现刑法本质的人民

① 刘亚玲. 毛泽东的法制思想及其当代价值 [J]. 毛泽东思想研究，2007（01）：33-35.
② 张小军. 毛泽东《致雷经天》中的法律思想及其当代价值 [J]. 湖北社会科学，2010（07）：131-133.
③ 薛剑符. 毛泽东法治思想的时代特征 [J]. 毛泽东思想研究，2015，32（05）：24-30.
④ 李婧，蒋青青. 毛泽东宪法思想及其当代价值 [J]. 思想理论教育导刊，2014（07）：76-71.
⑤ 陈非文. 新民主主义革命时期毛泽东土地立法的主要特点及启示 [J]. 湘潭大学学报（哲学社会科学版），2017，41（02）：12-15.
⑥ 公丕祥. 中国特色社会主义法治理论的探索之路 [J]. 社会科学战线，2015（06）：198-210.

性、惩罚与宽大相结合的刑事政策、反对特权与歧视、强调适用刑法平等、罪刑相适应和罪责自负、重视民意与民愤；毛泽东将犯罪构成作为判断是否犯罪的依据，划分了犯罪的种类，对强奸罪和刑讯逼供罪等罪名也有独到见解；在刑罚规定方面，毛泽东认识到了刑罚的目的，提出限制适用死刑政策，创立了死缓和管制刑。① 王茂森、张国新回顾了新中国成立以前毛泽东军事法制思想形成发展的基本历程，认为毛泽东始终重视军事法制建设，在革命战争的不同阶段制定了大量军事法律法规，实现了军事法制从无到有、从不完备不健全到发展较为完善。②

3.周恩来、刘少奇、董必武的法治思想

周恩来为中国革命和建设、为推动马克思主义中国化和马克思主义法学中国化做出了独特贡献。周恩来没有专门的法学著作，但在其革命生涯中有丰富的法治思想和法治实践。钟枢指出，马克思主义法学思想的确立使周恩来开始抛弃和批判无政府主义，他对国民党专制独裁统治及其法律进行了有力批判，参与了革命根据地法律的制定与实施，极力纠正苏区肃反扩大化和《中国土地法大纲》实施过程中的"左"的偏向，主持制定和实施《中国人民政治协商会议共同纲领》，为民主革命时期争取中国共产党的合法地位与权益、实现和平民主与开展法治建设做出不懈斗争，凝结着周恩来对于国家和法的总体态度、思维方式和价值底蕴。③ 赵光元指出，革命年代，周恩来批判和揭露了国民党统治时期法律的实质，他一再强调法治的重要性，也萌发了"德

---

① 段丽. 毛泽东法律思想——我国刑法立法重要的理论渊源［J］. 毛泽东思想研究，2013，30（02）：77-81.

② 王茂森，张国新. 毛泽东军事法制思想及其实践论略［J］. 探索，2009（05）：27-31.

③ 钟枢. 情理法的冲突与整合——周恩来的法思想与法实践［M］. 桂林：广西师范大学出版社，1997：3-8.

法共治"的初步主张，认为法治意义上主权的独立、政府及其公务人员的组织有力、人民普遍遵从法律具有十分重要的意义，将颁行法律作为新民主主义政权运用的新观点之一，并在新中国成立后进一步发展了立法、执法与司法、守法等思想，构成了毛泽东法治思想的重要内容。① 罗惠兰指出，周恩来在纠正中央苏区肃反扩大化的过程中，也高度重视法治建设，通过领导苏区制定和施行相关的法律，创设司法机关和贯彻审判制度，结束了肃清"AB 团"运动中出现损害人民利益的错误，消除了苏区军民的恐怖心理并调动其积极性，成为苏区各项工作发展的重要推动。② 田军、秦颖慧则聚焦周恩来关于人民当家作主的理论与实践，指出周恩来1924年自欧洲回国开始，一直为实现人民当家作主不懈奋斗。③ 陈扬勇围绕《中国人民政治协商会议共同纲领》的制定过程，回顾了周恩来对这一共和国宪章的主持、起草、修缮以及对各界民主人士所做的大量民主统战工作。④ 相对学界关于民主革命时期周恩来法治思想与实践的较少研究，新中国成立初期和社会主义建设时期的研究成果更为丰富。

刘少奇注重将革命与秩序、民主与法制有机结合，为中国现代法制的创建和发展做出了重要贡献。赵明指出，刘少奇开创了中国工人运动立法，推动了抗日民主政权政策法规的完善，参与领导和主持制定了中共七大以来的党章和国法，捍卫着宪法法律所规定的民主与平

---

① 赵光元. 周恩来法治观的发展脉络与思想内容探析 [J]. 湘潭大学学报（哲学社会科学版），2011，35（01）：1-5.

② 罗惠兰. 周恩来对中央苏区的历史贡献 [J]. 求实，1998，4（05）：18-19.

③ 田军，秦颖慧. 周恩来关于人民当家作主的探索和实践 [J]. 天水行政学院学报，2020，21（03）：17-20.

④ 陈扬勇. 周恩来与共同纲领的制定 [J]. 党的文献，2003，4（02）：28-35.

等，主张党员带头守法、维护法律尊严。① 韩亚光指出，刘少奇认为，相较于封建专制，资本主义则有着巨大的进步性，值得进行深入研究，而且旧中国法制是极不健全的，无产阶级和劳动人民在革命中要综合运用合法与非法的斗争方式来实现自己的目标。② 刘忠权认为，刘少奇要求草拟和贯彻选举法、民法以及刑法，逐步建立正规法治。③ 宋振全指出，刘少奇认为抗日民主政权是统一战线的最高形式，贯彻民主集中制、保障抗日人民权益、调和各阶层利益、对汉奸实施专政，是其法制思想的一个重要方面。④ 王汉斌也指出，刘少奇高度重视民主和法制建设，他认为由于抗日民主政权具有独特的优势特点，为此，他主张颁行保障民主的各项法律，对违反民主原则、对人民权益造成损害的公务人员进行依法惩治。⑤ 王培青指出，刘少奇十分重视民主法制，特别是为我国人民代表大会制度建设做出了重要贡献。⑥ 李成、刘新玲指出，刘少奇在新中国成立之初就意识到了法制建设的重要性，他积极参与了新中国的立法实践，为《中国人民政治协商会议共同纲领》及其相关法律的制定和实施做出了重要贡献。⑦ 新中国成立之后，刘少奇积极参与了宪法以及其他各项法律的制定和实施，形成了宪法至上、严格执法、依法行政、司法独立、法律监督等重要思想，为新中国法

① 赵明. 探寻法的现代精神——刘少奇的法思想与法实践［M］. 桂林：广西师范大学出版社，1997：4.

② 韩亚光. 刘少奇法制思想探析［J］. 河北法学，2007，4（02）：41–49.

③ 刘忠权. 华北人民政府法治取向探析［J］. 湛江师范学院学报，2006，4（04）：29–34.

④ 宋振全. 论刘少奇的法制思想［J］. 河北法学，1999，4（02）：10–12.

⑤ 王汉斌. 刘少奇同志社会主义民主法制思想的重大指导意义［J］. 中国法学，1998，4（06）：5–9.

⑥ 王培青. 新中国民主法制建设的开拓者——缅怀刘少奇同志对人民代表大会制度建设的贡献［J］. 山东人大工作，1999，4（01）：20–21.

⑦ 李成，刘新玲. 刘少奇对新中国法制建设的贡献［J］. 福建党史月刊，2014，4（16）：31–32.

律的制定、运行和监督起到了重要作用，学者们对此更为关注，研究成果也更多。

董必武长期在从事民主法治理论和实践工作中形成的思想结晶，逻辑清晰、底蕴深厚，是毛泽东思想的重要组成部分，指导了中国新民主主义和社会主义法治建设。

第一，关于董必武法治思想形成和发展的历史阶段。戴新平梳理了董必武法学思想形成发展的几个阶段，分别为初始阶段、认识升华阶段、探索实践阶段、雏形初现阶段、体系形成阶段。① 任舒泽指出，自1927年至抗战后期是董必武法制思想的初步形成阶段，自解放战争开始到1957年是成熟阶段，华北人民政府建立之后，他极其重视法制建设，认为建立新的政权首先要创建法律、法令、规章、制度，在董必武的领导下破旧立新的革命法制极有成效，积累了丰富的实践经验，意义重大。② 柯新凡认为，土地革命时期，董必武主持拟定的惩治土豪劣绅的法令为农民运动的发展提供了法律支持，到苏区工作之后，他严格执行党纪国法，主持审理和平反了大批案件，抗战时期，充分利用国民党的法律和自己公开的身份进行合法的斗争，华北人民政府成立之后，其法治思想在利用旧法、打破旧法、草创新法的过程中逐步形成。③

第二，关于苏区时期和抗战时期董必武的法治思想。柴荣、王昕指出，积极参与苏区立法活动、确保抵制腐败有法可依，加强纪检监

---

① 戴新平. 董必武法学思想形成的几个重要阶段［M］∥孙琬钟，杨瑞广. 董必武法学思想研究文集：第14辑. 北京：人民法院出版社，2015：346-355.

② 任舒泽. 董必武法制思想的形成和发展［M］∥孙琬钟，公丕祥. 董必武法学思想研究文集：第6辑. 北京：人民法院出版社，2007：75-81.

③ 柯新凡. 董必武法制思想形成历史过程初探［J］. 河南大学学报（社会科学版），2004（06）：119-120.

察、促进反腐工作有效运行，建立完善审判体系、保障腐败案件公正处理，董必武形成了坚持党的领导至上的法治大局观、提倡群众观点的司法为民观、注重公正平等的程序价值观。① 曾绍东认为，董必武在中央苏区的司法工作中倡导、主持、参与制定了一些司法方面的法律法规，进行了大规模的司法活动，其制定的诉讼法律法规、创制的司法机构都成为新中国法治建设的重要基础，反映了其依法办事和人民司法的思想。② 方堃指出，坚持反帝反封建的出发点、人民民主的法治的基本原则、开展立法工作、重视司法程序是贯穿苏区法制建设和董必武法制思想的主要内容。③ 付子堂、胡仁智指出，董必武集中阐述了如何正确认识和处理党与法的关系问题，强调党组织和党员应严格守法，要求党员犯法从重治罪。④

第三，关于华北人民政府成立后及新中国成立初期董必武的法治思想。张文显指出，董必武签发了《华北人民政府为废除国民党的六法全书及一切反动法律的训令》，主张必须建立人民的法制，促进了社会主义法制的建立。⑤ 任建新阐述了这一时期董必武法学思想的主要内容。⑥ 公丕祥则论述了董必武的人民司法思想，其强调在人民司法的运

---

① 柴荣，王昕. 抵制腐败与建设法制——董必武在中央苏区的法治实践及法治思想观 [M]//孙琬钟，张忠厚. 董必武法学思想研究文集：第9辑. 北京：人民法院出版社，2010：443–452

② 曾绍东. 开拓与奠基——论董必武在中央苏区的司法实践 [J]. 毛泽东思想研究，2010，27（02）：107–111.

③ 方堃. 苏区法制的创设与董必武法学思想的践行 [M]//孙琬钟，张忠厚. 董必武法学思想研究文集：第9辑. 北京：人民法院出版社，2010：473–479.

④ 付子堂，胡仁智. 新中国建立前中国共产党的法律探索 [J]. 学习与探索，2001（04）：1–6.

⑤ 张文显. 董必武法治思想的历史地位及其当代意义 [M]//陈冀平，王其江. 董必武法学思想研究文集：第16辑. 北京：人民法院出版社，2017：11–19.

⑥ 任建新. 董必武法学思想的理论价值及现实指导意义 [J]. 法学杂志，2011，32（10）：1–3.

行方式上要注重审判质量，并揭示了董必武人民司法的时代价值。① 夏锦文认为，在司法方面，董必武主张以人民主权论为基石，以形式正义论为核心，以法律权威论为目标。②

4. 谢觉哉、梁柏台、何叔衡的法治思想

作为我国人民司法制度的主要奠基人，谢觉哉是中国共产党在革命和建设时期法制工作的主要参加者，其在革命年代和新中国成立之后的法制工作中形成了丰富而有创见的法治思想。霍存福研究了谢觉哉的情理法观，认为谢老的情理法观实现了革命法制与中国法律文化的优良传统的有机结合，意义重大。③ 戴开柱梳理和总结了谢觉哉关于法制建设的基本观点，"中国要有自己的立法原则"观、坚持"从经验中创建法律"、必须"尊重犯人人格"的司法"感化教育"观、借鉴世界法治文明成果的法律继承观、"制定法律的政府系统先有守法观念"的自觉守法观以及法律与时俱进观、普法观、法院独立审判观、刑罚惩治观、司法监督观。④ 周鹏宇认为，谢觉哉主张立法坚持国情为本、反映人民意志、遵循法律规律。⑤ 赵晓耕、段俊杰将谢觉哉的立法思想概括为大众化立法思想。⑥ 侯欣一指出，谢觉哉主张在陕甘宁边区施行的司法制度，突出强调这一制度的司法半独立和司法为民的独特优势，深入基层、虚心向人民学习，在鲜活的实际活动中提炼积累的经验教

---

① 公丕祥. 董必武的人民司法思想及其时代启示［J］. 江苏社会科学，2016（04）：101-110.

② 夏锦文. 董必武人民司法思想的理论体系［J］. 江苏社会科学，2006（06）：100-105.

③ 霍存福. "合情合理，即是好法"——谢觉哉"情理法"观研究［J］. 社会科学战线，2008（11）：178-197.

④ 戴开柱. 谢觉哉法制建设观述论［J］. 湖南社会科学，2009（01）：60-63.

⑤ 周鹏宇. 论谢觉哉立法思想［J］. 北方工业大学学报，2017，29（06）：24-36.

⑥ 赵晓耕，段俊杰. 科学民主的立法是国家治理法治化的基石——从谢觉哉大众化立法思想谈起［J］. 现代管理科学，2015（02）：3-5.

训，使群众融入司法工作当中，并依靠人民推动司法制度完善。①

　　梁柏台被誉为中央苏区时期的"红色法律专家""立法和司法工作的开拓者和奠基者"②。李凤凤、刘魁指出，梁柏台主张法律应为政治服务、法律具有阶级性、法律为民、实事求是，这是中国法制史上的宝贵财富。金式中指出，梁柏台参与起草了多项法律，确立了司法程序和民主化审判制度，积极宣传法律、培养司法干部、建立和健全司法机关，为苏维埃时期中国共产党的法制建设做出了卓著贡献。③关于梁柏台的司法思想，朱顺佐认为，梁柏台强调利用革命法庭镇压一切反革命活动、司法机关适应革命战争需要和坚持实事求是、抵制"左"倾错误的司法思想。④李宜霞、杨昂指出，梁柏台倡导和建立巡回审判制度，重视证据、程序、审判公正公开、保护人民合法利益，在定罪量刑中重视罪犯的出身与阶级成分，实行审检合一制等法制思想，对苏区及之后的法制建设产生了重要影响。⑤韩伟也指出，梁柏台的新民主主义司法观包括革命导向的"政法"思想、重视"程序"的法治思想和一心为民的司法情怀。⑥

　　何叔衡被称为"苏区包公""反腐第一人"，为党在革命年代探索法治做出了重要贡献。朱与墨、何伦波指出，何叔衡以党的领导干部

---

① 侯欣一. 谢觉哉司法思想新论［J］. 北方法学，2009，3（01）：87-95.

② 李凤凤，刘魁. 从中央苏区的立法及司法实践看梁柏台的法制思想［J］. 赣南师范学院学报，2015，36（02）：23-27.

③ 金式中. 论梁柏台对中共法制建设的贡献［J］. 辽宁行政学院学报，2006（06）：26-27.

④ 朱顺佐. 简论梁柏台对苏区司法建设的贡献［J］. 绍兴师专学报（社会科学版），1985（04）：46-52.

⑤ 李宜霞，杨昂. 梁柏台与中华苏维埃共和国司法制度之建设［J］. 中共中央党校学报，2004（03）：75-77.

⑥ 韩伟. 梁柏台及其新民主主义司法观［N］. 人民法院报，2014-08-01（005）.

为重点监督对象，注重法律、新闻舆论与群众监督三者结合，他主张革命利益至上，仔细推敲案件，把握量刑尺度。① 苗体君指出，何叔衡注重调查研究，贯彻群众路线，严惩贪污腐败分子，开创法律传播的顺口溜形式，主张"法为上"，杜绝刑讯逼供，推动了苏区审判活动的开展。② 韩伟认为，何叔衡始终秉承谨慎、细心的态度和原则对待司法工作，基于事实依法断案，并极力规避司法不公现象的出现，重视司法程序，灵活运用阶级观点分析案件。③

（四）革命根据地法制建设研究

20世纪80年代以来，革命根据地法制史研究在研究成果、研究队伍、学术平台构建等方面不断发展。特别是2011年6月，革命根据地法制研究所成立，成为专门研究革命根据地法制建设经验的机构。以革命根据地法制建设为中心，丰硕的成果为本研究提供了大量的文献支撑。

1. 革命根据地法制建设的发展历程

学者们普遍认为，作为党探索法治的前奏和开端，梳理新民主主义法制建设的发展历程，可以为中国共产党对法治认识的研究提供重要参照。陈景良认为，党在漫长而艰辛的革命历程中确立了符合实际的、独具特色的法治观。④ 付子堂、胡仁智指出，党在工农革命时期、

① 朱与墨，何伦波. 何叔衡的法制工作实践与贡献［J］. 沧桑，2009（03）：1-2.

② 苗体君. 何叔衡对中央苏区法制事业的探索与贡献［J］. 湖南第一师范学院学报，2012，12（02）：76-81.

③ 韩伟. 何叔衡的司法思想［N］. 人民法院报，2017-05-05（007）.

④ 陈景良. 试论中国共产党社会主义法治观的历史形成及特点［J］. 史学月刊，1991（05）：80.

抗战时期、人民解放战争时期不断进行了法律实践。① 薛忠义、李晓颖指出，党领导革命法制建设的过程，是觉醒了的中国人民争取权利和法治的伟大实践，党始终重视民主制度建设和传播法治精神，新民主主义法制经历了工农民主政权的初创时期、抗日民主政权的全面发展时期和解放区民主政权的完善时期。② 李交发认为，以全国性工农民主政权建立为起点，以新中国的建立为终点，前后20余年，党在新民主主义法制建设方面成就巨大。③ 李婧、田克勤二位指出，民主革命的各个阶段，党在初步实现了马克思主义法律思想中国化的同时，初步构建了新民主主义法律体系。④ 李林、高汉成指出，党相继在根据地和解放区建立了民主政权，逐步创造了"新的法制"。⑤ 刘德伦认为，自党成立到新民主主义革命胜利，是党领导和加强法治建设的一个重要阶段，期间积累了法治建设的重要经验。⑥ 邱水平也认为，民主革命时期，党坚持打破反动法律束缚、运用法律手段推进革命，初步探索了法制建设。⑦ 姚桓指出，从土地革命到新中国的建立，是党在局部执政期间党探索依法治国的开端。⑧ 张大伟指出，尽管"法治"的概念是改革开

---

① 付子堂，胡仁智. 新中国建立前中国共产党的法律探索 [J]. 学习与探索, 2001 (04)：1–6.

② 薛忠义，李晓颖. 试论近代中国争取法治的不懈努力 [J]. 大连海事大学学报（社会科学版），2003 (04)：27–31.

③ 李交发. 百年中国法治艰辛路 [J]. 湖南社会科学，2004 (04)：42–43.

④ 李婧，田克勤. 马克思主义法律思想中国化的历史进程及其经验启示——基于中国特色法律体系构建的视角 [J]. 马克思主义研究，2009 (09)：108.

⑤ 李林，高汉成. 中国共产党为人民民主与法治奋斗的90年 [J]. 政治学研究，2011 (04)：8.

⑥ 刘德伦. 90年来党领导我国法治建设的进程与经验探讨 [J]. 理论探讨，2011 (05)：24–26.

⑦ 邱水平. 党领导我国法治建设的历史进程及核心理念 [J]. 法学杂志，2013, 34 (12)：32–42.

⑧ 姚桓. 中国共产党依法治国的历程及思考 [J]. 新视野，2015 (02)：52–57.

放以后提出的，但是中国共产党自建党之初便早已开始了实践，他认为井冈山和苏区时期是法治的探索和发展，延安和西柏坡时期是法治的辉煌和示范。[①] 汪习根指出，中国共产党自成立以来便从未停止过对法治的追求与探索，民主革命时期党就高度重视法治。[②]

张希坡、韩延龙将新民主主义法制历史脉络划为萌芽、初创、形成以及向全国发展的四个阶段。[③] 在此基础上，韩延龙进一步分析指出，第一次国内革命战争期间，由于党领导的革命政权机关未能在严格意义上颁布和执行法律，因此这一时期不能真正作为新民主主义法制历史发展的一个独立的阶段。[④] 侯欣一明确指出，根据地法律制度先后经历了苏维埃时期、抗战时期和解放战争时期。[⑤] 杨一凡、陈寒枫、张群在《中华人民共和国法制史》中指出，民主革命时期人民民主政权法制建设是新中国法制的萌芽，自1927年开端，在抗日战争时期进一步加强，解放战争时期不断向前发展。[⑥] 钱大群《中国法制史教程》、曾宪义和张晋藩的《中国法制史》分别将新民主主义法制划分为工农民主政权、抗日民主政权和解放区民主政权三个相互区别、紧密联系的阶段。

（1）土地革命时期的法制建设

1927年后，党在逐步开辟的革命根据地先后建立红色政权，积极

---

① 张大伟. 中共党史上的法治进程和现实启示 [J]. 重庆社会科学，2015（04）：109-114.

② 汪习根. 法治中国的道路选择——党的"十九大"全面依法治国思想解读 [J]. 法学杂志，2018，39（01）：17-22.

③ 张希坡，韩延龙. 中国革命法制史 [M]. 北京：中国社会科学出版社，2007：1-8.

④ 韩延龙. 中国革命法制史的若干基本问题 [J]. 法学研究，1986（05）.

⑤ 侯欣一. 试论革命根据地法律制度研究 [J]. 法学家，2008（3）：24.

⑥ 杨一凡，陈寒枫，张群. 中华人民共和国法制史 [M]. 北京：社会科学文献出版社，2010：2-3.

开展法制建设。中华苏维埃共和国建立后，党领导工农群众广泛开展了苏区法制建设，中央苏区法制相对集中、统一、系统，为后来新民主主义法制的发展奠定了坚实基础。因此，中央苏区法制建设成为学者们研究和考察土地革命时期革命根据地法制建设的焦点。

彭光华、杨木生、宁群分析和梳理了苏区法制建设的历史背景、产生和性质、主要法规、司法制度、原则、特点、历史地位与作用以及经验教训。[①] 关于苏区的立法工作：张明之简要梳理了中华苏维埃共和国制定的有关国家政权建设、行政管理、惩罚犯罪、民事活动、经济建设、审判与诉讼等方面的法律法规，认为中华苏维埃共和国的立法工作有着党领导国家立法的直接性、立法主体的广泛性和立法成员的集中性，立法内容的集中性、规范性、多样性以及立法程序的灵活性、立法的局部性和地方性，并就每一方面特性进行了辩证的分析，深刻揭示了其对中央苏区立法工作的重要影响。[②] 刘晓根对中华苏维埃共和国的立法成就进行了梳理和概括。[③]

关于苏区的司法工作：杨木生全面展示了苏区司法在审判、起诉、上诉、判决等方面的具体内容，揭示了苏区司法制度所具有的突出鲜明的阶级性、彻底的革命性、民主的广泛性。[④] 彭光华指出，中央苏区的司法建设开创了人民司法的先河，设立了实现司法正义的司法机构，确立了人民性的司法制度与程序，形成了影响深远的人民司法优良传统，其历史地位十分重要。[⑤]

---

① 彭光华，杨木生，宁群. 中央苏区法制建设［M］. 北京：中央文献出版社，2009.

② 张明之. 中华苏维埃共和国立法工作浅议［J］. 党的文献，1998（03）：62-64.

③ 刘晓根. 苏维埃共和国民主法制建设及启示［J］. 江西社会科学，2000（03）：33-36.

④ 杨木生. 论苏区的司法制度［J］. 求实，2001（01）：51-54.

⑤ 彭光华. 人民司法的摇篮——论中央苏区对人民司法事业的主要贡献［M］// 孙琬钟，安东. 董必武法学思想研究文集：第10辑. 北京：人民法院出版社，2011：587-596.

关于苏区的法制宣传教育工作：饶世权阐明了土地革命时期我们党法制宣传教育的目的、主客体关系、教育内容和教育方法，挖掘了其当代启示；[1] 刘国钰认为，党领导下的苏维埃政权在重视立法和司法工作的同时，也十分重视开展法制宣传教育工作，苏维埃政府运用传统的传媒路径，创办报刊专栏、出版法律书籍读物以及会演、标语、歌谣等方式，也通过苏区妇女参与、实行巡回审判、人民陪审制度、创办培训班、组建大学等群众参与路径进行法制宣传教育，有效推动了苏区法制建设；[2] 陈始发、李妍婷全面梳理和总结了中央苏区的法制宣传教育基本内容，并分析和阐述了其主客体关系以及方法途径。[3]

关于苏区法制的历史地位与当代价值：杨木生指出，苏区法制巩固了苏维埃政权和革命根据地，保障了工农民主专政，积累了法制建设的经验教训；[4] 谢志民认为，中央苏区法制建设是当时社会治理的法律保障，开创了中国法制史的新纪元，是马克思列宁主义法制思想在中国的发展；[5] 李婧指出，苏区法治蕴含着中国特色社会主义法治的红色基因。[6]

同时，也有部分学者分析和研究了土地革命时期其他革命根据地红色政权的法制建设。唐志全等考察了作为当时全国六大苏区之一的

---

[1] 饶世权. 论土地革命时期根据地的法制教育及其当代启示 [J]. 理论学刊, 2012 (11): 27–31.

[2] 刘国钰. 中央苏区时期的法制宣传教育 [J]. 重庆社会科学, 2013 (08): 100–104.

[3] 陈始发, 李妍婷. 中央苏区法制宣传教育研究 [J]. 中国高校社会科学, 2018 (05): 70–78.

[4] 杨木生. 中央苏区法制建设的经验与教训——纪念中华苏维埃共和国临时中央政府成立暨中央革命根据地创建七十周年 [J]. 江西社会科学, 2001 (12): 54–57.

[5] 谢志民. 中央苏区法制建设的历史地位与当代启示 [J]. 法制与社会, 2016 (12): 5–6.

[6] 李婧. 中国特色社会主义法治的红色基因探源 [J]. 思想理论教育导刊, 2016 (10): 90.

闽浙赣苏区的法制建设。① 杨波梳理了第二次国内革命时期川陕革命根据地为了建立人民政权、扩大根据地和巩固革命成果颁布的行政法规、土地法规、财政经济法规以及关于保障红军和惩治反革命犯罪分子的法律法规。② 张佺仁、王晋林认为，陕甘边苏区制定和实施了关于土地改革、发展经济生产和改善人民生活、建立和巩固广泛的统一战线等方面的法律法规，在法制建设的过程中始终坚持人民民主、从实际出发、建设苏区、廉政建设的原则，具有显著特征。③ 邢亮研究了中国共产党领导下的闽西法制建设的过程。④

（2）抗日战争时期的法制建设

抗战时期，党立足新的政治局势和阶级关系，新民主主义法制建设进一步完善。其中，党直接领导下的陕甘宁边区的法制建设相对完备而成熟，是抗战时期革命根据地法制建设的典范，吸引了广大学者们的集中研究。

张炜达系统而详尽地研究了陕甘宁边区的法律制度，梳理和揭示了陕甘宁边区在宪政、刑法、土地法、诉讼法、婚姻家庭法等方面的具体内容与创新之处。⑤ 关于边区的立法工作：张佺仁、曾明浩认为陕甘宁边区制定了宪法性文件、土地法、刑法、婚姻法、民商法、行政法和涉及司法、诉讼制度的法律法规，并分析了陕甘宁边区法制建

---

① 唐志全，陈学明，黄德华. 闽浙赣苏区法制建设的成就和基本经验［J］. 江西社会科学，2000（04）：79-83.

② 杨波. 试论川陕革命根据地的法制建设［J］. 许昌学院学报，1983（01）：47-51.

③ 张佺仁，王晋林. 陕甘边苏区的法制建设及其特点［J］. 天水行政学院学报，2015，16（01）：93-96.

④ 邢亮. 透视闽西苏区法制建设中的八种"基因"［J］. 中共福建省委党校学报，2017（09）：106-114.

⑤ 张炜达. 历史与现实的选择——陕甘宁边区法制创新研究［M］. 北京：中国民主法制出版社，2011.

设的鲜明特点；^①于沛霖等人简要回顾了陕甘宁边区法制建设的历史进程，认为其制定的众多部门法律确立了新民主主义法制建设的基本框架和方向，基本做到了有法可依。边区法制以其在当时显著的引领性、示范性和全面性特征，对于中国法制现代化具有重要时代意蕴；^②王晋林指出，抗日民主政权制定和颁布了宪法、刑法、婚姻法、经济法、诉讼法和行政法，形成了法制建设的基本框架、司法制度以及监狱制度。^③

在司法方面：侯欣一认为陕甘宁边区的司法制度是对苏区司法体制的继承和发展，陕甘宁边区实行司法半独立和审检合一，程序简便、方便人民，实行两审制，注重调解，强调狱政工作中政治、文化和劳动的结合，坚持将司法工作归属于政权建设之下，秉承司法为人民服务的理念，始终在司法实践中坚持贯彻实事求是的思想路线；^④侯欣一再次强调，边区司法工作在指导思想和具体制度方面都鲜明体现了大众化的特点，通过深入研究和分析指出边区的特殊环境和条件、探索新型司法制度的需要、独特的方法论以及群众路线的确立是形成这一特点的重要原因，其既有在政治上和法律上的成功之处，也确实存在一些缺点和不足；^⑤王晓光通过回顾封芝琴案和黄克功案，认为陕甘宁边区司法工作依靠人民，追求平等、正义，摒弃形式主义和"衙门"

① 张佺仁，曾明浩. 试论陕甘宁边区抗日民主政权人民民主法制的特点和经验 [J]. 西北史地，1999（03）：98–103.

② 于沛霖，陈敬根，王佳斌. 陕甘宁革命根据地的法制建设及其当代意蕴 [J]. 中国延安干部学院学报，2010（01）：73–77.

③ 王晋林. 陕甘宁边区法制建设概况 [J]. 法制与社会，2014（20）：206–207.

④ 侯欣一. 陕甘宁边区司法制度、理念及技术的形成与确立 [J]. 法学家，2005（04）：40–51.

⑤ 侯欣一. 陕甘宁边区司法制度的大众化特点 [J]. 法学研究，2007（04）：116–130.

作风，用司法活动教育人民，其意义重大。^①

关于边区的法制宣传教育工作：马京平研究了陕甘宁边区农民的法制教育，认为旨在稳定边区秩序、发展经济，激发广大农民的抗战积极性，消除法律与边区旧俗之间的差异，以树立边区农民的主体意识与权利意识为目的，以教育边区农民遵守边区法律为核心，通过大力宣传、法律适用、案件的司法审判以及思想推动等多种方式；^②饶世权阐明了抗日根据地法制教育的主客体关系，认为抗日根据地法制教育以宪政的民主性与人权性、经济法中的减租减息、社会法中的工人劳动保护、婚姻法中的妇女权益保护以及刑法中的惩治汉奸罪为主要内容，通过创办报纸杂志、口头传播、开展教育培训、参与执法与司法工作等一系列方式方法，为法制宣传教育的目的性、教育内容的针对性、教育方式的多样性提供了可资借鉴的经验；^③陈始发考察了陕甘宁边区法制宣传教育的主客体关系、主要内容、基本途径和现实启示，鲜明指出，马克思主义法理学是灵魂、宣传新的法律文本是核心，树立法律信仰是最终目的。^④

关于抗战时期陕甘宁边区法制建设的历史地位与当代价值：杨永华等人通过深入研读和分析详细的历史文献资料，系统总结和概括了陕甘宁边区法制建设过程中形成的基本原则，认为其是党领导人民民

① 王晓光. 从陕甘宁边区两个司法案例谈起［J］. 理论视野，2017（02）：68-71.
② 马京平，王小玲，肖周录. 陕甘宁边区农民法制教育的实践及其历史启示［J］. 河南社会科学，2010，18（5）：153-155.
③ 饶世权. 论抗日根据地的法制教育及其当代启示［J］. 河北师范大学学报（哲学社会科学版），2013，36（01）：66-70.
④ 陈始发. 陕甘宁边区法制宣传教育探析［J］. 马克思主义理论学科研究，2018，4（06）：134-144.

主法制建设的最好阶段；① 张荣华、杨然分析了抗战时期加强法制建设的必要性，梳理和总结了抗战时期党领导法制建设的理论与实践成果，认为以陕甘宁边区为代表的抗日革命根据地的法制建设保障了持久抗战的最终胜利，促进了边区经济和革命力量的发展，保障了人民的根本权益，奠定了社会主义法律制度建设的基础；② 黄先禄梳理了抗战时期陕甘宁边区的法治实践与经验，总结了法治中国建设的历史经验和现实启示。③

此外，也有部分学者围绕抗战时期党在华北、华中、华南等革命根据地的法制建设实践展开了研究。齐一飞指出，晋察冀边区作为抗战时期的重大战略要地，其颁布和实施的有关民主政治和政权建设、社会政策、统一累进税、抗战勤务和兵役制等方面的法律法规，在保障抗日人民各项基本权益和稳定敌后社会环境等方面发挥了巨大作用。④ 牛建立梳理和阐述了华北根据地立法和司法制度的成果。⑤ 张蓓蓓分析了抗日根据地开展法制建设的原因，梳理了其颁布的施政纲领、人权保障法规、土地法规、经济法规、刑事法规以及执法工作，认为淮南根据地法制建设的主要特征表现在有利于抗战、遵循党的政策、走群众路线三方面。⑥ 朱庆跃考察了淮北抗日根据地的廉政法制建设，

① 杨永华，王天木，段秋关. 论陕甘宁边区法制建设的原则［J］. 法学研究,1984（05）：87-96.

② 张荣华，杨然. 党在民主革命时期反腐倡廉的法制建设［J］. 胜利油田党校学报，2008（05）：50-54.

③ 黄先禄. 延安时期陕甘宁边区法治实践及其现实启示［J］. 中国延安干部学院学报，2015，8（04）：95-99.

④ 齐一飞. 论晋察冀边区的法制建设［J］. 法学杂志，1990（02）：34-36.

⑤ 牛建立. 抗战时期华北根据地的法制建设述论［J］. 曲靖师范学院学报,2014,33（05）：88-91.

⑥ 张蓓蓓. 淮南抗日根据地的法制建设［J］. 宿州学院学报，2007（01）：29-31.

认为其对当下反腐倡廉制度建设的深度创新十分有益。① 甄京博回顾了民主革命时期河南革命根据地法制建设的历程与成就，总结了河南根据地立法与司法工作的成就，认为尽管河南革命根据地的法制建设存在很多不足，但其较土地革命时期更为发展，发挥着承上启下的重要作用。②

（3）解放战争时期的法制建设

进入武装夺取全国政权的决胜阶段后，革命根据地和解放区首先沿用了抗战时期的法律制度，并修订了部分施政纲领和法律法规，随着党对城市工作的接管、解放区和解放区人民政府的建立，解放区民主政权的法制建设也进入了推向全国的发展阶段。目前，学界对华北人民政府和哈尔滨解放区的法制建设展开了较为集中、深入的研究。

《华北人民政府发令汇编》《依法行政的先河——华北人民政府法令研究》以及《共和国法治从这里启程——华北人民政府法令研究》集中整合了关于华北人民政府的法令政策和部分学者的研究成果。周道鸾在对华北人民政府各项司法制度进行全面而系统的梳理和概括的基础之上，进一步论证了其司法制度建设的背景、内容及启示。③ 刘忠指出，华北人民政府制定了涵盖政治、经济、文化领域各个方面的法律法规和条例办法，司法方面采取新做法。④ 刘忠权认为，华北人民政府确定法治方针、完善法律制度，依法行政、规范政府运行过程，探索

---

① 朱庆跃. 论淮北抗日根据地廉政法制建设［J］. 盐城师范学院学报（人文社会科学版），2018，38（04）：85-89.

② 甄京博. 新民主主义革命时期中国共产党在河南的法制建设［J］. 郑州航空工业管理学院学报（社会科学版），2018，37（01）：32-39.

③ 周道鸾. 华北人民政府司法制度之研究［M］// 孙琬钟，钱锋. 董必武法学思想研究文集：第8辑. 北京：人民法院出版社，2009：19-29.

④ 刘忠. "从华北走向全国"——当代司法制度传承的重新书写［J］. 北大法律评论，2010，11（01）：6-26.

建构了新民主主义司法制度，遵循了现代法治精神和取向。① 俞荣根总结和梳理了华北人民政府的立法创制、机构创设、制度创新和干部准备的具体内容，认为华北人民政府及其制度建设作为"共和国的雏形"，为新中国的法制建设做出了重大历史贡献。② 王胜国也认为，华北人民政府汲取了抗日民主政府制定和实行宪法性文献的重要经验，进一步颁行了《华北人民政府施政方针》，确立了人民代表大会制度的人民政权组织形式，形成了较为完备的法律体系和科学合理的司法制度，培养了大量的司法骨干人才。③

王金艳指出，东北解放区在中共中央和东北中央局的指导下颁布了宪法性文件、土地法、选举法、劳动法、刑法、行政与政权机构组织法、民法，逐步建立各级司法机关和司法制度。④ 孔令秋认为，哈尔滨解放区的法制建设以发展地方政权，建设、维护地方秩序，支持大军南下、解放全中国为指导思想和原则，制定和颁布了涉及宪法、刑法、经济法、外事和司法制度等方面的法律法规，法制建设具有军事性、法律来源的多元化、临时性和过渡性以及较强的针对性等特点。⑤ 孙光妍全面考察了《哈尔滨市施政纲领》，系统论述了其基本史实、研究意义、指导思想、制定过程、基本内容、成就与不足之处及其历史

① 刘忠权. 华北人民政府法治取向探析［J］. 湛江师范学院学报，2006（04）：29–34.

② 俞荣根. "共和国之雏形"的法律使命——董必武和华北人民政府对新中国法制的贡献［M］// 孙琬钟，杨瑞广. 董必武法学思想研究文集：第11辑（上）. 北京：人民法院出版社，2012：537–550.

③ 王胜国. 华北人民政府对新中国法制建设的历史贡献——纪念中华人民共和国成立60周年［M］// 孙琬钟，张忠厚. 董必武法学思想研究文集：第9辑. 北京：人民法院出版社，2010：501–508.

④ 王金艳. 东北解放区的法制建设［J］. 长白学刊，2001（06）：24–27.

⑤ 孔令秋. 哈尔滨解放区法制建设初探［J］. 黑龙江史志，2008（01）：6–7.

渊源和对其他解放区的影响。^①孙光妍、郭海霞梳理了哈尔滨解放区的宪政建设、经济和劳动法规，概括了哈尔滨解放区法制建设的主要成就，并深入考察了其对苏联法律的参考和借鉴，进一步挖掘和阐述了这一现象的重要影响与内在动因。^②在此基础上，孙光妍以翔实的史料、清晰的逻辑理路，进一步对哈尔滨解放区法制建设中苏联法的"中国化"实践展开了专注而细致的研究，认为其之所以能突破以往照抄照搬模式的原因在于城市政权的建立、党的立法理念成熟以及处于实际的政治和经济需要。^③孙光妍、邓齐滨认为哈尔滨解放区的司法建设实现了陕甘宁边区司法理念的继承和沿用，使城市解放区人民群众的合法权益得到了有效保护，增强了法律秩序，^④在农村到大城市司法背景的转折下，实现了从重视实体到重视程序司法实践的转折，凸显新民主主义理念，发挥了稳定秩序和满足市民利益需求的作用，对新中国司法审判制度建设具有深远影响。^⑤

2. 革命根据地法制建设的基本内容

学者们普遍认为，民主革命时期党领导颁行的法律法规门类丰富、体系完整，适合当时社会需要。张希坡、韩延龙在《中国革命法制史》一书中，详述了革命不同阶段党领导颁布的宪法性文件、政权机构及组织法、选举法、行政法、刑法、司法组织法规、诉讼制度、监狱制

---

① 孙光妍. 新民主主义宪政立法的有益尝试——1946年《哈尔滨市施政纲领》考察［J］. 法学研究，2006（05）：150-159.

② 孙光妍，郭海霞. 哈尔滨解放区法制建设中的苏联法影响［J］. 法学研究，2009，31（02）：183-193.

③ 孙光妍. 哈尔滨解放区法制建设进程中苏联法的"中国化"实践［J］. 求是学刊，2014，41（05）：107-115.

④ 孙光妍，邓齐滨. 论"人民司法"的城市实践——以哈尔滨解放区司法建设为例［J］. 学术交流，2011（12）：68-71.

⑤ 孙光妍，邓齐滨. 中国革命法制"从农村到城市"的司法转折——以哈尔滨解放区司法实践为中心的考察［J］. 北方法学，2016，10（05）：153-160.

度、劳动法、土地法以及婚姻法，直观反映了革命根据地法律制度产生、变化和发展的历史进程。韩延龙、常兆儒的《革命根据地法制文献选编》整理了根据地政府制定的法律法规、法令、条例、章程，加强法制建设的决议、指示、训令以及立法和司法机关开展法制工作的文件。张希坡编的《革命根据地法律文献选辑》四辑分别收录了党成立后各个革命阶段的法律文献。蓝全普在《解放区法规概要》中重点介绍了民主革命时期法律法规的主要内容和发展变化情况。杨永华、方克勤的《陕甘宁边区法制史稿》中主要论述了陕甘宁边区作为抗日根据地法制建设的代表与典范，其在宪法、政权组织法、诉讼、调解、监狱制度等方面的建设与成就。艾绍润的《陕甘宁边区法律法规汇编》更加简洁和系统地整合了抗战时期陕甘宁边区各类法律法规。

此外，部分学者围绕民主革命时期革命根据地某项法律制度进行了具体而深入的研究。罗世英细致考察了民主革命时期不同阶段的选举法规，梳理和总结了新中国成立前革命根据地选举制度的内容与特点，认为其在局部地区实行的选举法规，积累了珍贵的历史经验。[①] 杨琪深入分析了民主革命时期人民刑法的发展，认为伴随着民主革命发展的各个时期，人民刑法也经历了萌芽、基本形成、继续发展以及逐渐趋向统一四个阶段，并论述了刑法总则与分则的具体规范。[②] 宋四辈考察了民主革命时期人权法制建设，认为随着革命的发展人权法制也经历了开端、形成、完备和推向全国四个阶段。[③] 他还聚焦司法制度，认为这时期的司法秉承人民主体地位和法律面前人人平等的原则，司

---

① 罗世英. 中华人民共和国成立前革命根据地选举制度的特点 [J]. 法学研究, 1957（04）: 23-28.

② 杨琪. 试论新民主主义阶段人民刑法的发展 [J]. 法学, 1957（03）: 40-44.

③ 宋四辈. 新民主主义革命时期的人权法制建设及其特点 [J]. 郑州大学学报（社会科学版），2000（06）: 23-27.

法机关的设置旨在方便群众，进行司法作风民主建设，建立了符合人民需要的审判、诉讼制度，减免诉讼费用，推进人民调解。作为新中国司法制度的直接渊源和前身，其对于当今司法改革具有重要启示。[①]张荣华、杨然梳理了反腐倡廉法制建设的具体内容。[②]刘德林认为，惩治贪腐、强化法纪制度是反腐倡廉实践的一条基本经验。在制定和推行严格的纪律的同时，中国共产党也十分注重法律来保障自己的廉洁，党在民主革命的各个时期颁布和实施了大量廉政法规，从严执法，坚决惩腐肃贪，有效遏制了腐化，力图确保政权的廉洁。[③]

3. 革命根据地法制建设的主要特征

民主革命时期，中国共产党立足于广大人民群众的根本利益和革命根据地的社会条件，将马克思主义法律思想与中国革命实际相结合，逐步构建和形成了符合历史和人民需要、具有中国特色的新民主主义法律制度。

韩延龙指出，揭示新民主主义法律建设的基本规律和特点必须在立法和司法方面把握五对基本关系。一是法制建设与革命的任务与路线的关系；二是法制建设与革命战争的关系，强调原则性与灵活性的有机结合；三是法制建设与党的政策的关系，党的政策发挥法律的作用，政策是法律的生命和灵魂，法律是政策的辅助形式和必要手段；四是法制建设与群众运动的关系；五是法制建设中民主与专政的关系。这些特征在根本上取决于由民主革命根本任务引发的社会历史条件下阶

---

① 宋四辈. 新民主主义革命时期的民主司法制度建设及启示 [J]. 中国社会科学院研究生院学报, 2004（2）：39-45.

② 张荣华, 杨然. 党在民主革命时期反腐倡廉的法制建设 [J]. 胜利油田党校学报, 2008（05）：50-54.

③ 刘德林. 民主革命时期中国共产党反腐倡廉的实践和基本经验 [J]. 求索, 2010（11）：228-230.

级关系、政治局势的深刻变化。①李林、高汉成指出，民主革命时期的民主法制建设具有过程的渐进性，走农村包围城市的道路，主体是工农联盟，承担着破旧立新的双重任务。②舒国滢指出，革命时期党运用马克思主义，制定的新民主主义的法律文件为中国社会主义法的产生做好了准备，其特点一是立足于中国实际，从实践中产生和发展起来，二是伴随着理论上的发展与变迁。③闫少华、朱子娟认为革命根据地政权建立之后中国共产党积极开展法制建设，凸显了法律保护权益方面的整体性与阶级性，法制地位与相关规范的联结性，党的法制观具有真实性、应变性和突出权利性特征。④王孔容认为，新民主主义法制建设是社会主义中国法制现代化的崭新起点和良好开端。其特色鲜明，具有革命性、理想性，蕴含着现代法治的思想火花，也存在过渡性，为社会主义法制的确立提供了理论准备和实践经验。⑤姚桓指出，革命根据地的法制建设目的鲜明，具有人民的价值取向；革命根据地所制定的法律法规较为粗糙、不够完善，部分法律未能真正贯彻落实；以政策为主，法律辅之，主要依靠政策，同时注重依靠法制管理政权。⑥

4.革命根据地法制建设的历史地位

我国新民主主义革命法律制度尽管只存续20余年，但其在中国法制史和中国共产党探索法治历程中居于特殊的重要地位。学者们普遍

① 韩延龙. 中国革命法制史的若干基本问题［J］. 法学研究，1986（05）：75-81.
② 李林，高汉成. 中国共产党为人民民主与法治奋斗的90年［J］. 政治学研究，2011（04）：3-17.
③ 舒国滢. 中国特色马克思主义法学理论研究［M］. 北京：中国政法大学出版社，2016：89-94.
④ 闫少华. 朱子娟. 革命根据地政权建立后中国共产党的法制观［J］. 理论学刊，2014（11）：34-40.
⑤ 王孔容. 论中国共产党对法治之路的探索［J］. 青海社会科学，2012（05）：5-8.
⑥ 姚桓. 中国共产党依法治国的历程及思考［J］. 新视野，2015（02）：52-57.

认为，民主革命时期党带领广大人民制定和实施的革命法制，是巩固和发展革命根据地、维护实现人民根本权益的重要保障，有力推动了新民主主义革命的胜利。它与以往一切剥削阶级的法制划清了根本界线，是我国社会主义法制的直接来源。革命根据地法律制度是中国特色社会主义法治的本土资源，对于坚持和完善中国特色社会主义法治有重要的参考价值和借鉴作用，能够为新时代建设法治中国提供珍贵有益的理论资源与实践经验。

夏永孚认为，这一时期的法制既保卫和巩固了革命成果，促进了革命斗争；又为社会主义法制建设奠定了基础。① 徐永康指出，人民民主法制在特殊的历史条件下起到了实现人民权益、推动革命胜利的关键作用。解放区法律的立法原则对社会主义法律体系的贡献和作用也应予以充分肯定。② 张希坡强调，革命时期创建并不断完善的人民民主法制集中反映了党和人民的共同意志，这是其相较于剥削性质的法律最重大、最根本的区别。③ 刘海年认为，革命法制在各个历史阶段形成了适用法律平等、切实保障人民的控告权、严禁刑讯逼供等保障人权的原则和传统，有力维护和实现了革命根据地人民的民主权利、人身自由、经济权益，进而为提高人民物质文化生活水平和推动革命胜利提供了法律保障与组织保证。④ 张文显以宏观的视角考察了当代中国法治道路的历史演进，明确指出新民主主义法制是中国特色社会主义法治的前奏，为开辟中国特色法治道路积累了宝贵经验。⑤ 王人博、程燎

---

① 夏永孚. 关于我国人民民主革命时期的法制［J］. 法学，1982（07）：47-49.
② 徐永康. 对我国人民民主法制的思考［J］. 政治与法律，1986（02）：40-42.
③ 张希坡. 中国共产党与革命根据地法制建设［J］. 人民论坛，2011（26）：31-33.
④ 刘海年. 依法治国是历史的经验总结［M］. 北京：中国社会科学出版社，2013：45-58.
⑤ 张文显. 论中国特色社会主义法治道路［J］. 中国法学，2009（06）：5-14.

原二位认为，党在革命的不同阶段领导人民颁行的一系列新民主主义法律，开始初步创建新法制，为新中国法制建设创造了条件。[①]

从国外的研究现状看，目前还没有直接研究民主革命时期中国共产党对法治认识的文献资料。但是，部分外国记者对陕甘宁边区和其他敌后解放区的观感、访问记、通讯报道，以及外国学者关于中国革命的相关研究成果，其中涉及对民主革命时期中国共产党领导民主政治建设的零星描述，能够为本研究提供一定参考。具有代表性的有：埃德加·斯诺的《西行漫记》、尼姆·威尔斯的《续西行漫记》、英国记者詹姆斯·贝特兰的著作《不可征服的人们——一个外国人眼中的中国抗战》、美国学者白修德和贾安娜合著的《中国的惊雷》、美国学者马克·赛尔登的《革命中的中国：延安道路》、罗斯·特里尔的《毛泽东传》以及费正清、费维恺所著的《剑桥中华民国史：1912—1949年》等。此外，伴随着国际社会对中国"四个全面"战略布局、全面依法治国战略以及法治领域改革举措的关注，部分学者、记者围绕中国共产党十八届四中全会及全面依法治国战略意义、顶层设计与具体部署、中国法治改革举措的施行、中国法治建设面临的挑战、中国法治建设的特点等方面展开了热烈讨论。

综上所述，国内学界有关新民主主义法治理论与实践的相关研究起步较早、历时较长，尽管广大学者对这一研究的聚焦程度不同，但从未中断，且学者们以翔实的史料，在研究的深度广度上都取得了较大的创新成果。但是已有的研究仍存在以下三个方面不足，可以进一步拓展：

一是研究视角有局限。已有研究大多从法学、法制史、政治学的

---

① 王人博，程燎原. 法治论［M］. 桂林：广西师范大学出版社，2014：286-288.

研究视角出发，运用纪实的、线性的分析方法和表达方式，对法律制度本身的研究比较充分，未能运用马克思主义中国化研究学科的基本理论与方法，深入研究党在民主革命时期推进马克思主义法治思想中国化的核心地位和重大贡献。

二是研究内容有局限。已有研究注重论述不同时期革命根据地法律法规和司法制度的内容、特点、意义与地位，特别聚焦于中央苏区和陕甘宁边区的法制建设，且多有重复性。将民主革命时期作为一个独立而完整的阶段，集中研究中国共产党对法治的认识的较为鲜见，特别是对新时代研究民主革命时期党对法治认识的理论价值与现实启示的挖掘深度还不够。

三是研究思路有局限。已有研究未能较好实现理论与实践相统一、历史与现实相结合，没有以民主革命时期党对法治的认识为切入点，未能将中国共产党对法治的认识同民主革命时期各个阶段的法治建设实践结合起来，揭示中国共产党关于法治的认识对法治建设实践的地位和作用。

因此，在马克思主义中国化研究视域之下，紧紧围绕新民主主义法治理论与实践这一核心命题，将民主革命时期党对法治的认识与各个阶段党领导法治建设的实践紧密衔接起来，阐明民主革命时期党对法治认识的理论、历史与实践逻辑，深入挖掘其对新时代全面依法治国的现实启示，无疑具有重要意义。

三、基本概念界定与厘清

科学界定法治的概念，并在与其相关的概念——民主、人治、法制、德治的厘清中把握法治基本内涵，是研究党对法治认识的起点。尽管由于思想理念和具体法治实践的不同而导致人们关于法治的观点和理论上存在差异，但是伴随着从古至今法治客观运动的不断推进与深入，人们对法治的认识也逐渐形成了一系列基本的共识。

（一）法治

作为概念或名词的法治，早在中国古代先秦时期的典籍和思想中便已出现。如《晏子春秋·景公爱嬖妾随其所欲晏子谏第九》曰："昔者先君桓公之地狭于今，修法治，广政教，以霸诸侯。"①《管子·明法》则有："威不两错，政不二门。以法治国，则举措而已。"②春秋战国时期的法家最先意识到了法与强国的关系，其所宣扬的"以法治国""奉法强国"以及"法之必行"等思想，不仅使得秦国日益强盛，更是对后世中国的国家治理产生了深刻影响。中国古代思想家、政治家在思考和实践治国方式的漫长历程中形成了丰富的法治资源，但由于局限在君主专制的政体范围内，其思想和主张还不能准确揭示或表征法治的含义。

在西方，法治的观念和理论有着悠久的历史，并伴随着资本主义经济以与之相对应的自由、平等、民主等意识的发展而日益成熟和广泛传播。亚里士多德（Aristotle）着重强调法律的至上性、正当性，第一次明确界定了法治的内涵："法治应包含两重意义：已成立的法律获得普遍的服从，而大家所服从的法律又应该本身是制定得良好的法律。"③古罗马人则将法律作为说明正义以及权利与国家关系的依据，强调权利从属于法律。以古希腊和古罗马法的法治思想为基础，资产阶级启蒙思想家高举民主、理性、法治的旗帜，围绕法治内涵、法治缘

---

① 汤化. 晏子春秋［M］. 北京：中华书局，2019：29.

② 李山，轩新丽. 管子：下［M］. 北京：中华书局，2019：707.

③ 亚里士多德. 政治学［M］. 吴寿彭，译. 北京：商务印书馆，1965：199.

起、法治实施等问题展开阐述和论证。^①近代资产阶级法治在资本主义民主制度建立之后由理想变为实践，并成为占主导地位的意识形态。哈林顿（Harrington）认为，自由是最高价值原则，国家应以法律为最高统治。洛克（Locke）认为，法治的构建，必须首先将保障和实现个人的自由作为坚实基础，他进而指出，要通过法律的实施对权力加以严格制约，使其避免被恶意滥用，并极力主张政府和民众要积极执行和遵守法律。英国宪法学宗师戴雪（Dicey）第一次提出了"法律主治"（法的统治），并论述了其所必备的三个基本含义，即排除专断并由法院依据法律判定惩罚、法律面前人人平等、法律（英国的普通法律）至上。在法国，孟德斯鸠（Montesquieu）认为自由是由法律建立的，自由也构成了法律的价值与精神，他主张将立法、执法、司法权力通过法律进行权力分立与制衡，使各项权力依法而治。卢梭（Rousseau）认为，国家应具备自由、平等、人民主权、合法政府四项要素。英法启蒙思想家的一系列法治观点，成为美国法治学说的重要渊源。潘恩（Paine）认为，人权是法治的轴心，政府的权力源自人民通过契约形式的赋予，为了实现人的天赋权利则必须制定宪法，建设法治政府。杰斐逊（Jefferson）认为，人民的意志是最高的法律，也是合法政府的基础，他主张实行横向和纵向的权力分立体制，要求政府和人民遵守法律，强调教育是民主法治的关键之一。汉密尔顿（Hamilton）主张加强联邦权力以维护国家统一、民族独立以及商业的繁荣和人民的权利和自由，主张国家的政权架构要采取三权分立的形式，特别是要保障司法权能够独立运行，并赋予其相当大的权威。近代西方各国在关于国家和社会生活的理论思考和现实活动中形成的法治观念、理论，深刻

---

① 张文显. 二十世纪西方法哲学思潮研究［M］. 北京：法律出版社，1996：609.

影响着人类社会政治发展和法治文明的历史进程。

法治不仅是文明社会的基本共识和人类的普遍追求，也成为一项价值观和基本原则。张文显清晰界定了法治的含义，明确指出法治与英文中的"rule of law"具有相同的内涵，意味着法的统治，也就是突出强调民主、法律至上、依法办事、规制权力的治理方式、机制及其达到的状态。朱景文指出，法治具有丰富的内涵，主要包括法律的普遍性、掌权者依法而治以及民主价值的制度化、法律化三个方面。[①] 何勤华、齐凯悦则指出，法治与人治相对立，法治依靠多数人和体现众人意志、将良法与善治的有机结合、注重顶层设计、树立法律权威来治理。[②] 王人博、程燎原指出，作为一种社会组织的结构或者方式，法治不仅内在地蕴含着实体价值，同时也表现出外在的形式化原则。[③] 其中，实体价值即其最高价值目标，包含正义、自由和平等等原则，形式价值则指完善的法律体系，二者密切相关，没有合理的形式，价值目标不可能实现，失去实体价值的制约，形式也就丧失了本意。

当代中国法治传承了中外的优秀法治文化，将现代法治理念与中国国情和法治实际有机融合，法治被认为是"依法治国""法治国家"或"中国特色社会主义法治"的同义语。改革开放以来，党日益重视法治，从提出"有法可依、有法必依、执法必严、违法必究"，到十五大明确界定依法治国的科学内涵，并以其作为党领导人民治理国家的基本方略，再到围绕全面依法治国进行顶层设计和详细部署，把法治确立为治国理政的基本方式，可见，党对法治的认识日趋成熟。简言

---

① 朱景文. 关于法制和法治的几个理论问题 [J]. 中外法学，1995（04）：17–23.

② 何勤华，齐凯悦. 法制成为法治：宪法修改推进社会主义法治建设 [J]. 山东社会科学，2018（07）：14–15.

③ 王人博，程燎原. 法治论 [M]. 桂林：广西师范大学出版社，2014：113.

之，"法律是什么？最形象的说法就是准绳。用法律的准绳去衡量、规范、引导社会生活，这就是法治"①。具体地说，就是实现科学立法、严格执法、公正司法、全民守法。

（二）法治与民主

民主始终与法治相伴相行，界定民主的内涵，进一步正确认识和把握法治与民主的关系，对于推动民主建设和法治建设具有重要意义。

民主一词历史久远，不同时期、不同社会性质国家治理中民主的意义与价值并不完全一致。在中国古籍《尚书》中就曾提道"天唯时求民主"，但这里的"民主"意为"民之君主"，中国传统思想文化中曾提倡的以民为本、施仁政于民而反对暴政、君主如船百姓如水、民贵君轻等思想主张，在一定程度上认识到了平民百姓在治国理政中的地位和作用，但根本目的是维护君主专制。在西方，古希腊语中的"民主"意味着"人民的权利"或"多数人的统治"。以霍布斯（Hobbes）、洛克、孟德斯鸠、卢梭等人为代表的启蒙思想家驳斥和抨击了"君权神授"等封建君主专制思想，主张天赋人权、主权在民，强调自由、平等、生命和财产安全是人与生俱来的、不容侵犯的权利。资产阶级所标榜的"人民主权"，具有历史的进步性，但其宣扬的人民权利附带许多财产条件的限制，成为垄断资产阶级的政治宣言和竞争手段，"这种制度下的自由、平等、民主和人权，只是资本的特权"②，而大部分普通民众在实际上难以享有真正的民主权利。马克思主义经典作家对资产阶级民主理论进行了深刻批判，并阐明了民主的阶级实质。他们以科学的历史唯物主义为指导，认为民主就是人民意志的实现，不仅由

① 习近平关于全面依法治国论述摘编［M］. 北京：中央文献出版社，2015：8-9.
② 李铁映. 论民主［M］. 北京：中国人民大学出版社，2007：3.

自己规定国家的制度，也由此决定自己的事务。阶级社会之中，民主存在阶级性，也具有一般性、历史性和特殊性。与资产阶级民主相对，社会主义民主意味着广大人民群众拥有平等参与国家统治和治理的权利。在当代中国政治语境之中，民主就是人民当家作主，具有广泛性、真实性和实效性。

民主与法治二者息息相关、紧密联系。一方面，民主构成法治的基础。唯有在民主的前提之下，才能使自己的意志上升为国家法律，一切个人和社会组织才可能守法，国家权力才能依法运行，民主的性质和内容决定法治的性质和内容，民主为广大人民提供参与国家政治生活的制度空间的同时，也推动了法律的制定和实施，为法治的发展完善提供动力。另一方面，法治是民主的保障，民主也离不开法治。法治为民主的有效实现提供的有力保障，使民主能够在法治的维护下稳固发展，因此，民主价值的实现离不开法治的保障。通过法治确认基本的政治制度，明确参与民主的主体及其自由权利，划分和明确国家机关的职权、权力运行程序以及侵害民主权利的法律责任。所以，正确认识和处理民主与法治关系，必须牢牢把握民主的核心和本质是人民当家作主，必须牢牢把握社会主义法治的本质是保障人民当家作主，始终坚持人民民主与社会主义法治相结合。[①]

（三）法治与人治

人治与法治相对，明确人治的概念，揭示人治与法治的根本差异，对于破除思想上的错误认识，科学把握法治的内涵，进而坚定不移历行法治至关重要。

一般认为，人治是专制独裁的统治方法。在中国古代，无论是儒

[①] 李婧. 新时代全面推进依法治国必须正确认识和处理的几个重大关系 [J]. 马克思主义研究，2021（03）：50.

家所宣扬的以"礼"治国或实行"仁政",还是法家所主张的"奉法强国",其目的都是维护君主至高无上的地位与权威,二者在本质上都是人治前提下治国方式的争论。古希腊的柏拉图(Plato)在其追求的"理想国"中主张,只有哲学家才有实行统治的资格,也是为当时的贵族政体服务。中世纪的西欧,托马斯·阿奎纳(Thomas Aquinas)极力鼓吹上帝主宰一切,其所谓的"神治"在本质上无非就是主张君权神授和以国王为中心的人治。张文显强调,人治有着鲜明的特征:人治所根据的是领袖或少数人特定意志,不可避免地具有随意、专横的可能,人治中法律往往被轻视且服从于政治或者领袖的意志。丁士松指出,实行人治,意味着最高统治者仅仅依靠其自身任意的、独断的决定来实现对于整个国家的控制,且国家兴衰、社会的治或乱由掌权者一人决定,人治下的法律不仅是掌权者个人意志的体现,且掌权者不受国家法律的限制、约束和制裁。可见,作为一种国家和社会治理方式的人治有着特定的内涵,故而不能从字面上将其理解为人的作用的发挥。

法治与人治根本不同,人类政治文明向前发展,必然要摒弃人治,崇尚法治。人治是人类社会最初自发形成的对公共事务的治理方式,随着社会生产力的发展和理性意识的进步,人类不断意识到法治的重要性和优越性,逐步放弃人治、采取法治,以实现国家和社会治理方式的突破。法治与人治有着根本差异,形式上在于法律的至上性是否得到坚持,实质上在于法律是否蕴含着民主、自由、平等、人权等价值。相较于人治中法律被轻视,政治领袖至高无上并享有对于法律专断的特权,法律总是让步于权力的情况,法治则是一番完全不同的景象。法律地位至高无上,法律约束任何权力,政治领袖必须遵守和服从法律,不能随意更改法律的规定,法治以民主为政治基础,将自由、平等、人权等价值观念贯彻落实到实际之中。坚定不移推进法治,开辟和拓展符合本国国情和实际的法治道路，不仅适应了历史趋势和时代特征，也是历史经验的深刻总结和人民群众的要求与期盼。

（四）法治与法制

法制即法律制度的简称。对法制的概念、内涵及其基本要求的理解，辨析法制与法治的相互关系，既是准确把握法治含义的重要维度，也是深入展开本研究必须直面的问题。

学界对于法制有着长期的研究和多维的理解，形成了不同的观点。有学者主张，法制具有更为丰富的内涵，包括立法、司法、守法以及保证法律实施等方面的内容，或赋予其"普遍依法办事的原则"的含义，便将法制的含义人为扩大，进而导致了法制与法治的混用。孙育玮针对这一现象做出了充分的分析和论述，他认为：法制与法治作为异字同音，都是理论研究和具体法律实践中具有重要意义的专业术语，二者长期混用不清的原因在于受苏联法学思维模式的影响、翻译不准、误导权威性或辨析不足，人们的思维定式和心理惰性导致在旧框架内作"合理"解释、对于西方法治思想的研究不足。[①] 20世纪80年代，广大学者对法制与法治关系进行了集中探讨，特别是党的十五大深刻阐述了依法治国的重要内涵，明确将其作为党领导人民治理国家的基本方略，推动了人们在思想认识上实现由法制到法治的飞跃和突破，法制的内涵及其与法治的界限便日渐明晰。因此，对于法制作为法律制度的简称，也成为人们普遍的理解。

法治与法制既界限分明，又紧密联系。二者相互区别：一是产生与存在的前提不同。法制是一个中性的概念，其产生和发展与国家直

---

① 对法制、法治混用的原因分析参见：孙育玮."法制"与"法治"概念再分析 [J]. 求是学刊，1998（04）：54-58.

接相关，存在于各种类型的社会制度之中。尽管法治的概念出现较早，但是现实意义上的法治是现代社会的产物，以民主为基础和目标的治理方式。二是与权力的关系不同。法治强调权力在法律之下运行。而法制未必如此。在人治之下，法律维护掌权者的统治，法制不但不能约束权力，而且受权力左右。三是价值取向的不同。法治与人治根本对立，必然地具有民主、自由、平等、人权等价值观念，依靠法律无上地位和作用的发挥实现国家的长治久安与社会的繁荣稳定，法治视域下的法制具有这样的价值特性。而人治之下，法制常常成为专制统治的工具，剥夺人的人权和自由。同时，二者又密切相关。一方面，法制是法治的前提和基础。无论从理论还是实践的视角加以审视，不仅法治内在蕴含的理念和原则需要经由现实而具体的法律制度才能得以实现，而且法治的形成和发展也离不开系统完备的法律作为坚固的制度根基。另一方面，法治是法制的深化和目标。法制的完备，离不开法治理念的指导，也离不开法治为法制所创造的优越的条件和机制，法制建立与实现的目标指向就是良好的法治局面。可见，法制是静态的，法治则是动态的，法治包容了法制，涵盖面更广、更丰富。法治意味着法律在整个国家和社会生活中的至高地位，权力必须遵循法律的轨道运行，倡导民主、反对专断，法制更为完备、更具权威，法治实施过程更严格。

（五）法治与德治

德治作为一种国家和社会治理的方式和手段，一直以来便与法治相伴相行。对德治基本含义的科学把握以及德治与法治关系的辨析，不仅是涉及学理分析的重大理论问题，也是探索国家和社会治理方式所必须面对的现实问题。

学者们对于理解德治的出发点是，德治是一个具有历史性的概念，实现了从传统意义到现代意义的转变。中国传统语境之中的德治，主要指依靠高尚道德的圣君或贤人施行德政，对人实施道德教化，借以维护血缘亲情和宗法制度，通过森严的等级次序实现社会的稳定，其中，儒家是倡导传统德治的典型代表。儒家主张"为政以德"，要求执政的自身有德并实行有利于人的政治举措，主张"德主刑辅"。尽管儒家在社会治理中并未放弃刑罚，但是，"德行"的普遍要求存在于家族伦理关系和国家的政治关系之中，道德教导始终作为维护社会有序运行的根本。可见，虽然传统德治发挥了一定的社会作用，但始终没有突破专制统治者及其权力的制约，成为人治的工具和延伸。现代意义的德治运行于法治之下，也就是道德作用的重视和适用。在当代中国，德治即以德治国，是国家和社会治理不可或缺的重要手段。

法治与德治息息相关，厘清这一关系是在实践中共同发挥二者作用的理论前提。一方面，二者相互区别，各有特点。法治以法律为依据，由于法律本身所具备的至高无上的权威、统一和普遍适用等特质，使其在对人的行为加以约束和规制的过程中表现出独有的规范性、普遍性、强制性以及可操作性。德治以社会舆论、传统习惯、内心信念、善恶标准等道德规范及其所烘托的社会道德氛围为核心，通过高尚的道德形成人们主观的、自我的激励，进而推动整个社会理想与行为的升华，与法治相比，德治更贴近人们现实生活的实际，具有更深远、持续的时间优势以及更广阔的调整空间。另一方面，法治与德治二者辩证相关，优势互补。法律与道德都由一定的社会经济基础决定，都是对人的思想和行为进行规约和引导的重要手段，共同指向良好社会秩序的构建和社会的发展进步。同时，在对社会关系的调整过程中，二者的互动具体表现为：调整方式上国家强制的刚性与主体自觉的柔性的结合；调整对象上外部行为与内在动机的结合；调整范围上重点领域与一般领域的结合以及调整内容上权利义务明确的保障和道德义务与信念共识塑造的结合。因此，"国家治理需要法律和道德协同发力"①。

四、研究思路与方法

（一）研究思路

本研究立足于马克思主义中国化研究视域，以民主革命时期为研究时段，以中国共产党对法治的认识为对象与主题，遵循历史与现实相结合、理论和实践相统一的原则，试图通过历史、理论、逻辑、实践的维度，对新民主主义法治理论与实践展开系统研究。首先，在分析已有研究成果的基础之上，辨析法治及其相关概念，深入思考和剖析民主革命时期党对法治认识的历史背景、理论来源与实践依据。其次，遵循历史与理论相统一的方法原则，将民主革命时期党对法治认识的历史进程划分为工农民主法治、抗日民主法治以及人民民主法治三个阶段，深入研究党对法治进行理论探索和实践推进所取得的重要成果。最后，坚持历史与现实相结合，立足于新时代全面推进依法治国实践的现实要求，挖掘民主革命时期党对法治认识的当代启示。

（二）研究方法

第一，文献研究法。紧紧围绕民主革命时期党对法治的认识这一核心内容，系统梳理和研究文献，分析和提炼已有研究成果的基本观点，在充分把握文献资料和学界研究动态的基础上，重点研读与本研究相关的中国新民主主义革命、革命根据地法制建设资料以及中国共产党领导人关于法治的重要论述，为系统研究民主革命时期党对法

---

① 习近平谈治国理政：第2卷［M］. 北京：外文出版社，2017：133.

治认识的历史背景、发展脉络、重要成果和经验启示提供扎实的文献基础。

第二，理论与实践相统一、历史与现实相结合的方法。通过广泛查阅相关资料，在对大量文献进行系统梳理和深入分析的基础之上，系统把握民主革命时期中国共产党对法治认识的历史背景、发展阶段和主要成就，坚持马克思主义的立场、观点及方法，厘清不同阶段党对法治进行理论探索和实际推进发展变化的原因、表现及其历史作用，并总结和提炼出党对法治认识的基本原则与经验教训。同时，密切联系当下全面深化依法治国实践的现实要求，进一步把握中国共产党法治理论与实践的历史性与整体性，挖掘民主革命时期中国共产党对法治认识的现实启示，为新时代中国特色社会主义法治提供理论参考和历史镜鉴。

第三，比较研究法。民主革命时期，纵向上，党对新民主主义法治的认识经历了工农民主法治、抗日民主法治和人民民主法治三个历史阶段，在不同阶段，党对法治认识的历史条件、发展过程、目标指向以及具体成果都有阶段性的特征，总体的趋势是对新民主主义法治认识的开创、成熟与深化。横向上，民主革命时期党对法治的认识开辟了中国法治的新纪元，与中国传统封建法制和国民党反动法制的剥削性质根本不同，又与新中国成立后的社会主义法治、中国特色社会主义法治有着联系与区别，通过比较研究，能够进一步明确这一时期党对法治认识的特殊意义。

第四，跨学科研究法。研究中国共产党对法治的认识，既需要丰厚的历史与现实的文献材料，也需要清晰的理论逻辑，更加需要综合运用多种研究方法。本研究以马克思主义中国化研究学科基本理论与方法为指导，同时借鉴和吸收马克思主义哲学、中共党史、法理学、中国法制史、政治学等学科的研究方法与研究成果，进一步拓展本研究的思路，丰富和完善本研究的框架和内容体系，有助于深刻理解民主革命时期中国共产党对法治认识的整体性、历史性和特殊性，从而提高本研究的质量和水平。

第一章

新民主主义法治理论与实践探索的基本条件

人类社会历史中的法治，是重大的理论和实践问题。研究民主革命时期中国共产党对法治的认识，首先必须对其产生和发展的基本条件进行分析，本文认为，新民主主义法治理论与实践的探索有着特定的历史背景、深厚的理论基础以及必要的实践前提。

一、新民主主义法治理论与实践探索的历史背景

从历史唯物主义的立场出发，全部的社会生活在本质上是实践的，经济基础与上层建筑相互作用，形成了社会发展的基本规律。毛泽东认为，考察人的认识，除物质生活外，还需要在政治、文化生活中，把握人与人的关系。因此，研究民主革命时期党对法治的认识，必须立足于20世纪中国从半殖民地半封建社会经由新民主主义革命到建立新中国的历史性变革，对这一时期的政治、经济以及文化形态进行深入的考察，分析其产生和发展的特定条件。

（一）从半殖民地半封建国家到新民主主义共和国的变革

遵循历史唯物主义的一般原理，可以发现，民主革命时期中国共产党对法治的认识在根本上由当时的经济状况制约，但在革命年代的疾风暴雨之中，激烈的民族革命与阶级斗争之下，中国共产党领导新民主主义革命所引起的中国社会的政治变革成为影响党对法治认识的

重要因素。

　　始于19世纪中叶的中国近代史，是中国屈辱的被侵略史，也是无数中国人民前赴后继、坚决反抗、谋求国家出路的艰辛奋斗史。鸦片战争的爆发，打破了中国原本独立的以农业经济为基础的封建君主专制国家发展的历史进程，此后，帝国主义列强以武力入侵中国的同时，也通过各种军事、政治、经济以及文化等侵略方式的综合运用，"把一个封建的中国变为一个半封建、半殖民地和殖民地的中国的血迹斑斑的图画"①。中国不再是一个独立的国家，领土和主权遭到了严重的破坏，也失去了原本独立的司法和行政体系，广大中国人民处于水深火热之中，民穷财尽，毫无自由。鸦片战争之后，中国社会各阶级为挽救国家命运多次奋起抵抗，但都以失败收场。辛亥革命尽管推翻了封建专制，但是，面对帝国主义和封建主义的强大势力，民族资产阶级因为自身不够成熟，导致这一革命的胜利局面迅速被军阀专制所代替。因此，中国的社会性质未有改变。各派军阀间战争频繁，国家长期动乱，民生凋敝。俄国十月革命胜利之后，在五四新文化运动的直接推动下中国共产党诞生，以无产阶级及其政党为领导，掀起一场彻底的反帝反封建的人民革命，才从根本上扭转中国国情，进而挽救中华民族的前途命运。

　　中国共产党甫一成立，就以马克思主义为思想武器，提出了实现共产主义和社会主义主张。在领导广大人民进行艰辛革命的进程中，党始终立足中国国情，创造性地将马克思主义基本原理应用于中国革命实际，在科学揭示中国革命新民主主义和社会主义两个阶段内在逻辑的基础之上，明确提出了党所要实现的"国体——各阶级联合专政，

---

① 毛泽东选集：第2卷［M］．北京：人民出版社，1991：630.

政体——民主集中制"①的崭新政治目标，并在革命中不断探索和实现了中国社会由半殖民地半封建国家到新民主主义共和国的变革。

中国共产党第二次全国代表大会对中国革命的性质和对象做出了初步判断，明确指出，当下的中国革命仍旧是民主主义的，彻底地反帝反封建是革命的首要任务，并以此为民主革命纲领。此时，工农运动中的革命组织起到了革命政权的作用，党领导下的工农群众以此来行使民主权利。大革命失败之后，党开始在极端困难的条件下担负起独立领导中国革命的历史重任。毛泽东等人在不断深刻总结革命经验的基础之上，逐步开辟了中国革命新道路，与之相适应，党创立了工农民主政权，确立工农兵代表大会制度的组织形式，并建立了各级政权机关，使广大群众与苏维埃政权密切联系起来。抗日战争爆发后，中国共产党进一步认识到了中国革命发生发展的客观规律，提出并推动了以国共合作为基础的抗日民族统一战线的建立，推动了国内战争到抗日民族战争的转变，并制定了中国新民主主义革命的一系列路线方针政策，创立了新民主主义理论体系。在这一理论的指导下，党在敌后根据地创建了抗日民主政权，在性质上，"它是抗日的，反对帝国主义的；又是几个革命阶级联合的，统一战线的"②。与这一政权形态相适应，党领导下的民主根据地遵循民主集中制原则，实行"三三制"和参议会制度的政权组织形式，抗日民主根据地的各级行政机关职能分工明确，体系完整的民主制度也由此建立。抗战结束后，人民解放战争逐步取得胜利，大解放区逐步形成，党的工作重心转移到城市，人民民主政权日趋巩固，其政权组织形式由参议会逐步发展为人民代表会议制度。民主革命任务的完成，新中国的成立，实现了中国社会最

---

① 毛泽东选集：第2卷［M］．北京：人民出版社，1991：677．

② 毛泽东选集：第2卷［M］．北京：人民出版社，1991：676．

深刻的政治变革。

法治与政治二者紧密相关，因此，处于由半殖民地半封建国家转变到新民主主义共和国的政治条件之下，新民主主义法治理论与实践，必须首先彻底地、明确地、直接地指向反帝反封建，致力于突破长期以来被侵略和奴役的状态，惩治和镇压国内外的阶级敌人，为建立无产阶级领导的、以工农联盟为基础的人民民主共和国而服务，反映、维护广大人民群众的根本利益。同时，在长期的革命战争年代，法治建设伴随着新民主主义革命的推进而推进，紧密联系民主革命时期不同阶段阶级关系和革命实际的发展变化，适应各个阶段的政权形态和组织形式，各个阶段的法治内容有所差异，并在整体上呈现出由农村到城市、由局部到全国、由不成熟到较为成熟的发展趋势。

（二）从半殖民地半封建经济到新民主主义经济的变革

马克思认为，经济状况是法学的根源和基础，立法无非就是记录与反映经济关系的要求。遵循历史唯物主义的一般原理，尽管上层建筑中的因素和现象会对法治产生重要影响，但是从根本上看，法治的发展必须受到一定经济基础的制约，适应经济基础的需要。研究民主革命时期党对法治的认识，必须将其置于特定的社会经济条件之下，考察半殖民地半封建经济向新民主主义经济的历史变革。

世界资本主义的日益强盛及其急切的海外扩张，是导致鸦片战争爆发、帝国主义侵略对中国的根本动因。因此形成的半殖民地半封建的社会经济制度，是中国社会生产力发展的最大阻碍。帝国主义列强的侵略和压迫，不仅是中国人民的首要敌人，也是阻碍中国社会经济发展的首要元凶。并且，帝国主义列强侵略中国，目的是要变中国为其独占的殖民地，便于其永久地进行资本输出和商品倾销，在此基础上获取更多更大的资源和利润，广大农民因此遭受了更重的盘剥，日渐贫困以致破产，民族工业举步维艰。同时，尽管中国传统自给自足的封建农业经济逐渐遭到破坏，但是，封建制度中的土地关系仍在中国社会经济中占有明显优势，是中国经济的主要形式。现代性的工业与分散个体的农业、手工业之间的比重大约为10%和90%，社会生产力水平极端落后。"这是旧中国半殖民地和半封建社会性质在经济上的表现。"① 这也是革命期间以及胜利之后，长期存在的基本问题。

在马克思主义理论的指导下，中国共产党在担负起领导反帝反封建历史使命的同时，也承担着推进中国社会生产力发展的经济任务。为此，党的二大正确分析了中国社会的性质和基本的经济国情，指出，中国境内铁路基本上直接或间接归属于外国，商轮、邮电、关税等也都在外国的管理和监督之下，"中国经济生命的神经系已经落在帝国主义的巨掌之中了"②。为此，党在革命的进程中，将马克思主义基本原理应用于中国国情和政治经济的实际，不断探索和拓展了新民主主义经济范围、内容以及深度，进一步实现了中国社会在经济方面的变革。

自中国共产党成立到第一次国共合作的形成，中国共产党依据对中国国情和经济状况的正确判断，在马克思主义关于社会主义经济基本理论的指导下开始领导工农经济斗争。在城市，中国共产党首先致力于发动工人运动，以工会为组织形式，于策划罢工和工人运动的斗争中要求保障工人阶级的经济利益。在农村，党领导广大农民成立农会，开展反对地主阶级的斗争，部分地区开始实行减租减息，提出了没收土豪劣绅的土地重新分配的要求。大革命失败之后，党开始在革命根据地消灭封建经济、建设新民主主义经济。一是废除封建地主土

① 毛泽东选集：第4卷［M］．北京：人民出版社，1991：1430.
② 中共中央文献研究室，中央档案馆．建党以来重要文献选编（一九二一——一九四九）：第一册［M］．北京：中央文献出版社，2011：123.

地所有制，实行农民土地所有制。针对中国农村地主占有绝大部分土地，农民遭受剥削和压迫的实际，党主张依靠贫农、联合中农、限制富农，保护小工商业者，以乡为单位、按人口平均分配土地，抽多补少、抽肥补瘦。二是创建工厂、银行、商店等具有社会主义性质的公营经济，建立互助合作组织。由于战争条件下国民党和日本侵略者对根据地的经济封锁，中国共产党开始在革命根据地建立公营工业供给战争军需，建立公营商业换取军需物资和匮乏的生活必需品，也要求扶持生产和活跃经济。同时，为了克服个体经济的困难，党积极引导和组织农业、手工业和商业合作社的建立和发展，推动了生产制度上的变革和劳动效率的提高。三是保护和鼓励私人工商业正常发展。尽管党提出和制定了一些保护私营工商业的政策，但在土地革命时期，其由于错误路线的阻碍未能有效加以落实，进入抗日战争期间，这一系列政策才愈加完备，进而在边区社会经济实际发展中被广泛推行。直到新中国建立之后，毛泽东所提出的新民主主义的经济构想，才得以真正变为现实。

新民主主义经济具有独特的形态，在构成上，新民主主义经济以分散落后的个体私营经济为主体、以公营经济为主导，同时具有合作经济组织和受保护的工商业；在分布上，新民主主义经济基本上分布于广大北方农村和南方几省的交界，全国范围内都是半殖民地半封建经济；在水平上，还处于比较落后的状态，但与以往的历史阶段相比，具有社会主义因素的经济也产生了新的生产关系；在功能上，这一经济突出地表现为战时形态，"根据地的经济生产的目标第一是为了战争的需要，改善人民生活为第二"①。特殊经济环境决定，新民主主义法治

---

① 田克勤，等．中国共产党与二十世纪中国社会的变革［M］．北京：中共党史出版社，2004：229．

理论与实践不可避免具有民族性、区域性、战时性和过渡性，对作为治理方式的法治的认识和实践在整体上也不可避免地处于较低的水平。同时，具体的法治理论和实践中，最先从涉及广大工农群众的土地、劳动等经济关系方面出发，法律的制定和实施以维护工人的劳动权益和农民的土地权益为重点；保护公共财产，巩固根据地金融安全，惩治贪污、盗窃以及各种经济制裁也成为革命根据地刑事法律的重要组成部分。

（三）从半殖民地半封建文化到新民主主义文化的变革

法治与文化紧密相关，任何国家的法律都必须依靠其文化基础得以产生和存在，不能脱离自己的文化。因此，从民主革命时期中国文化变革的视角出发，是考察新民主主义法治理论与实践探索的重要维度。

鸦片战争不仅改变了中国经济政治的发展进程，也开启了中国文化由传统到现代的转化和变革。随着帝国主义侵略的加剧，中西两种异质文化不断冲突和渗透，殖民地文化和封建文化相互交融，尽管中国文化经历了从器物到制度再到精神层面的发展历程，然而，深入挖掘其根源，可以发现，中国文化自近代以来呈现的一系列变化一直都紧紧围绕一个核心，那就是在生死存亡的巨大危机之下，奋力改变中华民族和中国人民的前途命运。与帝国主义列强的武力入侵相伴而来的，是建立在近代资本主义工业和商品经济基础上的西方文化，这一文化使中国传统儒家的中心地位及其构建的社会秩序日渐衰落，继而影响了中国人民的思想观念，面对中国社会逐渐加剧的民族矛盾与文化冲突，近代中国各阶级相继提出了各种应对危机和救亡图存的方案。地主阶级改革派倡导引进和效仿西方优秀的科学技术，并将其与反对帝国主义的压迫有机结合；洋务派秉承"中体西用"的原则开展了大规模学习西方先进技术的现实活动，有力地动摇了中国传统社会的农业经济结构，在一定程度上推动了近代中国在文化上的转型，由于洋务运动在根本上局限于物质层面，以维护清王朝统治为根本目的，从而以失败结局；以康有为、梁启超为代表的资产阶级维新派意识到了政治体制的重要性，主张建立资产阶级君主立宪制，开议院、兴民权，发动维新变法，试图以自上而下的改革来实现独立与富强，在推动清政府自我改革的同时，也推动了民主思想的传播和中国人民的思想解放，但最终因触及顽固派的利益，被强烈地抵制和反对；资产阶级革命派以三民主义作为自己的政治理念，猛烈地摧毁了延续千年的君主制，创立了共和政体。由于种种原因，此后的中国军阀割据、战争频繁，封建军阀禁锢人们的头脑，抵制民主共和思想。近代以来，中国社会各阶级在推动中国社会文化变革的历程中都做出了不同程度的努力，为现代新文化的发生发展提供了实践基础和认识资源。近代中国的文化领域之中，各类殖民地思想十分浓厚，建立在小农经济基础上的儒家伦理纲常依旧根深蒂固，人们所接受的民主、自由、科学等观念还时常模糊和动摇，中国半殖民地半封建的文化性质亟待实现根本转变。

面对封建军阀统治下中国思想文化界出现的尊孔复古现象、鬼神迷信流行，人们思想被严重束缚，陈独秀、李大钊等人率先发起了新文化运动，开始猛烈地抨击和抵制封建思想文化，主张民主与科学，引领了前所未有的思想启蒙与解放的潮流。"一战"的爆发，使中国先进的知识分子在思想上遭受到了极大冲击，他们对于资本主义制度及其文明价值抱有的崇拜和向往开始走向幻灭，与此同时，俄国十月革命的胜利划分了人类社会资本主义与社会主义的两个时代，俄国十月革命胜利后，马克思主义传入中国。1919年，五四爱国运动的爆发，标志着中国工人阶级登上历史舞台，人民思想进一步觉醒，马克思主义开始迅速地、广泛地传播开来。中国共产党在激烈论争中找到了科学真理和解放中华民族的理论武器。以马克思主义为指导，党在解决民族解放的时代课题中，通过新民主主义革命在根本上摧毁了旧文化赖以生存的社会制度基础，将文化视为与政治和经济紧密相关的一项重要事业，逐步实现了中国社会由半殖民地半封建文化向新民主主义文化的革命性变革。

党一经成立，就将马克思主义确立为自己的指导思想，遵循历史唯物主义基本原理分析和阐述经济与文化的辩证关系，以辩证的态度思考和对待中西文化间的关系，开始注意到了中国具体的、实际的国情。伴随着革命的向前发展，党对马克思主义科学理论与中国具体实际有机结合这一准则的不断深入认识、掌握和运用，以毛泽东同志为主要代表的中国共产党人逐步明确了新民主主义文化的性质与内涵以及发展方向。基于对中国社会基本国情和中国革命历史特点与规律的科学判断，毛泽东认为，以五四运动为界，中国的文化战线可以分为两个新旧不同的历史时期，五四运动后则是新民主主义性质的文化，"就是无产阶级领导的人民大众的反帝反封建的文化"[1]。党领导的新民主主义文化建设的实践也逐步展开。一是建设革命文化队伍。党高度重视革命文化队伍的组织和壮大，土地革命时期，党领导下的革命根据地建立了负责苏区文化建设的专门机构文化委员会，1930年成立了中国左翼文化总同盟，成为粉碎国民党的"文化围剿"的重要力量。全面抗战爆发后，党依据革命形势和阶级关系的变化调整了文化建设的相关政策，将文艺界的团体组织起来，形成革命文化知识分子的统

---

① 毛泽东选集：第2卷［M］. 北京：人民出版社，1991：698.

一战线。二是发展革命根据地的教育事业。土地革命时期，党在革命根据地开展义务教育，并通过创办包括夜校、识字班、俱乐部在内的多种学校，开始了人民教育的初步实践。抗战时期，党在抗日民主根据地设立了小学、中学，发展了师范以及其他高等教育，同时普遍展开了社会教育。到解放战争时期，解放区的初等、高等以及干部教育事业蓬勃发展，各级学校的教育制度也逐渐步入正规化轨道。三是发展革命根据地的新闻出版事业。革命战争年代，党高度重视新闻与出版工作，特别是马克思主义理论的出版、翻印等工作。新民主主义革命的不同阶段，党在革命根据地相继发行了《向导》《中国青年》《新中华报》《新华日报》《共产党人》等多种报刊。党在革命时期领导和创建的人民出版社、中华苏维埃共和国临时中央政府中央出版局以及西北抗敌书店、山东文化出版社等机构发行了大量报刊，出版了许多革命书籍以及党的理论、政策文献。四是开展革命文艺工作。第二次国内革命战争时期的中国左翼文化联盟，以鲁迅为旗手的中国左翼文化阵营以马克思主义理论为指导，捍卫了无产阶级的革命文艺阵地。其间，茅盾、巴金、老舍、曹禺等优秀作家创作了一系列优秀作品，革命根据地内也普遍展开了群众性的文艺活动。抗战时期，以郭沫若、茅盾、夏衍、吴祖光为代表的文学家创作了许多反映国民党破坏抗战团结和反对民主的戏剧作品，整风运动的展开和延安文艺座谈会召开之后，广大文艺工作者在文艺为人民大众服务这一根本原则的指导下，创作众多的反映革命斗争的歌剧、小说、歌曲、诗歌等优秀的文艺作品。解放战争后期，各地的文艺工作者代表集聚北平，中华全国文学艺术工作者代表大会盛大开幕，全国文联也就此成立。党领导下的文化建设，改变了中国过去长期被半殖民地半封建的旧文化统治的状况，奠定了社会主义文化建设的坚实基础。

与新民主主义革命相适应，新民主主义文化致力于彻底否定殖民地文化、反对封建文化，同时批判地继承了中外优秀文化，在实现新民主主义文化的伟大变革中，新民主主义法治理论与实践，也必然内在地包含着推翻帝国主义、封建主义，谋求国家独立、民族振兴，维护和实现广大人民群众根本权益的价值理念，这些价值理念构成了法治赖以生存发展的文化土壤和底蕴。同时，新民主主义文化的进一步发展，有力推动了广大人民对于法治内涵、意义、特征以及理念的理解和认同，推动了人们法治意识与法治思维的孕育和形成，为民主革命时期党对法治认识的进一步深化开辟了道路。

中国共产党在领导新民主主义革命过程中实现的中国社会经济、政治和文化的深刻变革，成为党认识法治的宏观历史背景。在这一历史背景之下，中国共产党形成了对法治的认识，既不是资产阶级的法治，也不是社会主义性质的法治，而是新民主主义法治，服务于新民主主义革命，将半殖民地半封建的中国彻底改变，推动中国实现民主自由、经济繁荣，变得文明而先进。

二、新民主主义法治理论与实践探索的理论基础和思想资源

思想是行动的先导，作为历史的具体的实践活动，民主革命时期中国共产党对法治的认识必然离不开正确理论的指导。新民主主义法治的探索，以马克思主义经典作家的法治思想为理论基础，以中国传统法治思想、西方法治思想中的优秀成果为理论资源。

（一）马克思主义经典作家的法治思想

马克思主义以科学的实践观和彻底的批判性，实现了辩证唯物主义与历史唯物主义的统一，成为人们改造世界的理论武器。马克思主义不断丰富发展，在深刻改变世界的同时，也深刻地改变了中国。

马克思主义经典作家不仅注重理论研究，同时也积极参加了具体的革命实践，他们在不断思考和总结经验的基础上，形成了一系列关于法治的基本观点和方法原则，成为马克思主义科学理论体系的重要部分。马克思、恩格斯尽管极少直接地、明确地阐发关于法治的观点，但是，他们在对法律现象进行分析和论说的过程中，特别是对资本主义法制以及阶级特性进行深刻的揭露和批驳时，始终蕴含着法治的主张和理念。列宁继承和发展了马克思主义基本原理及其法治思想，并应用于具体的实践之中，形成了关于社会主义法治的基本观点与理论主张。马克思主义经典作家的法治思想将严谨的科学性和革命性内在结合，突破了以往法治思想理论所具有的阶级与时代的局限，成为马克思主义理论系统的有机组成部分。

马克思主义经典作家遵循辩证唯物主义和历史唯物主义原理，批判和发展了既有的法治理论，始终在人类社会发展的历史进程中考察法治，确立了历史唯物主义的法治思想。马克思主义经典作家认为，法的根源在于物质生活关系，是理解法的关系、揭示法形成发展一般规律的基本出发点。同时，不同类型的上层建筑之间也相互影响，共同对社会经济产生不同程度的推动作用。"经济状况是基础，但是对历史斗争的进程发生影响并且在许多情况下主要是决定着这一斗争的形式的，还有上层建筑的各种因素。"①马克思主义经典作家的法治思想以显著的历史唯物主义特性，突破了资产阶级法治思想的缺陷和局限性，揭示了法形成发展的规律、内涵、本质与功能，同时立足于社会现实条件，尖锐地批判和揭示了资本主义法治的虚伪性，提出了社会主义法治建设的科学构想，实现了法治理论的突破与创新，奠定了民主革

---

① 马克思恩格斯选集：第4卷［M］. 北京：人民出版社，2012：604.

命时期党对法治认识的思想理论基础。

第一，法形成发展的一般规律。马克思主义经典作家认为，法是一个历史的概念，是随着国家与私有制的产生而产生的，也必将随着阶级的消灭而消亡。马克思主义经典作家在论述法的产生过程时指出，在社会发展的早些时期，如何用普遍的规则对日常的生产、分配以及交换加以管理和约束，使得个人能够服从共同的生产和交换的条件、要求，便成为当时的一种社会需要。恩格斯认为，法起源于经济生活的条件，即是说，"法的现象并不是从来就有的，而是社会历史发展到一定阶段的产物"①。人们日常的经济社会生活中所形成的规则和习惯，随着时间空间的推移逐步获得了法权意义，国家出现后，这种法权的习惯便成了法律。法律本身也处于不断的变化之中，从低级走向高级、从野蛮走向文明，伴随着物质生活条件以及人们之间利益关系的变化不断嬗变或完善。马克思、恩格斯指出："如果这些新的情况侵害了整个统治阶级的利益，那末这个阶级一定会改变法律。"②由此可见，法律的变化有两种形式，一是量变，即一定历史类型下法律内容或体系的更新与调整，法律的根本性质未有改变；二是质变，即法律历史类型的彻底更替。而且，社会向前发展，阶级逐步消失，国家和法律也终将走向消亡，这是不可避免的。那时，社会的生产将以新的方式进行组织，整个社会成为自由平等的联合体，古陈列馆将成为以往全部国家机器的应有去处。

第二，法的本质内涵与基本职能。马克思主义经典作家正确揭示了法的本质，即法、法律是国家权力的反映或征兆，根本上由一定的

---

① 公丕祥. 马克思主义法律思想通史：第1卷［M］. 南京：南京师范大学出版社，2014：620.

② 马克思恩格斯全集：第3卷［M］. 北京：人民出版社，1960：384.

物质生活条件和生产方式决定。正如马克思、恩格斯所言，"正像你们的法不过是被奉为法律的你们这个阶级的意志一样，而这种意志的内容是由你们这个阶级的物质生活条件决定的"①。马克思主义经典作家揭示了法的职能，认为法具有政治统治和管理社会公共事务的职能，即法律一方面要维护掌握国家政权的统治阶级的利益，另一方面要通过调整社会生活的关系以建立社会发展的良好秩序。他们主张法是阶级性与社会性的统一，是调整社会关系的手段，法律应该被严格遵守。马克思指出，政府的监督和干涉由两部分组成，一是对公共事务的执行，二是由于其与民众对立产生的特殊职能。恩格斯认为，法的政治统治职能与社会管理职能辩证相关，政治统治职能以社会职能为基础，社会职能是政治统治职能得以存在和持续进行的基本前提条件。列宁认为，法律对捍卫革命以及巩固新生政权具有十分重要的意义，明确要求严格遵守法律，并明确指出，对于那些违反苏联法律、不公正对待广大农民的人应当被立即取消职责，给予残酷的斗争和最为严厉的法律制裁。

　　第三，法的价值理念。马克思主义经典作家以历史唯物主义的法治观，深刻分析、揭露了资产阶级法治的狭隘性、虚伪性，进一步阐明了法通过职能的发挥应实现的自由、民主、平等以及公平正义等价值。关于法的自由价值，马克思在1842年撰文批判普鲁士书报检查令和专制法律制度时，鲜明提出了"法典就是人民自由的圣经"②的重大论断，马克思就此主张，自由作为人的本质和存在样态，法律应当反映和保障自由。关于民主，在马克思、恩格斯看来，人自由而全面的发展是社会的动力和价值目标。从这一根本观点出发，马克思主义经

---

① 马克思恩格斯选集：第1卷［M］. 北京：人民出版社，2012：417.

② 马克思恩格斯全集：第1卷（上）［M］. 北京：人民出版社，1956：176.

典作家揭示，资产阶级以法治的形式维护其根本利益和资本主义的剥削制度，具有较强的虚伪性和欺骗性，广大人民在实质上无法享有应得的民主权利。马克思主张法律必须确认广大人民的根本权益，以充分保障和实现人民权利为价值归宿。马克思阐述了巴黎公社所创建的无产阶级民主与法治一系列重要举措，强调了法律对保障民主的重要作用。关于法的平等和公平正义价值，恩格斯认为，资产阶级法律所宣扬的平等并未得到真正的实现，真正的平等应突破阶级的限制，构成这个国家和社会的全部民众，"都应当有平等的政治地位和社会地位"①。他们也认为，公平正义根植于一定的社会经济关系，是一个具有历史范畴的概念，公平观念也是伴随着法律以及独立的法学形态产生的。资本主义法治中，资产阶级制定法律以维护和保障资产阶级的利益，而不是维护人民的根本利益，司法也被资产阶级所操纵，丧失了独立性和公正性，处于这样的条件之下，公正与否绝非取决于内容，它只成为审判的形式，然而，"内容已被法律预先规定了"②。只有消灭资本主义生产方式与国家机器，建立人民主权的国家制度及法律，无产阶级所期望的社会公平才能真正实现。

第四，社会主义法治的构建及其基本原则。马克思主义经典作家认为，社会主义法治建设十分必要。"即由这一阶级夺取政权，并用法律的形式赋予这些要求以普遍的效力。"③只有这样，每个正在斗争的阶级所提出的纲领都必须运用法权要求加以完整体现和鲜明表达。对工人阶级来说，不能仅仅简简单单地占有现有的国家机器，而是必须进行运用、把握，以达到和实现自己的目的。马克思主义经典作家认为，

---

① 马克思恩格斯选集：第3卷［M］. 北京：人民出版社，2012：480.

② 马克思恩格斯全集：第1卷（上）［M］. 北京：人民出版社，1956：287.

③ 马克思恩格斯全集：第21卷［M］. 北京：人民出版社，1965：567-568.

社会主义法治建构的原则应包含以下四项：一是，无产阶级政党领导法治和实施法治，加强法治监督。恩格斯指出，与任何其他的政党相同，社会主义政党必须提出实行法治的基本主张和要求。列宁认为，国家政权是法律存在的前提，执政党的决议必须经过立法程序上升为法律。法治监督是法治建设中不可缺少的环节，建立健全专门机构实施法律监督职能，是保障法律统一和实现法治的必要保证。二是，社会主义法律必须反映人民利益，坚持民主立法，法律面前人人平等。列宁指出，苏维埃法律的制定和执行都必须依据民主组织原则，使广大人民积极参与。列宁要求中央和地方各级机关必须严格遵守法律，要在司法活动中实行人民陪审员制和法官选举制，通过公开审判促进司法公正。三是，必须加强社会主义法制统一。列宁认为，制定国家法律的机构应是唯一的，强调制定全俄、全苏维埃共和国联邦的统一法制。四是，根据实际形势的变化适时调整法律。列宁曾明确指出，社会主义法律应随着革命斗争形势以及社会主义发展的需要而补充、废除或立新，"修改法令是必要的，因为遇到了新的困难，是新的困难不断促使我们进行修改"[①]。但是，法律的修改应慎重，实事求是，杜绝随意，进而维护和保证法律的稳定与权威。

（二）中国传统法治思想

法治是人类政治文明演进的成果和结晶，人们在不断思考和探索良好政治治理模式过程中，形成了一系列法治思想与主张，凝结了人们对于法治的不懈追寻与努力。中国传统法制在本质上仍是封建主义的"人治"，是维护君主专制的工具和手段，但是，其中内在地蕴含着的传统法治思想，是中国古代思想家长期以来对于治国理政的深厚的

---

① 列宁全集：第34卷［M］. 北京：人民出版社，1985：469.

省思、谋划与经验。作为中国法律文化的重要组成部分，传统法治思想是中国法治形成发展的文化资源和历史土壤，也成为民主革命时期中国共产党认识法治的重要思想因子。

第一，主张实行法治，重视法律在国家治理中的作用，发挥法律定分止争、维护社会秩序的功能。先秦诸子百家中，法家关于法律维护社会秩序功能的论述最为详尽和系统，管仲最早提出"以法治国"的概念，将其作为治国的根本之道，提出"法律政令者，吏民规矩绳墨也"①，主张法律是社会的度量衡，是用以规范人的行为的准则，统治者对国家的治理应依靠法律，强调法的权威树立。商鞅认为："法令者，民之命也，为治之本也，所以备民也。"②法律关乎人民的生存发展，也关乎国家的安定有序，必须以法治作为治国之道。韩非子提出"古者先王尽力于亲民，加事于明法。彼法明，则忠臣劝；罚必，则邪臣止"③，认为法度彰明具有重要意义，法是国家治理中最为普遍的规范。

第二，蕴含着如何实行法治的思想。一是，关于立法思想。管仲遵循"以法治国"理念，为实现国家富强，在推行改革的过程中特别重视立法，强调法律的制定必须尊重和体现规律，法律要稳定和统一，同时，也要"随时而变，因时而动"，通过修缮旧法、沿用善法，以达到"'令民顺心'的良好效果"④。中国传统法治思想认识到了立法的重要性。北宋著名政治家王安石提出："立善法于天下，则天下治；立

---

① 李山，轩新丽. 管子（下）[M]. 北京：中华书局，2019：760.
② 石磊. 商君书 [M]. 北京：中华书局，2017：198.
③ 高华平，王齐洲，张三夕. 韩非子 [M]. 北京：中华书局，2015：175.
④ 李龙，刘玄龙. 管仲法治思想探析 [J]. 武汉理工大学学报（社会科学版），2020，33（01）：1–7.

善法于一国，则一国治。"①明确指出了立善法对国家和社会发展的重要意义。二是，关于执法与司法的思想。中国传统法治思想认识到了执法与司法的重要性，张居正提出："天下之事，不难于立法，而难于法之必行。"②着重强调了法律实施的重要性与艰巨性。三是，关于守法思想。中国传统法治思想主张君臣、官民都应遵守法律。管仲指出："君臣上下贵贱皆从法，此谓大治。"③商鞅反对儒家"刑不上大夫"的观点，并提出了刑无等级的壹刑思想。韩非子进一步提出："法不阿贵，绳不绕曲。法之所加，智者弗能辞，勇者弗敢争。刑过不避大臣，赏善不遗匹夫。"④中国传统思想中的"法制无私""刑无等级""反对赦免"等重要论述，深刻蕴含着严格实施法律、树立法律权威、适用法律平等的现代理念。

第三，探讨了德治与法治的关系。孔子认为："化之弗变，导之弗从，伤义以败俗，于是乎用刑矣。"⑤指出德治作为治理国家的主要手段，需要法治加以辅助。孟子指出："徒善不足以为政，徒法不能以自行。"⑥主张德法并重，善政与法治的紧密结合是国家治理的重要方式。先秦法家在主张法治的同时，也注重发挥道德的教育和保障作用。管仲将"礼、义、廉、耻"作为国之"四维"，认为"四维不张，国乃灭亡"⑦。韩非子也认为："明主之所导制其臣者，二柄而已矣。二柄者，刑

---

① 王安石. 王安石集 节选［M］. 刘成国，解读. 袁行霈，主编. 北京：国家图书馆出版社，2019：197.
② 张居正. 张居正奏疏集（上）［M］. 潘林，编注. 上海：华东师范大学出版社，2014：232.
③ 李山，轩新丽. 管子（下）［M］. 北京：中华书局，2019：699.
④ 高华平，王齐洲，张三夕. 韩非子［M］. 北京：中华书局，2015：50.
⑤ 王国轩，王秀梅. 中华经典藏书 孔子家语［M］. 北京：中华书局，2009：245.
⑥ 吴天明，程继松. 孟子［M］. 武汉：崇文书局，2004：113.
⑦ 李山. 管子［M］. 北京：中华书局，2017：2.

德也。何谓刑德？曰：杀戮之谓刑，庆赏之谓德。"① 在中国的古代社会，特别是秦汉之后，保障社会有序发展，主要依靠的是"礼"和"法"，且将"'德礼'、'政刑'"② 的综合运用作为塑造社会有序化的基本途径。作为塑造中国古代社会有序化的主导模式，礼是社会的精神和规范，从形式上看，礼具有法的性质，是整个封建社会法律制度的有机组成部分和最高指导原则；从内容上看，礼又不仅仅限于法，是渗透于人们日常生活中的伦理道德规范，是判断人的行为是非的准绳。

（三）西方法治思想

西方资本主义法治思想源远流长，法治实践也日渐成熟。资本主义法治本质是对资产阶级根本利益及其社会关系的法律确认与制度保障，具有一定的虚伪性、局限性和狭隘性，但与此同时，资产阶级法治是调整政治、经济、文化以及社会关系的重要手段与方式，已经成为资本主义国家处理公共事务、社会事务以及国际事务的经验和智慧的总结。因此，民主革命时期，党从中国实际出发，推进马克思主义法治思想中国化，有必要批判和借鉴世界优秀法治文明成果。

第一，崇尚法治，明确提出法治优于人治。柏拉图从人治观转变到法治观，起初，柏拉图认为，必须使哲学理论与政治权力共同发挥作用，促使国家权力在运行的过程中趋善避恶，因此主张"贤人治国"，即哲学家运用智慧来管理国家。但是，面对现实社会中既有的价值和观念，认为人性贪婪、自私，并不值得信任，便开始主张推崇法治作为国家统治形式。亚里士多德认为，法律统治应是国家的理想模式，他对法律和人性的关系进行了探讨，一个人若与礼法相悖，而且罔顾

---

① 高华平，王齐洲，张三夕. 韩非子［M］. 北京：中华书局，2015：52.

② 陈玺，丑程瑶. 德礼政刑：古代国家治理的当代解码［N］. 人民法院，2018-05-04（005）.

正义，那么"他就堕落为最恶劣的动物"①。为此，亚里士多德一贯主张遵从法律的统治较为有利。崇尚法治、摒弃人治的思想，成为近代西方政治家构想国家模式的基本观点。

第二，主张法律至上、良法善治。亚里士多德最先阐明了法治的内涵，他认为，只有为公众利益而制定的法律才能成为良法，良法需要被严格执行和服从，并且要牢固树立和遵循法律的至上性和正当性。西塞罗（Cicero）也认为，法律应高于一切，实行法治来取代人治，人人都是法律的臣仆。哈林顿认为，在国家模式的构建中，要以自由为最高的价值原则，以法律为绝对的统治。英国宪法学宗师戴雪主张"法律主治"，摒除一切独裁、特权和宽大裁夺的权威，人民应当而且唯独受到法律的治理。洛克也主张严格遵守和执行法律，强调无论是谁都必须服从法律的权威，无论是谁都无权超越法律，逃脱法律的惩治。

第三，强调法律捍卫和实现自由、平等、民主等价值。在英国，洛克将自由与法治有机结合，他认为，个人的自由权利的维护与实现，就是法治的基石。法律之下，每个人的自由都是平等地位的自由，法律面前人人平等无疑是最重要的法治原则。孟德斯鸠认为，在依法而治的国家之中，"自由仅仅是做他应该想要做的事和不被强迫做他不应该想要去做的事"②。他认为，自由是法律的内核。卢梭的法治共和国主张以人民主权学说为基石，立法权只能属于人民，如果没有经过人民亲自批准，法律就是无效的，或者更严格地说，那根本就不能称为法律。

第四，主张权力的分立与制约。洛克认为，拥有权力的人总是难以摆脱被其蛊惑和侵蚀的命运，所以，在法律之下，对权力进行划分

---

① 亚里士多德. 政治学［M］. 吴寿彭，译. 北京：商务印书馆，1965：9.

② 孟德斯鸠. 论法的精神：上卷［M］. 许明龙，译. 北京：商务印书馆，2012：184.

和制约，具有相当重要的意义，立法机关必须受到法律的支配和约束，政府和民众也必须积极执行和严格遵守法律。孟德斯鸠指出，人一旦拥有了权力，就容易极度滥用权力。为了避免这种情形，他进一步构建了保卫自由的合法性政治体制，使国家和社会居于法律的统治之下，进而形成立法、行政与司法权力分立而制约的政权结构，主张各种权力的依法而治是实现政治自由的根本保障。在美国，潘恩主张将宪法作为国家权力运行根本的原则，人民也据此来实现对于政府及其各部门的管理和限制。杰斐逊则指出，国家和政府的权力来源于人民，因此，他敦促政府反映和践行人民的要求，以这一理念为指导，他主张开展全民普选，进一步建构代议制政府，并使联邦国家及其各州的政治法律制度在纵向上实现权力分立。汉密尔顿主张，只有加强国家联邦的权力，才能发挥美国宪法和法治对于国家政治经济繁荣与人民自由的维护和保障，他主张以宪法法律至上，通过三权分立来构建一个强而有力的联邦政府，加强立法权和行政部门的权力，赋予司法权以坚定的独立地位和极大权威。

三、新民主主义法治理论与实践探索的现实依据

中国社会半殖民地半封建性质的转变，导致中国传统法制在帝国主义列强的入侵和国内各阶级变革图强的推动下被迫开始向近现代转型。辛亥革命后，国民党政府以西方法治思想为指引，开始构建现代法律体系，但是，维护大资产阶级、官僚资本主义利益的国民党及其独裁统治，欺压百姓，法律沦为国民党统治集团的政治工具，因而不可能推动中国社会走向现代化和法治化。直到马克思主义的进一步广泛传播，中国共产党的成立和不断壮大，才为中国现代法治的开启与深入发展奠定了科学的理论基础，确立了坚强的核心主体。

（一）中国传统法制向近现代法制的转型

鸦片战争的爆发，打破了中国经济、政治、文化原有稳定的发展环境，中国法制也开始转型。1840年以前，绵延千年的中国传统法律体系独立发展，承担着中国社会治理、族群延续和文化发展的重要任务。中国传统法制根源于自给自足的农业经济，以维护封建君主专制为目标，以儒家等级森严的宗法伦理为价值，重德轻刑、重义轻利，中国传统法律主要的功能在于刑罚和制裁，以封建伦理纲常为核心的"人治"或"礼治"，是中国古代社会有序化的主导模式，所谓"出礼入刑"，法成为违背礼制行为的惩罚。鸦片战争后，帝国主义列强逼迫清政府接受领事裁判权。列强通过其在华领事行使对侨民刑事、民事案件的司法管辖权，并通过领事观审、中外会审等制度将其司法管辖权逐步扩大到与其侨民直接相关的中国人民，使得外国人在其租界恣意妄为，却无法以中国法律对其进行规约与制裁。帝国主义列强掠夺了中国的司法主权，使中国法制也不再独立。晚清的中国社会经济恶化，朝政腐败，社会矛盾复杂而尖锐，原有的法律和司法制度本就不能有效治理社会，亟须修改，加之领事裁判权的巨大危害，前所未有的内外危机使得中国传统法制的不适性等问题日益严重和凸显，近代中国的有识之士纷纷提出了一系列变法图强、变革法律的主张，中国传统法制逐步开始了近现代化的转变。

在提倡变法的早期，林则徐、魏源在对中国传统法制进行批判的同时，开始翻译和辑录西方欧美国家的法律知识、法律制度资料以及关涉战争与贸易等方面的法律条文。洋务运动期间，以李鸿章为代表的洋务派针对已有的兵制、官制和科举制度提出了一些变法主张，同时翻译了西方法学著作以满足外交和立法的需要。维新变法时期，康有为、严复认为，清朝制定的法律制度是维护帝王专制的手段，严重束缚臣民的思想和行为，提出要改革清朝法律制度、实行法治，明确主张建立宪政和议院，以推动政治和法治的进步。同时，资产阶级立宪派翻译了大量的西方政治法律著作，创办了大量报刊，对其政治学说以及价值观念进行了广泛宣传，对中国法制的变革和政治进步起到了积极的推动作用。尽管近代中国社会各阶级的变法运动屡遭挫折，但是力图制度创新，特别是君主立宪思想的确立和传播，为清末的法制变革和中华民国共和宪政的构建提供了重要思想渊源。

庚子国变后，清政府濒临危亡，救亡图存已经刻不容缓，清政府认为优越的君主立宪制度，是挽救自身免于灭亡的出路，为此，清廷宣布预备立宪，开始了法制的变革。清政府按照颁布的《钦定逐年筹备事宜清单》，首先改革中央和地方的官制，以扩大和完善国家的职能，并开始筹建资政院作为预备国会，设立谘议局作为预备立宪期间在各个省会采择舆论和策划地方治安的专门机构，尽管资政院召开了两次常年会，但实际上只是一个博采舆论的咨询机构，而没有发挥立宪国家中国会的职能。清政府又相继制定和颁布了《钦定宪法大纲》和《宪法重大信条十九条》，期望以此对皇权加以限制，在内容上达到了君主立宪的要求。同时，清廷委派沈家本、吴廷芳二人参酌西方法律，对当时施行的一切律例进行修订。沈家本等人修改和制定了清朝的刑律、民律、诉讼律等法律，并以三权分立原则为指导，改革了司法机关。由于帝国主义列强对领事裁判权这种司法特权的获得，清政府被迫设立了会审公廨，但是中国审判员的司法审判权力未能正常行使。自庚子国变到清朝灭亡的十几年中，清政府吸收西方法律思想与制度，制定和起草了民事、刑事以及诉讼法等法律，建立了近代司法机构，开启了中国传统法制向近现代转型的历史进程。

辛亥革命不仅推翻了千年以来中国社会的封建君主专制，与此同时，开启了中国资产阶级民主法制的进程。武昌起义后，为了进一步统一革命力量，各省都督府代表联合会通过了《中华民国临时政府组织大纲》，也成为组建中华民国南京临时政府的基本依据，使其总统、副总统的产生方式与职权有了明晰的章程，规定了参议院的组成和临时政府的行政部门划分。1912年3月，临时大总统孙中山公布了《中华民国临时约法》，规定了中华民国主权归属、人民权利和义务、三权分立原则、资本主义私有制及其生产方式，突出强调主权在民、自由、平等原则，标志着资产阶级民主共和法治观念的树立。

1913年10月，袁世凯在北京正式当选大总统，也标志着中国资产阶级民主法制进入了北洋政府时期。袁世凯就任大总统后，希望进一步扩大大总统权力，直接或间接反对和阻挠制宪委员会的工作，在下令解散国会之后，以增设国会委员会限制总统滥用职权、规定更加独立的内阁责任制和设置独立于行政机关的审计员为主要内容的"天坛宪草"逐渐被废弃。为了进一步巩固和使独裁合法化，约法会议制定了《中华民国约法》，仅仅在表面上实现了对共和国体、人民权利、三权分立等基本准则的明确规定，但其主要内容是规定以"大总统"为核心的国家机构，总统实际上独揽国家统治权，控制国家。直系军阀曹锟在直奉战争中取胜之后，通过贿赂议员"合法"当选总统，以同样贿选的方式，宪法会议制定和颁布了《中华民国宪法》。但是"贿选宪法"民主自由的形式仅虚伪地浮于表面，实际上确认了军阀统治、各自为政。同时，北洋政府援用和参照清末刑事、民事法律起草了《暂行新刑律》及其修正案、特别刑事法令以及各类民事法律。北洋政府以《平政院编制令》为依据，进一步创立了普通法院和平政院二元的裁判体制，而且由于军阀的干涉，其倡导的司法独立原则难以实际贯彻和实行。南京国民政府成立后，在清末法制改革和民国前期法制发展的基础之上，延续了资产阶级民主法制的历史发展。以蒋介石为领导的南京国民政府，相继颁行《中华民国训政时期约法》《中华民国宪法草案》和《中华民国宪法》，逐步确立了国民党专政的国家体制及其五院政府，构建了以"六法体系"为核心的法律制度，尽管南京国民政府实现了中国形式上的统一，构建了较为完整的法律制度，延续和推动了中国法制的充分发展。但是整个民国后期国家内忧外患，从军阀割据到抗日战争动乱频繁，南京国民政府以军事、法制手段，镇压人民，镇压中国共产党等其他进步力量，意图巩固其残酷统治，使制定的一切法律不仅流于纸面，更是成为国民党统治集团限制民主、加强一党专政的工具和手段。

（二）马克思主义法治思想的传播

五四运动是中国新民主主义革命的开端。1919年，巴黎外交失败的消息传回国内，立即引起了广大青年学生和知识分子阶层的强烈愤慨，5月4日，北京大学等大中专院校学生聚集在天安门，要求拒绝合约并惩办亲日官僚，在遭到镇压之后开始罢课，迅速得到了各地学生和社会舆论的支持。与此同时，上海工人、店员纷纷罢工，商人罢市，前所未有的罢工风潮开始在全国的各个地方迅速传播开来，值得注意的是，中国工人阶级在其中起到了关键的主力军的作用，展现出了独立的姿态，并开始登上历史舞台。这一运动进而发展为群众性的、全国性的反帝爱国运动。

历经五四运动，中国人民的思想进一步得到解放，广大进步青年在探寻救国救民出路的过程中逐渐对资产阶级共和国的方案产生怀疑，开始对社会主义抱有期许，并在庞杂的各类社会思潮中逐步发现了马克思主义的科学性，中国先进知识分子开始对其进行详细介绍。五四时期，社会主义学说成为新思潮的主流，但是与之相伴的，还有许多打着"社会主义"旗号的资产阶级和小资产阶级思潮，中国青年中的先进知识分子经过"工读互助"和"新村"的失败，马克思主义信仰最终确立。五四运动之后，马克思主义开始作为指路明灯，在中国得到了广泛传播。一是，马克思主义的著作和理论的系统介绍。李大钊、李达、杨匏安等人相继发表各类著作，进一步介绍了十月革命以及马克思主义的基本观点。二是，马克思主义传播方式与途径的拓展。五四运动之后，北京大学马克思学说研究会成立，专门负责收集和采购马克思主义理论的文献并进行深入的专题研究。与此同时，各类报刊也发挥了重要的介绍和宣传优势，开始大量地、集中地刊登马克思主义的著作，这一时期各类的进步团体，也推动了马克思主义理论的学习和传播。三是，马克思主义理论深入人心。一方面，在参与五四运动，学习、宣传马克思主义以及进行"与劳工为伍"的革命实践中，陈独秀逐渐转变为科学社会主义。毛泽东、周恩来、董必武等一大批先进知识分子也通过学习马克思主义，逐步在思想上实现了马克思主义者的转变。另一方面，陈独秀、李大钊、李达、蔡和森等人与反对马克思主义的知识分子进行了激烈论争，他们初步认识了中国社会的阶级状况、具体国情和发展前景，捍卫和扩大了马克思主义的思想阵地。

五四运动后，中国早期马克思主义者以唯物史观为指导，开始研究和阐述马克思主义法治思想，为中国共产党认识法治提供了直接的思想条件。第一，法依存于经济，并对经济基础具有反作用。李大钊认为，法律、政治与伦理都是社会的表面构造，经济的构造是它们一切的基础。在《我的马克思主义观》一文中，李大钊曾指出，"就是法律他是人类的综合意思中最直接的表示"[1]，法律的内容及其发展变化，

---

① 李大钊选集［M］. 北京：人民出版社，1959：179.

自始至终都处于经济现象的影响之下，而且它不能反过来对社会经济产生影响。杨匏安、李达也认为，国家的一切法律，都由社会经济基础决定。第二，法律具有阶级性，统治阶级要巩固自己的统治，必须利用和加强法律。中国早期马克思主义者以马克思的阶级斗争学说为指导，认为法律是通过阶级斗争拯救中国社会的工具和手段。李大钊认为，国家依据法律以维持其政府，无产阶级通过革命获取政权，革命是用法律之外的暴力手段根本地解决经济问题，但原有经济结构的改造必须依据法律。陈独秀认为，资产阶级以资本实力压制劳动人民，而为了彻底摒弃长期以来遭受的不公与苦楚，广大劳动人民必须获得政权，占据统治地位，通过掌握和运用政治、法律等机关，维护和实现自身的基本权益。①

　　五四运动后，马克思主义在与各种错误思想的激烈斗争中，逐步成为中国无产阶级及其政党创建进而认识和解决中国具体实际问题的理论武器，此后，马克思主义落地生根，其在中国的传播与发展开启了崭新阶段。与其路径相同，马克思主义法治思想，经过陈独秀、李大钊等人的译介、研究和宣传，并在与西方近代法治思想的激烈交锋与论争中逐渐获得了主导地位。中国共产党成立后，坚持运用马克思主义的基本观点、立场与方法，辩证吸收中国传统法治思想精华，摒弃封建糟粕，批判借鉴西方法治文明成果，突破资本主义法治的阶级局限，坚持独立自主，人民和民族利益至上，高度重视法治，努力探索自己的法治道路，将马克思主义法治理论创造性应用于中国实际，并不断推动理论创新，逐步确立了民主革命时期以马克思主义法治思

---

① 参见张小军对李大钊、陈独秀的马克思主义法律观核心观点的概括：张小军. 马克思主义法学理论在中国的传播与发展1919-1966 [M]. 北京：中国人民大学出版社，2016：45.

想为主导和主流、中国传统法治思想与西方近代法治思想为补充和借鉴的理论格局。

（三）党对中国革命的认识与主张

五四运动后，大批青年知识分子在学习马克思主义、参加工人运动实践的过程中不仅实现了自身思想上的转变，而且逐渐成长为无产阶级政党的阶级力量。李大钊、陈独秀等人在学习十月革命经验和进行工人运动的同时，逐步深刻地认识到了创建无产阶级政党作为革命领导者和组织者的重要性，开始深入广大工人群众中，积极筹备和开展建党工作。经过维经斯基（Boňtnhcknň）等人的帮助，各地共产党的早期组织相继成立，在理论学习以及参与实际斗争的过程中，锻炼成为无产阶级的先锋战士。1921年7月，中国共产党正式成立。新生的中国共产党宛如沉寂黑夜中点燃的一颗火种，尽管现时光亮微弱，但蕴含着前所未有的力量和希望，照亮了中国革命光明而伟大的前程。

"一大"讨论通过了党的纲领，第一次明确了党的名称、性质、任务、组织、纪律等重要内容，《关于当前实际工作的决议》进一步提出了党开展工人运动和宣传工作的各项具体规定，集中表达了党对中国革命的主张。一是，关于革命的目标。纲领指出："党的根本政治目的是实行社会革命。"[1] 同时，党始终在革命斗争中保持独立的姿态，坚定不移地维护和实现无产阶级的根本利益。中国共产党对自身性质与目标的直接宣告，意味着党已经深刻地认识到，由于自己的阶级性质，党必须以马克思主义为指导，致力于实现社会主义和共产主义。二是，关于革命的方式。党要组织工农群众、革命军队，推翻资产阶级政权，

---

[1] 中共中央文献研究室，中央档案馆．建党以来重要文献选编（一九二一——一九四九）：第一册［M］．北京：中央文献出版社，2011：1.

彻底废除私有制，实现生产资料归社会公有，通过苏维埃人民民主制度，建立无产阶级专政，同时联合第三国际。中国共产党依据俄国十月革命的基本经验和世界形势，强调依靠无产阶级为主体的社会主义革命。三是，关于在革命中党的纪律要求和基本任务。党在纲领中提出了党员条件、入党程序，要求地方组织服从中央指导，适时将党的主张和党员身份保密。纲领指出，成立产业工会、领导工人运动是当下的基本任务，并对工人运动的组织和宣传工作中的出版报纸刊物、工人学校以及工会组织的方法做出了具体的规定。此时，新生的党对于如何认识中国革命的独有特性还处于迷茫不清的状态，还曾设想径直地开展社会主义性质的革命，一举建立无产阶级专政，实现工人阶级当家作主，没有注意到由于半殖民地半封建的社会性质而导致的革命的长期性、艰巨性以及特殊性，而对革命所处的社会条件、革命需经的步骤环节等重大问题尚未形成清晰的认知，尽管存在一定局限，但是，中国共产党在思考和探索中国革命中找到的理论武器和奋斗目标，无疑具有划时代的意义。

中国共产党的成立，使中国社会有了一个先进的、坚强的领导核心。自近代开始，中国社会各阶级为驱逐外来侵略者，提出各种救国救民的方案，付出了无数努力，均以失败而告终，其他政党也都未能提出明确而科学的纲领和发动群众，未能有效地解决中国所面临的迫切危机。中国先进的知识分子在日益尖锐的民族危机和阶级矛盾中，发起了反帝反封建的五四爱国运动，在对各种社会思潮的分析、比较和实践后选择了马克思主义，开始走俄国十月革命的道路，进而创建了中国共产党。党将根本改变中国人民被压迫和奴役的状况作为自己的根本任务，成为带领广大人民奔向光明前程的领导核心，秉承坚定的信念开始了艰苦卓绝的奋斗历程。

　　中国共产党的成立，也为构建符合中国国情和革命实际需要的法治，推动中国法治的现代化奠定了核心主体条件。近代以来，尽管中国社会各阶级逐步意识到了中国传统法律制度的人治本质，开始猛烈抨击封建专制、纲常礼教及其法律文化，但是封建法制还是在一定程度上被援用或得到加强。中国资产阶级虽然推翻了延续千年的封建君主专制，开始尝试构建现代的资产阶级法治，但是国民党政府利用法律欺压人民，使各类规定人民权利与义务的完整法律体系只能停留在形式上，资产阶级法律少数人压制多数人的特点并未得到现实意义上的转变。党的奋斗目标的确立，意味着党对法治的认识也必须符合马克思主义法治观，必须符合中国国情和中国人民的根本利益。中国共产党必须首先直面中国传统法制向近现代法制的转型与资产阶级法制的演进所带来的双重任务。一方面，摈弃和克服中国传统法制由于君主专制制度、官僚政治以及人治或礼治所具有的封建残余和阴影，同时反对和推翻帝国主义列强对中国司法主权的破坏与掠夺。另一方面，以中国国情和革命实际为中心，推翻维护大资产阶级和官僚资本主义利益的国民党法律，对帝国主义与国民党反动派实行专政，逐步建立符合人民大众根本利益与要求的法治。中国共产党也成为领导和建设法治的核心主体，逐步形成了对于新民主主义法治的正确认识，逐步建构起符合革命实际和人民群众意志、坚决维护人民权益和向国内外敌人进行有力斗争的法律体系与司法制度，它与以往历史上一切剥削阶级法律根本区别，开辟了中国法治的新纪元。

第二章

新民主主义法治理论与实践探索的初步开启

中国共产党成立之后，就选择马克思主义作为自己的根本指导思想，以实现社会主义和共产主义为奋斗目标，为推翻帝国主义压迫和打倒军阀统治，注重制定和实行保障人民利益的各项法律，在实现大革命失败到土地革命兴起的伟大转变中，党形成了对工农民主法治的认识。党立足革命具体实际，以马克思主义法治思想为指导，坚持彻底的反帝反封建，坚持通过制定和实施法律，确认和巩固工农民主政权，保障和实现工人、农民和其他劳苦大众的民主权利和自由，坚持依法惩治豪绅、地主、资产阶级以及破坏工农民主专政的反革命分子，树立了法治为土地革命战争服务的中心思想。党领导工农民主政权，以《中华苏维埃共和国宪法大纲》为统领，制定了苏维埃法律体系，开创了人民司法事业，开展法治宣传教育。工农民主法治在有效巩固革命政权和稳定社会秩序的同时，保障了苏区人民的生产生活，促进了革命根据地的经济社会发展。

一、工农民主法治理论与实践的萌芽

中国共产党在列宁关于民族殖民地理论的引领下，分析了国内外政治形势，准确判断了中国社会的国情与性质，进而明确提出反帝反封建的民主革命纲领，确立了党在当时对法治认识的基本指导方针。

此后，中国共产党领导和发动了工农运动，将反帝反封建的指导方针和各项法律政策贯彻到具体的革命实践中，萌发了对于符合中国国情和革命实际的新民主主义法治的初步认识，为工农民主法治的形成发展奠定了坚实基础。

（一）党的民主革命纲领的制定及其法治意义

面对日益尖锐的民族危机和社会矛盾，中国共产党认识到，推翻帝国主义侵略和反对封建军阀的统治是实现社会主义的首要前提。党在列宁及共产国际的帮助下，进一步深化了关于中国革命若干基本问题的认识，确立了符合中国独特国情和具体实际的革命纲领与目标任务，不仅引领了党领导中国革命的正确方向，也为党开始形成对法治的认识创造了重要条件。

第一，新民主主义法治理论与实践基本指导方针的确立。1922年，《中国共产党对于时局的主张》公开发布，首次以独立政党的姿态，公开阐明了中国共产党自己对于中国民主革命的立场和主张，标志着党以马克思主义为指导，认识和把握中国国情以及解决中国革命具体问题的开端。以此为基础，《中国共产党第二次全国代表大会宣言》分析和回顾了近代以来的中国历史，讨论了党的任务，进而确立了反帝反封建的民主革命纲领和最终实现共产主义的最高纲领。宣言强调，反对帝国主义和封建主义的革命，仍是民主主义性质的革命，党应引导工农群众，打倒帝国主义，推翻军阀统治，实现中国的独立、和平和自由，对付资产阶级、与农民联合、建立无产阶级专政，进而"渐次达到一个共产主义的社会"①。同时，这一宣言详尽阐发了中国共产党的

---

① 中共中央文献研究室，中央档案馆. 建党以来重要文献选编（一九二一——一九四九）：第一册［M］. 北京：中央文献出版社，2011：133.

各项任务和具体目标，通过了党的章程和多项决议案，其内容主要涉及民主联合阵线、农民问题以及工会、少年以及妇女运动的具体展开。党坚持以推翻帝国主义列强的压迫和打倒封建军阀的统治为首要任务，实现民族完全独立和国内安定和平，以建立"真正的民主共和国"，宣告了拯救和解放广大中国人民的坚定立场，明确法治服务于反帝反封建的民主革命的目标，划分了与以往一切剥削阶级法律的鲜明界限，确立了党在新民主主义革命中认识法治的基本指导方针。

第二，要求废除限制和压迫人民的法律，制定保护和实现人民利益的各类法律。中国共产党明确指出，要废止限制人民自由权利和压迫罢工的反动法律，制定保护工人、农民、妇女的法律，保障广大工农群众的选举权以及言论、出版、结社与罢工自由，制定工人保险法、田租率、土地税则以及废除重税、实行累进所得税等。可见，中国共产党始终坚持马克思主义基本原理及其法治思想的基本精神，要求废止剥削阶级的法律，坚定人民立场，主张制定维护和实现广大人民根本利益的各项法律法规。值得注意的是，中国共产党主张废除所有束缚女子的法律，赋予女子平等的法律地位，第一次明确提出了将女子从旧中国婚姻家庭制度中解放出来的基本要求。中国古代长期延续的封建落后的婚姻家庭制度确立了强迫和包办婚姻以及蓄婢纳妾的合法性，推行夫权统治和家长制，女子毫无婚姻自由，在家庭中妻子、子女的一切财产与权利从属于丈夫，完全没有独立人格和自由。中国共产党要求实现女子的一切法律平等，彻底与封建地主买办阶级所倡导的虚伪的"解放妇女""男女平等"划清界限，为党领导妇女运动，改革封建婚姻家庭制度，真正实现妇女解放指明了方向。

第三，要求改革司法制度，废止肉刑。在漫长的封建社会中，刑讯是司法审判工作的重要组成部分，审讯时通过对受审人施加肉体的暴力伤害，轻视证据，将逼迫而来的口供作为定罪量刑的主要依据，是中国封建司法制度中最为有害和残酷的审判方式。中国共产党成立后便提出了改革司法制度的明确要求，尽管这一主张从提出到有限度的废止，再到全面彻底的废除经历了一个过程，但是对中国共产党变革封建司法制度，确立保障广大人民民主权利、司法机关依靠人民群众、重视证据和调查、不轻信口供等原则，进一步创立和发展人民司法制度意义重大。

（二）党在领导工人运动中对法治的认识

中国工人阶级自诞生之日起，便遭受多重的盘剥与残酷的压迫。他们每日的工作时间极长，而且工资低微，完全没有必要的卫生与安全设备，长期处于污浊和危险的环境之中。中外资产阶级联合封建势力不仅通过各种剥削制度对工人进行压榨，同时对其一切正当的反抗行为和罢工斗争进行严密控制与暴力镇压。党成立后便开始以领导工人运动为中心，发动工人阶级进行反抗斗争，党依据反帝反封建的民主革命纲领，针对革命形势和工人运动的具体特点，提出了许多维护和实现工人阶级政治经济权益的主张，成为党在领导工人运动中对法治认识的基本依据。

党自诞生之日便充分认识到，必须运用法律保障和实现工人权益，党也在领导工人运动过程中将这一主张贯彻落实。1921年7月，《中国共产党第一个纲领》便阐述了党在工人运动中的任务、方针与政策，强调要积极建立产业工会，有组织有力量地争取自身的合法权益。同期，党成立了中国劳动组合书记部，通过有效地宣传和组织工作，极大地提高了工人阶级的觉悟。1922年，党的二大第一次将工人阶级的政治权利和各项权益纳入其中，提出了维护工人权利的具体要求，在《关于"工会运动与共产党"的决议案》中，确立了工会工作的基本原则，进一步强调要发挥其维护工人利益的重要作用。党的三大在聚焦与孙中山领导的国民党展开合作问题的同时，中国共产党针对"二七"惨案后工人阶级及其家属遭到迫害与压制的情况，明确提出要废止各种压迫工人和罢工的刑律，提出了规定劳动时间、工厂卫生和劳动条件以及制定保险法和保障工人参与办理保险的各项具体要求。党的四大着重强调，工人阶级必须要领导和敦促其他各个阶级响应、参与革命，所以，"自身就须有强固的组织和独立的工作"①，提出了争取工人运动的独立和进展，壮大本阶级力量的明确要求。以党的四大精神为指导，中华全国总工会成立，进一步明确了全国工人的共同奋斗目标与行动纲领，发动了"五卅"运动和省港大罢工，有力支援了北伐战争。特别是上海工人的三次武装起义，进而建立了上海市民政府，这意味着中国的工人运动已经不仅仅要实现基本的民主自由和改革经济权益，而且要进一步武装自己以夺得政权。党提出的保障工人权益的各项法律要求，在革命实践中推动了工人阶级解放斗争的发展。

第一，开展劳动立法，保护和实现工人阶级权益。李达认为，开展劳动立法，为"至于目前所急须要求者"②，中国劳动组合书记部也认为，广大劳动者之所以自由遭受侵害、罢工运动多次被军警阻挠，究其原因，"均缘法律尚未承认劳动者有此种权利之故也"③。中国劳动组合书记部依据党的二大关于保障工人权益的主张，组织召开了全国劳动大会，劳动立法运动迅速展开。1922年《劳动立法原则》颁布，依据工人阶级合法权益被剥削和压榨的残酷现实，明确提出了要保障工

---

① 中共中央文献研究室，中央档案馆. 建党以来重要文献选编（一九二一——一九四九）：第二册［M］. 北京：中央文献出版社，2011：226.

② 李达文集：第1卷［M］. 北京：人民出版社，1980：142.

③ 张希坡. 革命根据地法律文献选辑：第一辑 中国共产党成立后与第一次革命战争时期的法律文献（1921—1927）［M］. 北京：中国人民大学出版社，2017：21.

人的政治自由与权益、对其经济生活条件进行改善、参与劳动管理以及开展劳动教育等四方面最低限度的要求。同期颁布的《劳动法案大纲》，则主要围绕工人的各项政治自由与权利、工时、工资、休息休假、补习教育以及女工、青工的特殊利益等方面做出了十九条具体的规定。1926年5月通过的《劳动法大纲决议案》，不仅重申了保障工人阶级政治自由、八小时工作制以及劳动时间的延长须经工会同意等原则，同时取消了劳动者休假的过高要求，修正了保护女工童工、农业劳动者工作时间和农产品价格的若干规定。此外，广州、湖南、上海等地的劳工组织在党的革命斗争纲领和上述三部劳动法规的指引下，相继提出和制定了保障工人权益的决议案。

值得注意的是，第一次国内革命战争后期，中国共产党初步认识到了颁行宪法性施政纲领的重要意义。为配合北伐战争，争取和保卫大革命胜利成果，党在上海和广州创建了革命政权，依据民主革命纲领颁布了具有宪法意义的施政纲领，成为这一时期工人运动的指导方针，也积累了党建立革命政权的宝贵经验，对维护和实现工人权益过程中法治方式的运用进行了有益的探索。1927年，上海市民代表政府颁行了《上海特别市临时市政府政纲草案》和《上海各界之总要求》（上海市民总要求），明确阐述了反帝反封建、保护人民政治权利、确保工农权益和妇女合法利益、改革旧社会恶习以及有关教育、财政和商业等各项方针和具体政策。1927年12月，广州苏维埃政府宣告成立，其在颁发的《广州苏维埃政府告民众书》和《广州苏维埃政府宣言》中，公开阐明了自己的政治主张。强调要求消灭、制裁反革命，没收大资产阶级的财产，镇压地主土豪劣绅，保护工农群众，建立工农红军以保卫苏维埃政权。虽然上海市民代表政府和广州苏维埃政权及其施政纲领构建的蓝图未能实现，却成为创建工农政权和颁布宪法性纲领的有益尝试。

第二，建立政权性革命组织及其行政机构，依据法规执行政务。1925年6月，党和中华全国总工会直接领导了省港大罢工，成立了省港罢工工人代表大会以及省港罢工委员会，以此作为领导罢工活动的最高权力机关与最高执行机关。依据《省港罢工委员会组织法》，省港罢工委员会的基本工作由正副主席领导，并设有各个组织机构，其中包括干事局、法制局、审计局、财政委员会、纠察队委员会，各组织机构依据省港罢工工人代表大会通过的相应各部门组织法规，行使职权和开展各类工作。1927年，上海工人阶级在发动第三次武装起义的过程中，各团体代表会议通过了《上海市临时代表会议组织法》，同年三月，上海工人召开各团体代表会议，通过了代表会议和政府的组织法规，据此将市民代表会议作为全市最高权力机关，经选举组成的市政府委员会，是全市最高行政机关。市政府部门由教育、建设、财政、司法、土地、公安、劳动和卫生八局构成，局长领导各局依法行使职权。

第三，设立专门司法机构，依法清查和镇压破坏工人运动的反革命分子。为了对那些被资产阶级收买、出卖工人利益以及其他阻挠罢工斗争的反革命罪犯进行严厉打击，省港罢工委员会创建了多个专门的司法机关，分别为军法处、会审处以及特别法庭。其中，军法处依据《纠察队军法处组织法》，对犯法人员进行直接审判，并依照《纠察队纪律》，对辖区范围之内的罪犯进行惩治。会审处严格依据《会审处组织法》《会审处办案条例》处理案件，不得滥用私刑和徇私舞弊，根据案情的轻重，对散播谣言、假冒工人以及参与斗殴、赌博和吸食鸦片的犯罪分子进行直接判决。此外，情节较重的案件须由会审处将其转送至审查破坏罢工案件的特别法庭，对此类重大案件进行最终的审判。其依据《会审处办案条例》，对刺探和窃取罢工消息、煽动或包庇工人复工、侵吞公款、滥用私刑、克扣工人粮食等损害工人权益与破坏罢工运动的犯罪分子进行审理和判决。

第四，向广大工人群众宣传党的革命主张和法律。自党成立到第一次国内革命期间，中国共产党认识到，必须使工人掌握和运用法律。中国共产党充分利用报刊、培训机构开展各类实际活动，向广大工农群众宣传劳动法律。李大钊、毛泽东等人建党初期便在报刊上发表了中国共产党关于保护工人权益的主张，此后，党相继创办了大量的报纸杂志，其中具有代表性的包括《工人周刊》《劳动界》《劳动周刊》《妇女周报》《向导》等，进而成为刊登和宣传党的劳动法规的主要途径。党创办的各类工人夜校和培训机构，也将革命法律作为重要的讲述内容。在实践活动中，大批共产党人、革命青年以及知识分子开始深入广大工人群众之间，通过谈话和宣讲的方式，广泛地宣传了党的革命主张和法律规范。

（三）党在领导农民运动中对法治的认识

近代之后，封建土地制度和剥削制度与买办资本的剥削结合在一起，广大农民极端贫困，生活悲惨。封建土地制度之下，极少数地主占有大多数土地，绝大多数的贫农和雇农只有极少土地，甚至没有。迫于生计，农民只得租种土地，缴纳苛重的地租，无力交租或者交租之后无法维持生活，其中一部分农民更加贫困，所以又不得不凭借仅有的土地向高利贷者借债，农民在地主、高利贷者、帝国主义及其买办资本的层层盘剥下负债累累，直至妻离子散、家破人亡。此外，军阀横征暴敛，加上自然灾害连年不断，使得农民群众极端贫困，颠沛流离，农业生产力低下，中国社会发展趋于停滞。

党认真关注广大农民生产生活的贫苦状况，逐步深刻揭示了农民阶级在中国革命中的重要地位。党的二大认为，农民阶级的地位应加以重视，他们是民主主义革命联合战线的重要组成部分，广大农民将会成为"革命运动中的最大要素"[①]。党的四大进一步突出强调，要"努力获得最大多数农民为工人阶级之革命的同盟"[②]，同时，也要尽最大努力调动农民，促使其积极参与革命斗争，这是进一步巩固党领导的阶级基础，进而实现中国革命胜利的一项必要条件。五卅运动后，毛泽东通过调查研究，深刻分析了中国社会各阶级的经济地位及其革命态度，认为农村中绝大部分是半自耕农和贫农，且都是农民中的艰苦者，是革命中的天然盟友，而包括广大农民在内的一切半无产阶级、小资产阶级，则成为现时革命中最为接近的盟友，并进一步做出"农民问题乃国民革命的中心问题"[③]的重大论断。

以对农民重要地位的揭示为基础，党认为，法律应当体现广大农民的意志，法律的运行需要广大农民的参与，应当发挥工人和农民在法治建设中的主体作用。以毛泽东同志为主要代表的中国共产党人在领导农民运动中，围绕解决土地问题、维护农民利益、推翻帝国主义和封建主义剥削压迫等问题，提出和贯彻实施了各项法律主张。早在1920年，毛泽东就曾革命性地提出中国的政治法律应当出自人民的头脑，意味着应当发挥人民在法治建设中的主体作用，法律的内容应该由人民确定，这一系列观点都是对中国传统封建法制的根本否定。第一次国共合作形成之后，农民运动日益高涨，党在四大之后的第二次中央扩大执行委员会会议中，首次比较明确地提出要解决农民的土地

---

① 中共中央文献研究室，中央档案馆. 建党以来重要文献选编（一九二一——一九四九）：第一册［M］. 北京：中央文献出版社，2011：131.

② 中共中央文献研究室，中央档案馆. 建党以来重要文献选编（一九二一——一九四九）：第二册［M］. 北京：中央文献出版社，2011：244.

③ 毛泽东文集：第1卷［M］. 北京：人民出版社，1993：37.

问题，主张没收封建势力的田地，归还给农民，同时实行减税、减租、整顿水利、农民自治等，将农民组织起来并实现其革命化。1925年10月，中共中央发布《告农民书》，阐明了要推翻大地主、帝国主义资本家、封建军阀与贪官劣绅等对广大农民阶级的残忍压制，"根本是要实行'耕地农有'的办法"①。也就是说，要实现耕地农有，废除繁重的盐税和厘金，并提出了农民协会地位与权力和关乎农民生计最低限度的几个要求。在农会的领导和组织下，湖南农民对封建制度发起了激烈斗争，逐步推翻了土豪劣绅把持的政权，主张迅速地实行减租、减息、抗租、抗税等政策，并对掌握在土豪劣绅手中的所有公共土地加以没收，重新分配给农民，实行耕者有其田。面对尖锐而复杂的革命斗争，党的五大直接指出，中国革命的重点和关键，"是土地问题的急进的解决"②。为此，党的五大专门审议并颁布了《土地问题议决案》，制定了领导农民斗争和解决农民问题的具体方针，提出要维护农民土地权益以及生产生活等各项权利。但是，这一系列主张由于革命形势恶化和右倾机会主义的错误影响，未能得到进一步的完善和落实。自党成立至土地革命爆发之前，党提出的关于农民土地问题的主张很大程度上没有得到具体施行，但毛泽东等人对农民阶级的正确认识及其斗争实践，为进一步解决农民问题、制定正确的土地革命路线积累了理论与实践的经验，也为党摧毁旧的法制体系、创立新型革命法律，探索和运用法治方式维护和实现农民权益创造了重要条件。

第一，提出了维护农民利益、解决土地问题以及惩办土豪劣绅的各项法律主张。党的二大宣言在提出保护广大农民的各项民主权利的

---

① 中共中央文献研究室，中央档案馆. 建党以来重要文献选编（一九二一—一九四九）：第二册［M］. 北京：中央文献出版社，2011：504.

② 中共中央文献研究室，中央档案馆. 建党以来重要文献选编（一九二一—一九四九）：第四册［M］. 北京：中央文献出版社，2011：183.

同时，明确要求制定关于农民的法律。伴随着农民运动的不断向前发展，广东、江西、湖南以及湖北等地在中国共产党的领导下，接连组织和召开全省农民代表大会，拟定了许多包括减租、减息、禁止高利贷、废除苛捐杂税等各项决议案。如广东省的《关于减租减息废除苛捐杂税等经济问题决议案》，湖南省的《金融问题决议案》等，江西省的《取缔高利贷草案》《减轻田租议决案》，等等。与此同时，党根据群众的要求，在领导农民运动中积极参与和起草了惩治土豪劣绅的决议案，如江西省《惩办土豪劣绅决议草案》、湖南省《湖南全省总工会第一次代表大会关于惩办土豪劣绅贪官污吏决议案》。谢觉哉参与制定的《湖南省惩治土豪劣绅暂行条例》，由董必武牵头、邓初民拟定的《湖北省惩治土豪劣绅暂行条例》，成为这一阶段独具示范性的刑事法律。上述一系列刑事法规，清晰概括了土豪劣绅罪的基本构成，并详细阐述了其主要罪行、适用刑罚、审判机关以及诉讼原则，成为对贪官污吏、土豪劣绅进行镇压和专政的法律依据。

第二，成立农民协会，作为领导政治、军事、经济、文化建设和行使司法权力的唯一政权机关。中国共产党领导的农民运动，推翻了封建政权，召开会员代表大会或会员大会，选举产生农民协会，作为乡村革命的权力机关。在广东省，随着农民运动和农民协会的不断发展，《广东省农民协会修正章程》阐明了农民协会的性质宗旨、会员资格与手续，同时规定了各级农民协会的组织机构、产生方式和任职期限。依据这一章程，广东省总农会建立起各个工作部门，其中包括财政部、交际部、宣传部、庶务部以及卫生部、调查部、仲裁部、文牍部，农会之下的各机构各司其职，组织有序，分别执行相关的行政事务。在湖南省，党带领农民群众以革命手段推翻封建统治之后，地主不再拥有权威，民主选举产生的农民协会成为唯一的权力机关。湖南省为进一步支援北伐战争以彻底推翻和铲除封建军阀统治，举行了第一次农民代表大会，并颁布了《湖南省第一次农民代表大会挂怒乡村自治问题决议案》，成为湖南省农村政权建设的基本法律依据。湖南部分地区可以依据实际情况开展民主选举，在农民协会的基础上进一步创建乡全体大会，作为该地的最高权力机关，同时在乡、区分别建立两级自治委员会，结合实际需要在其之下创设分管民食、财政、教育、交通、水利、森林等组织形式。农民协会有力打击了封建地主和土豪劣绅，保障了农村各项事业和农民各项权益的实现。

第三，成立专门司法机构，依法惩治反革命分子和土豪劣绅。为有效镇压和惩治土豪劣绅和反革命分子，江西、湖南成立特别审判法庭，湖北成立审判土豪劣绅委员会，作为依法惩治土豪劣绅与反革命分子、维护农民权益的专门机构。湖南省第一次农民代表大会期间，各地代表纷纷要求惩办当地土豪劣绅的罪恶行径，在大会通过的《司法问题决议案》的指示下，湖南成立了省级和各县级的特别法庭。江西省依据《惩办土豪劣绅决议草案》，要求各县成立特别审判法庭，依据法律对惩治土豪劣绅进行严厉的打击和惩治。在湖南省，设立于省、县的二级审判土豪劣绅委员会是负责惩办土豪劣绅的司法机构，依法实行审判委员会合议制，公开审理，依据土豪劣绅罪行的轻重，判处其相应的刑罚。值得注意的是，一般情况下，对于土豪劣绅的审判在原则上采取两级终审的办法，如遇到极其特殊的条件，也可以通过一审终审来结束案件。此外，依据法律规定，若是被判决者对于审判结果表示不服，可以允其于五日之内向上级审判机关提起上诉，进而做出最终判决。

第四，向广大农民群众宣传党的革命主张和法律。中国共产党认识到，农民掌握和运用法律具有重要意义。由于存在各种困难条件，农会的政治教育不可能迅速得到普及，但是，政治口号天然地具有传播优势。正如毛泽东曾描述的，"打倒帝国主义，打倒军阀，打倒贪官污吏，打倒土豪劣绅，这几个政治口号，真是不翼而飞，飞到无数乡村的青年壮年老头子小孩子妇女们的面前，一直钻进他们的脑子里去，又从他们的脑子里流到了他们的嘴上"①。党正是通过简洁的政治口号、标语、图画和演讲，进行广泛的政治动员和革命宣传，在所开办的农民讲习所开展政治教育，普及法律知识和宣传革命法律，并在组织和领导农民运动的过程中，吸收广大农民参与推翻封建统治，开展减租、减息、废除苛捐杂税等斗争，推动其践行党的革命主张与法律规范。必须认识到，特殊的历史条件下，党在当时对于法制的宣传和教育还处于低水平的、不自觉的发展阶段，"而是以宣传工作的重要组成部分的形态存在和发展"②。尽管如此，党在领导农民运动的实践中有力地宣传和普及了党的纲领主张与革命法律，在一定程度上认识到了法治宣传教育的重要作用。

二、工农民主政权初创时期的法治理论与实践

1927年，蒋介石、汪精卫先后发动反革命政变，两党合作展开的轰轰烈烈的大革命就此失败。南京国民政府成立后，开始实行以蒋介石为首的军事独裁和一党专政，颁行一系列维护和实现地主阶级、买办阶级利益的政策和措施，实行有利于帝国主义列强的经济政策，并运用特务、法律、军事、行政等各种残酷手段镇压、攻击共产党人与革命群众，尽管国民党政府在形式上暂时地统一中国，但是，中国处于半殖民地半封建社会的性质并未因此改变。面对艰难和严峻的革命

---

① 毛泽东选集：第1卷［M］．北京：人民出版社，1991：34．

② 饶世权．党的早期法制宣传教育：1921—1927［J］．重庆社会科学，2014（07）：83．

形势，党开始创建红军，开辟和发展革命根据地，逐步将武装斗争、土地革命和建立革命政权有机结合，开辟了中国革命的新道路。中国共产党在农村包围城市、武装夺取政权理论的正确指导下，逐步树立了法治为土地革命战争服务的中心思想，制定了符合革命斗争需要的法律法规，设立了各类司法机关，有力打击了反革命势力，保障了根据地广大人民的根本权益，为党对工农民主法治认识的形成创造了重要条件。

（一）中国革命新道路的开辟与党对法治的认识

土地革命战争时期，中国共产党在艰难而严峻的环境中逐步成为独立的领导核心，在领导广大人民创建红军和革命根据地的过程中逐步开辟了中国革命新道路。以毛泽东同志为主要代表的中国共产党人汲取大革命失败的深刻教训，创造性地运用马克思主义基本原理回答了土地革命的若干基本问题，初步形成了有中国特色的革命道路理论。这一理论引领了中国革命发展的唯一正确方向，也进一步夯实了党对法治认识的理论基础，推动了土地革命时期党的法治主张的进一步明确与丰富。

南昌起义拉开了党武装反抗国民党反动派的大幕，宣告了坚持武装革命的伟大决心。八七会议集中讨论、批判和纠正了大革命时期党自身存在的错误与问题，制定了开展土地革命、武装起义和建立工农民主政权的方针任务，与会同时，毛泽东着重强调，"以后要非常注意军事。须知政权是由枪杆子中取得的"[①]。之后，毛泽东坚持立足中国国情，在深刻总结革命实践经验的基础上，相继发表多篇重要著作，系

---

① 中共中央文献研究室，中央档案馆. 建党以来重要文献选编（一九二一——一九四九）：第四册［M］. 北京：中央文献出版社，2011：393.

统阐述了中国红色政权发生发展的可能性与必然性，揭示出党领导下"工农武装割据"的基本内涵，提出以土地革命为主要内容，以武装斗争为主要形式，以农村革命根据地为中心和依托等思想，标志着中国革命新道路理论的初步形成。以此为指导，毛泽东等人进一步认识到了法治的重要地位与积极作用，确立了法治建设为土地革命战争服务的中心思想，阐明了法律的制定和实施对于发动武装斗争、巩固革命政权、开展土地革命以及建设革命根据地的重要意义。

第一，保障红军发展壮大、领导广大工农群众发动武装斗争和建立革命政权必须制定和实施法律。面对国民党反动派的白色恐怖，党发动武装起义，创建人民军队，独立领导革命战争。毛泽东深刻认识到，相当力量正式红军的存在和发展，是长期发动和进行武装割据、建立红色政权的必要前提，而且面对土豪劣绅武装力量的不断增强，扩大红色区域红军和人民群众的武装已是刻不容缓。为此，毛泽东特别注重人民军队的建设，在红军各级部队中建立起各级党组织和党代表制度，并明确提出要"编制红军法规"[①]，明白规定红军的任务，明晰红军军事工作与其他各项工作及组织的相互关系，表明毛泽东已经深刻认识到了军法调整对象的特殊性。毛泽东还主张在法律上禁止红军中使用肉刑，"颁布新的红军惩罚条例"[②]，使全体长官自觉遵守和努力执行。因此，必须制定和施行严密的军事法律，为更好宣传、组织和武装人民群众、执行革命政治任务以建立革命政权，进而彻底推翻帝国主义和封建军阀、实现民族解放提供军事保障和法治保证。

第二，深入开展土地革命，废除封建土地制度、实现"耕者有其田"必须制定和实施法律。立足革命实际，党主张开展土地革命，要

---

① 毛泽东文集：第1卷［M］. 北京：人民出版社，1993：81.

② 毛泽东文集：第1卷［M］. 北京：人民出版社，1993：110.

求彻底推翻封建土地制度，实行"耕者有其田"，这一主张得到了广大农民群众的拥护与支持，为党在日后进一步开展革命斗争，进而创立和巩固人民政权创造了重要条件。开展土地革命，需要党将废除封建土地制度的方针、政策与广大农民翻身求解放的意志、愿望经由工农民主政权颁布为法律规定。"这样，农民解决土地问题不仅有法律的依据，也有法律的保障。"[①]这一时期，中国共产党就特别重视制定和实施土地法律法规，以法律形式否认封建地主土地所有制、确认和肯定广大农民分得土地的神圣权利，并在逐渐纠正"左"的政策与做法的同时进一步完善了土地革命法令，使党的土地政策具有了法律形式。因此，土地法规制定和实施具有十分重大的意义，不仅引导和保障了土地革命的展开，也奠定了工农民主政权在农村的具体政策和法规的坚实基础。

第三，确认和巩固工农民主政权、建设农村革命根据地必须制定和实施法律。1927年后，党在广东、江西、湖南、湖北、安徽、福建、云南等地建立起了工农民主政权，赋予广大工农兵和劳苦大众最广泛的民主权利，同时开始了革命根据地的经济文化建设，在为革命战争提供有力物质保证的同时，也逐步改善了人民的生活。但是，革命根据地各级政权虽然普遍建立起来，仍然需要进一步的巩固和建设，实行土地革命、保障工农权益以及发展革命根据地农业生产力的实际政策也需要进一步具体化、规范化。正如毛泽东在总结井冈山革命根据地建设的经验教训时所指出的，要保证各级工农兵代表大会的权力并充分发挥其作用，进一步健全民主集中制，制定详细的各级代表会议组织法。与此同时，毛泽东还发出倡议："请中央制订一个整个民权革

---

① 张希坡，韩延龙. 中国革命法制史 [M]. 北京：中国社会科学出版社，2007：565.

命的政纲，包括工人利益、土地革命和民族解放，使各地有所遵循。"①
因此，以法律的形式将党领导人民取得的胜利成果确认和巩固下来，
为维护工农兵合法权益和惩治反革命提供法律依据，保障革命根据地
人民的生产生活，不仅适应了革命根据地政权建设的迫切需要，也符
合广大人民群众的愿望和要求。

（二）革命根据地工农民主政权的建立及其地方性法规的创制

所谓工农民主政权，即党领导的工农兵代表会议（苏维埃）的政
权，也就是在白色政权包围下与之相对立的红色政权。党的六大指出，
创建党领导的工农兵代表会议的政权，以此反对帝国主义侵略和摧毁
国民党反动政权，"这是引进广大的劳动群众参加管理国事的最好的方
式，也就是实行工农民权独裁制的最好的方式"②。党同时认识到，政权
建设与法治建设相辅相成，一方面，革命根据地红色政权的相继建立，
为法律的颁行创造了必要前提；另一方面，法律具有摧毁旧经济制度、
解放和发展生产力的功能，法律的有效制定和实行是维护和实现广大
工农群众根本利益、进一步巩固红色政权和革命秩序的重要举措。

"八七"会议后，党开始发动武装起义，在所开辟的农村根据地创
建工农民主政权。直到1930年，党已在江西、广西、广东、川东、东
北等十余省份的边界建立了农村革命根据地及其工农民主政权。各地
工农民主政权在党的领导下，依据"一切权力归于工农兵代表会议"
的指示，遵循民主集中和议行合一的原则，组织各根据地劳动群众经
选举组成工农兵代表大会（苏维埃）作为政权机关，由其选出的工农
兵政府作为执行机关。各工农民主政权制定了地方性的法律法规，为

---

① 毛泽东选集：第1卷［M］. 北京：人民出版社，1991：78–79.

② 中共中央文献研究室，中央档案馆. 建党以来重要文献选编（一九二一——一九四九）：
第五册［M］. 北京：中央文献出版社，2011：378.

革命根据地政权建设、土地革命和武装斗争的展开以及革命根据地建设提供了法律依据。

第一，宪法性纲领的制定与政权组织立法。秋收起义之后，各个革命根据地的工农民主政权依据中国共产党关于中国革命的主张以及建立苏维埃政权机关的任务，先后制定一系列地区性的施政纲领。如《江西省苏维埃临时政纲》《遂川工农县政府临时政纲》等。这些施政纲领立足于各地的革命条件与形势，充分考虑革命根据地政治、经济、文化以及民族关系状况等因素，基本涵盖推翻帝国主义与国民党反动派、实行工农兵代表会议制度，保障和实现广大工农劳苦群众的根本权益，坚决开展土地革命、促进农业生产发展，提高军人待遇等基本内容，并提出了涉及革命根据地政治、经济、文化、工农权益、军事等方面的具体政策与规定。土地革命初期，尚未建立统一的中央政权机关，因此，各革命政权制定了与当时当地具体实际相适宜的政权组织法。其中，具有代表性的包括《江西苏维埃临时组织法》《闽西苏维埃政府组织法》《湖南省工农兵苏维埃政府暂行组织法》等，明确规定了工农民主政权的性质、职权、产生方式、组织形式与原则、政府组织系统、各级代表及委员的任期等，也成为工农民主政权初创时期选举法规和行政法规的主要渊源。

第二，军事与刑事立法。第二次国内革命战争期间，"三大纪律、八项注意"成为工农红军官兵的行动准则，同时也是惩处各类违法违纪行为的主要依据。各革命根据地依据革命斗争的实际情况，也逐步将红军建设的要求和纪律进一步规范化，相继颁行了军事法规，如《中共鄂豫边第一次代表大会关于军事问题决议案》以及第四军政治部发布的《平时及战时政治工作纲要》，这些军事法规明确了军事纪律与制度，也提出了坚持党对军队的领导、实行官兵平等、废除肉刑、经济公开、不杀俘虏以及红军承担的对广大群众的调查、宣传、组织和帮助工作。严明的军法军纪、正确的政治纲领为构建人民军队、保障红军的执行力与战斗力，巩固革命根据地建设奠定了重要基础。在推进工农武装斗争和创建农村革命根据地的同时，惩治反革命分子以保卫苏维埃政权、保障工农群众的生命与财产的安全以及确保军事斗争的顺利展开，是中国共产党和各级苏维埃政权所面临的突出任务，为此，各地的工农民主政权制定了惩治和肃清反革命的刑事条例。如《肃反条例》《闽西苏维埃政府布告第十三号——惩办反革命条例》等，对反革命的各种罪行做出了详细说明，并规定了相应刑罚以及惩办程序，成为巩固红色政权和维护工农利益的有力保障。特别是总、分则相结合的《赣东北特区苏维埃暂行刑律》，更为全面而合理地规定了刑法的效力、犯罪类型、刑名、减刑、自首、时效以及各类刑罚，代表了工农民主政权初创时期刑事立法的完整体系和最高水平。

第三，土地立法。"各革命根据地最主要的政治任务就是开展土地革命，最主要的法制建设任务之一就是制定和实施土地法。"①在领导和推动广大农民进行土地革命的过程中，各地工农民主政权制定了一系列土地法规，如海陆丰工农兵代表大会决议案《没收土地案》《井冈山土地法》《兴国土地法》《闽西第一次工农兵代表大会土地法令》《湖南省工农兵苏维埃政府暂行土地法》《苏维埃土地法》等，这些土地法规对土地没收的对象和范围，土地分配的对象、标准和方法，土地所有权以及各种债务和借贷关系做出了明确规定。值得注意的是，伴随着党的土地政策的变化，革命根据地的土地法规也历经曲折发展，日趋完善。《井冈山土地法》在中国历史上首次确认和保障了农民拥有土地

---

① 彭光华，杨木生，宁群. 中央苏区法制建设 [M]. 北京：中央文献出版社，2009：11.

的权利，为土地革命的进一步深入发展和土地法制的形成做出了开创性贡献。但由于缺乏经验并受到中央土地政策的影响，在规定没收土地、土地分配数量与标准以及征收和免纳土地税的同时，还存在包括没收不仅是地主土地而是一切土地、土地所有权归属于政府、严禁土地买卖在内的三个原则性失误。1929年4月，毛泽东主持颁行了《兴国土地法》，使没收土地对象的问题得以解决。直到1930年后，党充分考虑了战争形势、中国社会小农经济的历史条件以及实行土地国有存在的实际困难，适时地修订《土地暂行法》，删去了各项不合实际的规定，标志着《井冈山土地法》颁行以来出现的原则性错误开始得到纠正。土地法规的制定和实施，有力保障和推动了土地革命，在摧毁封建土地制度实现"耕者有其田"、依法维护和实现广大农民政治经济利益的同时，极大调动了广大农民群众的革命积极性，彻底改变了农村的阶级关系、生产方式与社会面貌。

第四，劳动与婚姻家庭立法。工农民主政权为了更好地巩固工人阶级斗争取得的胜利成果，在宪法性政纲中明确规定保障工人阶级政治经济权利的同时，也通过创制专门的劳动法规，将工作条件、工资、工人的工作休息时间、保障、抚恤、保险、工会组织等主张以及女工和未成年工人的特殊要求以法律形式固定下来。各地的工农民主政权在初创时期颁行的劳动法规有《湖南省工农兵苏维埃政府暂行劳动保护法》《闽西劳动法》《劳动保护法》等。其中，1930年6月颁行的《劳动保护法》成为这一时期影响较大的劳动立法文件，明确规定废除包工制、包工头制、罚金制、储金制等压迫工人的制度，对广大工人、女工、未成年工人的劳动权益做出了详细规定。尽管该法规在"左"倾冒险主义错误的影响下提出了许多不切实际的要求，但如实反映了中国广大劳动者被压迫剥削的悲惨境地，直接表达了他们渴望享有政治经济权益、提高和改善生活的热切期盼，是中国工人锤碎痛苦枷锁和打破重重剥削与侮辱的法律武器。此外，各红色区域还先后制定了婚姻家庭法规，如《湘赣苏区婚姻条例》《鄂豫皖区第二次苏维埃代表大会婚姻问题决议案》等，这些婚姻法规着重强调保护妇女儿童的权益，确立了婚姻自由的原则，规定了离婚的条件，尽管各地的这些婚姻法规的形式与条文都较为简单，却有力打击了封建落后的婚姻家庭关系。

（三）各地工农民主政府司法机关的设置

土地革命战争初期，党领导工农民主政权开展立法工作的同时，也初步认识到了司法工作对于打击和镇压敌人，保障广大工农群众各项权益的重要作用。各革命根据地依照政权组织法及相关单行法规，取消和打碎了镇压人民的国家机器，逐步建立起依法惩治反革命、保障工农群众权利的司法机关。中华苏维埃共和国成立以前，各工农民主政权在坚持党中央的政策的同时，因地制宜建立起不同形式的司法机关，作为行使审判职能的专门机构。从根本上看，革命根据地的人民司法机关与中国历史上一切剥削性质的司法机关完全不同，其作为工农民主政权的重要组成部分，"是工农民主革命的重大成果，是人民群众当家做主的一个重要标志"①。

一是，裁判肃反委员会和裁判部。《修正闽西苏维埃政权组织法大纲》规定，在苏维埃政府一级设立裁判肃反委员会，它是隶属于这一级政府组织的一个重要部门，在其之下成立裁判部，是执行审判职权的具体办事机关。同时，县政府组织在裁判肃反委员会下设裁判科，而区乡级政府组织则只设裁判委员。在闽西革命根据地，司法机关展开审判工作的过程中，必须严格遵循审判条例，"以乡政府为初审机关，

---

① 张希坡，韩延龙. 中国革命法制史［M］. 北京：中国社会科学出版社，2007：333.

区政府为复审机关，经县政府判决后，即为完结，但重要案件，得提到闽西政府审判"①。而且，审讯终结之后，司法机关必须依照裁判条例将当事人的各类材料做成判词，予以报告上级和公示，若当事人在法定的三日至七日的上诉日期内没有异议，则依照判决执行，并明确要求在审讯前缉拿犯人时不得使用肉刑。在诉讼方面，若当事人不服从裁判机关判决，必须依据审判程序在法定期限之内提出上诉，提起上诉时，不再需要沿袭旧的形式和缴纳费用，书面或口头均可，如果当事人认为各级司法机关有违法行为或者查证收受贿赂，当事人有权向上一级司法机关提出控告。

二是，革命法庭和革命军事法庭。在鄂豫皖苏区，政府及其县级政府设立革命法庭作为司法审判机关，而区、乡以及村级苏维埃政府的审判职权则由其上一级的县革命法庭行使。依据鄂豫皖苏维埃政府颁行的司法组织法规，其革命法庭由审判委员会领导工作，除审判委员会之外，革命法庭之下还组建了各个执行具体职能的机关，包括申诉登记处、国家公诉处、审判委员会以及执法管理处，依据法律处理相关的司法事务。与此同时，为了加强红军中的政治、纪律和组织建设，鄂豫皖苏区还组建了革命军事法庭，作为专门审理违反军纪或军队行政规定案件的执法机关，并有权在军事委员会主席、政治委员或主任的许可之下对军队中反革命的政治犯进行初审，也可在得到政治保卫局的许可后参与军事组织案件的会审。

三是，惩治反革命委员会和裁判委员会。江西苏维埃政权创建初期，依据《苏维埃临时组织法》，惩治反革命委员会是这一根据地专门行使审判职权的司法机关，并分为省、县、市三个层级。在湖南省，

---

① 张希坡. 革命根据地法律文献选辑：第二辑 下卷 第二次国内革命战争时期中华苏维埃共和国的法律文献（1927—1937）［M］. 北京：中国人民大学出版社，2017：1018.

行使审判职权的司法机关是裁判委员会。以《暂行湘鄂边境工农兵苏维埃政府组织法》为依据，省、县级苏维埃政府常务委员会下设裁判委员会，区、县级苏维埃政府常务委员会则下设裁判兼肃反委员会，作为行使司法职能的机关。

各个红色区域由于建立的先后时间不同，且处于国内战争的环境之下，时刻面临被敌人入侵和分割的风险，加之没有形成统一的、科学严密的组织体系和相对完善的司法制度，因此，这期间红色政权司法工作的特色较为鲜明。第一，司法机关形式多样。中华苏维埃共和国成立前，各革命根据地的司法机关并不统一，党领导工农民主政权建立的各级裁判部、革命法庭、裁判肃反委员会、革命军事法庭以及惩治反革命委员会等机关，它们各自都拥有不同的职能和形式，使得红色区域司法机关组织体系包含着多样化的构成。但是，这些司法机关或是当地苏维埃工农民主政府的组成部分，或是该苏维埃政权授意的专门机构，它们依据中国共产党的革命主张和法治要求，结合本地区红色政权建设和革命斗争的实际需要，灵活地行使司法职能。第二，政治保卫局职能与工作的突出地位。从性质和职能上看，政治保卫局并非真正意义的司法机关，但在革命根据地的司法工作中发挥了关键作用。以鄂豫皖苏区为代表，政治保卫局是苏维埃政权初步建立的打击反革命的重要权力机关，但其与革命军事法庭、地方革命法庭都有紧密的工作关系，承担着一定的司法工作。值得注意的是，政治保卫局对于一定司法职能的行使，是通过对政治犯进行专门的预审，这就决定了革命法庭在审理这类案件的过程中，首先必须征得其许可，才能进一步参与审讯。此外，政治保卫局在查清案件并将罪犯移交给革命法庭进行公开判决时，若出现罪犯拒不伏法的情况，政治保卫局可以对案件进行复审或派出一名公诉员当庭证明。同时，由于政治保卫局组织形式和工作制度的缺陷，导致了革命根据地肃反扩大化的严重错误，对其革命力量及司法工作的展开造成了一定的损害。第三，"政审合一"制度的贯彻实行。裁判部、革命法庭等司法审判机关并不是独立存在的，是同级苏维埃政府的组成部分，政府领导司法工作。"政审合一"制度的有效贯彻，有利于在严峻的战争环境下有效地执行政策法令，提高政权机关的办事效率，促使审判工作能够更好地为土地革命和革命根据地建设服务。第二次革命战争初期，各地工农民主政权的司法机关在广大群众的积极参与下，有力打击了反革命分子的破坏阴谋，维护和巩固了土地革命的胜利果实，成为工农民主政权的法治保障，为人民司法机关建设积累了宝贵经验。

三、中华苏维埃共和国成立后的法治理论与实践

在中国革命新道路理论的正确指引下，土地革命风起云涌。中华苏维埃共和国临时中央政府成立后，党高度重视法治。秉承法治服务于土地革命战争的理念，始终将彻底反帝反封建、巩固工农民主政权、保障人民民主作为制定和实施法律的重要原则，创立了符合革命需要、反映人民意志的苏维埃法律体系和司法组织体系，十分重视法治宣传工作，意味着党开始以马克思主义法治思想为指导，充分借鉴苏联法治经验，坚持立足于革命形势和根据地的实际状况，领导广大人民积极展开法治实践，力求摧毁国民党反动政权及其法制，初步构建起了符合中国革命和广大人民需要的工农民主法治。

（一）《中华苏维埃共和国宪法大纲》的颁布与苏维埃法律体系的形成

面对国民党反动派日益加紧的军事围剿、恐怖镇压及其对广大人民群众的政治欺骗，中国共产党提出，在革命与反革命间紧张和尖锐的斗争局势下，成立苏维埃中央临时政府以及各区政府，"公布与实施

苏维埃政府的一切法令，以揭破国民会议所允诺的统一和平建设都是欺骗，这是苏区最迫切的任务"①。党深刻认识到，颁行统一的苏维埃法律已势在必行，法治建设必须始终坚持彻底实现反帝反封建、实现工农民主专政的根本原则，必须通过苏维埃法律体系确认工农民主政权的性质和地位，规定工农民主政权的组织形式及其工作制度，实现广大工农群众的根本权益，推动苏区经济发展。中华苏维埃共和国在党的领导下，积极开展立法工作，以《中华苏维埃共和国宪法大纲》（以下简称《宪法大纲》）为基本依据，相继颁行了政权组织、选举、行政、刑事、经济、土地、劳动、婚姻以及教育卫生等120余部涉及多个方面的法律法规，初步形成了符合中国革命需要的苏维埃法律体系。这一法律体系与国民党的反动法制相对立，是党领导下的工农民主政权立足广大人民的根本意志建立的具有新民主主义性质的、相对统一的法律体系，实现了巩固和建设工农民主政权、维护和实现广大工农群众的根本权益以及开展革命根据地政治、经济与文化建设的有法可依。

第一，《中华苏维埃共和国宪法大纲》的颁行。作为中华苏维埃根本法，《宪法大纲》旗帜鲜明地宣布了党领导下的工农民主政权的革命主张与基本任务。1934年1月，第二次全国工农兵代表大会对《宪法大纲》进行了部分文字订正和相关内容体系的完善，在原有基础上增加了"同中农巩固的联合"这一重要的政策性补充。《宪法大纲》共计十七条，其基本内容可以概括为以下四个方面：一是，规定了中华苏维埃的共和国的国家性质。"中国苏维埃所建立的是工人和农民的民主专政的国

---

① 中共中央文献研究室，中央档案馆. 建党以来重要文献选编（一九二一——一九四九）：第八册［M］. 北京：中央文献出版社，2011：411.

家。"①二是，确立了中华苏维埃共和国的政权机关及其组织形式。政权性质决定，中华苏维埃共和国实行议行合一的代表大会制度和民主集中制。《宪法大纲》明确规定，全国工农兵会议是最高政权机关，这一会议闭幕后，全国苏维埃中央执行委员会是国家最高政权机关，人民委员会是综理政务、颁布法律和决议案的政权机构。三是，规定了中华苏维埃公民的各项权利义务。居于苏区境内的工人、农民、红军以及广大劳苦群众不分性别，不分民族，不分宗教信仰，一律平等享有苏维埃法律保障的政治权利、经济权利和受教育权利，并对劳动妇女的权利和少数民族自决权利做出了具体规定。四是，阐明了中华苏维埃共和国的外交政策。《宪法大纲》宣布，否认一切特权、不平等条约和外债，中华民族完全独立，与各国无产阶级处于同一战线。作为党领导人民制定的第一部宪法性文件，《宪法大纲》实现了党的民主革命纲领的具体化和法制化，为苏维埃法律体系的构建以及工农民主法治的实行确立了基本的原则与方针。

第二，政权组织立法。以《宪法大纲》为立法依据，临时中央政府先后颁布了《中华苏维埃共和国地方苏维埃暂行组织法（草案）》与《中华苏维埃共和国中央苏维埃组织法》，为各级苏维埃政权建设提供了法律依据。该法律规定，全国苏维埃代表大会是中华苏维埃共和国的最高政权机关和立法机关。这一会议闭幕后，中央执行委员会成为最高政权机关，在中央执行委员会闭会期间，中央执行委员会主席团则成为最高政权机关；作为中央执行委员会的执行机关，人民委员会负责领导和指挥全国政务，其所属部门分别为革命军事委员会、工农检察委员会、最高法院以及外交、劳动、土地、军事、司法等人民委

---

① 韩延龙，常兆儒. 革命根据地法制文献选编：上卷［M］. 北京：中国社会科学出版社，2013：7.

员部。在地方，"早期革命根据地主要是根据自行制定的组织法建立各级地方组织"①。中央苏区成立后，省、县、区苏维埃代表大会是该级最高政权，负责执行中央苏维埃政权和上级政权的法律、命令，决定和执行本地区各项工作。大会闭会期间，各级执行委员会是最高政权机关，各级执行委员会主席团是执行委员会闭会期间该地的最高政权机关。乡、市苏维埃是工农民主政权的基本组织，作为该地的最高政权机关，仅设有主席团和众多专门委员会，并吸收大量工农群众中的知识分子参加分工和管理基层政权的各项行政事务。

第三，选举与行政立法。初创时期的工农民主政权，基本没有制定专门和统一的选举法规，直至中华苏维埃共和国成立之后，依据《宪法大纲》，先后发布了《中华苏维埃共和国的选举细则》《中华苏维埃共和国选举委员会工作细则》以及《苏维埃暂行选举法》，上述法律对工农民主选举的原则、组织、程序与方法做出了明确规定。选举法规定了广大劳动群众的选举权、被选举权、监督权和罢免权，剥削者和反革命分子则无权参选，实行直接与间接选举相结合，在分配代表名额时，特别注重加强工人阶级的领导，在选举委员会的组织和管理下，选举的展开必须经历法定程序，并对选举进行审查、监督和保障。中华苏维埃共和国高度重视严格贯彻和实施选举法，在各级苏维埃政府的积极动员和管理组织之下，广大群众踊跃参加。据统计，三次选举中，多数地区参选人数占选民总数的80%至95%，此外，多数地区的妇女代表占总参选人数的25%以上，部分地区更是达到60%至65%，这直观反映了苏区选举法规实施的有效性。② 与此同时，中华苏维埃共

---

① 彭光华，杨木生，宁群. 中央苏区法制建设［M］. 北京：中央文献出版社，2009：29.

② 群众参与苏维埃选举的统计数据参见：张希坡，韩延龙. 中国革命法制史［M］. 北京：中国社会科学出版社，2007：133-135.

和国临时中央政府在认真总结红色区域行政立法的经验与教训的基础之上，积极制定和颁布了一系列行政法规，确定了地方苏维埃政权省、县、区、乡四级的行政设置，统一了红色区域的政府体制，并对各级政府的机构、任务、编制、活动方式和工作制度做出了简洁而明确的规定，特别是《中华苏维埃共和国中央苏维埃组织法》，在内容和体系结构上进一步完善，专门规定了人民委员会及其所属部、委的组织体制、职权范围和法律地位，确立了国家行政管理的基本原则。此外，中央人民委员会及其下属的部、委制定了专门法规以规范具体部门行政机关的组织与活动，临时中央政府还出台了一系列调整军事、民政、财政、公安、文教、卫生等法律关系的行政法规，各类法律法规都直接或间接为革命战争服务。中央苏区的行政法规逐步统一、日趋完善，实现了中央和地方各级行政机关组织体系与工作活动的有法可依。

第四，刑事立法。刑事法规是中央苏区办理刑事案件的重要依据。《中华苏维埃共和国惩治反革命条例》是苏区时期较为完整和具有代表性的刑事法规。该条例明确规定了反革命罪的基本概念，具体罪行和相应刑罚，列举二十余种反革命罪行，依据其具体情节和危害程度，规定了死刑、监禁、没收财产、剥夺公民权、驱逐出境以及拘役、强迫劳动等各种刑罚，执行死刑必须政府批准，废止杀头和破肚等酷刑。除专门的刑事法规之外，中华苏维埃中央临时政府还出台了一系列单行法规，规定了违法犯罪行为的刑事责任。例如，《关于惩治贪污浪费行为》的训令，规定了贪污与浪费犯罪的概念和处罚；《违反劳动法令惩治条例》规定了包括私人、国有和合作社雇主违反劳动法令的具体行为以及各项刑罚；《山林保护条例》规定了惩治滥伐树木造成严重后果的批准人、主要责任人的处刑办法。刑事法规的制定和实施，有力打击了反革命行为，为配合军事"反围剿"斗争、巩固工农民主政权发挥了重要作用，保障了人民安全和根据地的各项建设。

第五，土地、劳动与经济立法。"充分的实行土地法，实行关于土地斗争的一切法令，向着全国范围开展广大的土地革命，这是苏维埃中心任务之一。"①《中华苏维埃共和国土地法》作为这一时期最具代表性的土地法规，其贯彻最广且影响深远，鲜明指出要没收地主的土地及其财产，将其分配给农民，实行地主不分田、富农分坏田，废除地租、高利贷和各项苛捐杂税，要求尽快实现土地与水利的国有制，据此，各革命根据地分别制定了该地区的具体执行方法。1931年12月，《中华苏维埃共和国劳动法》的颁布，成为苏维埃劳动法规实现统一的重要标志，该法规以发展生产与工人的革命积极性、保护工人阶级利益、巩固发展苏维埃政权为宗旨和原则，明确规定了雇佣手续、劳动合同的成立条件、劳动与休息时间、工资、劳动保护、社会保险、工会地位以及违反劳动法规的处罚问题，确立了维护和保障工人阶级利益的法律原则与具体措施。由于劳动法的制定和施行，广大工人的基本权益得到有效保障，工作环境和生活质量进一步提升，其参与革命的积极性也被极大地调动，为工农民主政权的巩固和土地革命深入创造了重要条件。苏区时期，党也高度重视经济建设。面对严峻而动荡的战争环境，临时中央政府为了更好地发展革命根据地经济建设，颁行了一系列经济法规，如农业方面的《劳动互助组织纲要》《犁牛合作社组织大纲》，工业方面的《中华苏维埃共和国关于经济政策的决议案》《苏维埃国有工厂管理条例》，商业方面的《合作社暂行组织条例》《工商业投资暂行条例》以及财政金融方面的《中华苏维埃共和国暂行财政条例》《中华苏维埃共和国暂行税则》等。经济法规制定和实施，有

---

① 中共中央文献研究室，中央档案馆. 建党以来重要文献选编（一九二一——一九四九）：第十一册［M］. 北京：中央文献出版社，2011：141.

力推动了苏区的经济建设，对保障红军供给、提高苏区人民生活水平发挥了重大作用。

第六，婚姻、教育与卫生立法。中华苏维埃共和国在《宪法大纲》的基础上，吸收和总结了前期各革命根据地婚姻立法的原则与内容，先后颁行了《中华苏维埃共和国婚姻条例》和《中华苏维埃共和国婚姻法》，明确提出了婚姻自由和"一夫一妻"制原则，并围绕结婚和离婚所必备的条件、保护红军婚姻、离婚后的财产处理和子女抚养以及禁止虐待抛弃非婚生子女等方面做出了详细而具体的规定。中央苏区婚姻法规的制定和实施，第一次运用锐利的法律武器，彻底而全面地改革了中国历史上和国民党区域实行的封建婚姻家庭制度，奠定了整个民主革命时期乃至新中国成立之后婚姻立法的原则与基础。与此同时，临时中央政府高度重视教育的健康发展，制定了一系列教育法规。1934年，中央教育人民委员部将已有的教育规章和经验材料进行系统整合，继而颁布了《苏维埃教育法规》，同时制定涉及了学校教育、教师队伍、教育行政、学生组织、社会教育和学前教育等各类法规，形成了相对完整的教育法律体系，有力保障了苏区教育事业的健康发展。党和临时中央政府也十分重视苏区人民大众红军战士的生命健康和医疗卫生事业的发展，为此，工农民主政权颁行了一系列卫生法规，如《卫生运动纲要》《苏维埃区域暂行防疫条例》等，其内容涉及医疗机构的设置、社会福利、优待伤员、医生职业要求以及卫生防疫运动的具体规定等。卫生法规的制定和实施，为苏区卫生运动的展开提供了法律依据，广泛地宣传和普及了医疗卫生常识，为有效防止和应对苏区战争和贫困条件下各类疫情的发生发挥了重要作用，有力保障了广大劳苦群众的生命健康，提高了红军的战斗力。

（二）苏维埃司法机关体系与司法制度的创立

中国共产党高度重视苏维埃司法建设，强调司法工作也应紧紧围绕发展革命战争这一中心，苏维埃的司法机关必须坚定维护苏维埃政权，推动各种法令的实施，肩负起肃清国内反动势力、巩固苏维埃政权的职责。苏区时期，党的主要领导人也明确要求在司法工作中贯彻落实民主原则，这样，"不但可以调动革命群众的革命积极性，也借以增强新生政权机关司法的合法性与权威性"[①]。因此，苏维埃政权依据《宪法大纲》和关于司法机关建设的法律法规，在中央、地方以及军队中设立了各类司法机关及其组织体系，作为广大工农群众镇压帝国主义、封建势力和国民党反动派的锐利武器。苏维埃司法机关的设立和所开展的工作，有力支持了革命战争和巩固了工农民主政权，保障了广大工农群众的根本权益，积累了司法工作的宝贵经验。

第一，设立法庭、裁判部、军事裁判所作为审判机关。苏维埃法庭作为惩治反革命的有力武器，"直接依靠于武装力量，依靠于国家政治保卫局的活动，依靠于广大民众的阶级斗争，使苏区中一切反革命企图受到了严厉的镇压"[②]。1932年，苏区成立的临时最高法庭，作为行使最高审判职能的司法机关，在其之下，还分别设有审理不同性质或类型案件的法庭，主要包括刑事、民事和革命法庭。在地方，省、县、区设立三级裁判部，市设立裁判科，作为同级苏维埃政府的重要组成部分，其下设立刑事、民事以及巡回法庭分别审理案件。在激烈的国内战争条件下，苏区实行审判权、行政权与检察权合一原则，各

---

① 张小军. 马克思主义法学理论在中国的传播与发展：1919—1966 ［M］. 北京：中国人民大学出版社，2016：100.

② 中共中央文献研究室，中央档案馆. 建党以来重要文献选编（一九二一——一九四九）：第十一册 ［M］. 北京：中央文献出版社，2011：108.

级裁判部设立专职的检察人员，对法律的实施进行检察和监督。在军队内部，普遍成立的各级军事裁判所也是中华苏维埃共和国不可或缺的一类司法机关，依据相关的组织法规，这一审判机关可以具体划分为三级结构、四种形式，分别为初级、阵地初级、高级裁判所以及最高军事裁判会议，其专门负责对工农红军、游击队以及作战区域的违法犯罪进行审理，对维护红军权益、巩固军事纪律、有力支援革命战争发挥了重要作用。此外，工农民主政权还设立了劳动法庭和革命法庭，作为专门的审判机关，劳动法庭设置于区级的裁判部和市级裁判科，负责审理资本家、工头、老板违反劳动合同而损害工人利益的案件；革命法庭则设置在省级和县级，负责对卖国贼和反革命分子进行公开审判，处理苏区一切民刑纠纷案件，保护工农群众的利益。

第二，设立肃反委员会和国家保卫局作为侦查、预审机关。在暴动时期成立的临时工农民主政权，一般以六个月为期限设立肃反委员会，但在此后相当长的一段时期，肃反委员会都与当地的裁判部和政治委员会同时存在，既负责侦查所属地区的一切反革命活动，也负责重大刑事案件和反革命案件的预审和执行工作。依据苏维埃组织法和相关条例，肃反委员会取消后，工农民主政权创设了国家政治保卫局，成为直接隶属于苏维埃中央人民委员会的一个重要组成部分，同时，在省、县、区、市设立分局或者特派员，专门负责对一切重大刑事案件和反革命案件进行侦查、逮捕和预审。此外，在一些特殊情况下，其能够直接行使审判机关的职权，不仅无须审判机关的同意即可拘捕嫌犯，甚至在红军中拥有最终的司法决定权。中华苏维埃共和国充分借鉴和汲取了苏联国家政治保卫局的组织形式与工作原则，同样实行绝对集权、上级领导下级的管理体制。

第三，设立中央司法人民委员部作为司法行政机关。作为中国共产党建立的最早的司法行政管理机关，中央人民司法委员部隶属于中华苏维埃共和国人民委员会，承担苏区司法方面的行政管理工作。战争条件下，苏区实行审判机关与司法行政机关在中央分别设立，在地方整合统一，中央司法人民委员部由四个机关构成，民事处、刑事处、劳动感化处以及总务处各司其职，不仅需要处理与民刑诉讼和执行刑罚相关的行政工作，也负责审判机关的具体设置以及对司法工作人员进行委任和培训。此外，这一机关还承担组织、开展法制宣传教育和相关的制度建设工作。

第四，设立看守所和劳动感化院作为刑罚执行机关。建立和完善工农民主政权的法庭、监狱等专政机关，依法惩治反革命分子，是保障革命胜利和巩固工农民主政权的必要手段。苏区时期，工农民主政权设立了各类监所作为刑罚的执行机关。其中，看守所是侦查和预审机关的附属机关，主要负责关押未决犯，防止嫌犯逃跑、串供和发生不正常的死亡，对其进行政治、思想以及劳动教育，辅助审讯机关查清案情，同时也关押一些短期监禁的犯人，并对其进行教育改造。中华苏维埃共和国成立后，依据《中华苏维埃共和国劳动感化院暂行章程》，在省、县两级裁判部之下组建了劳动感化院，作为拘押那些被判处长期监禁的犯人的专门机关，其主要目标是"看守、教育和感化违犯苏维埃法令的一切犯人，使这些犯人在监禁期满之后，不再违犯苏维埃的法令"[1]。此后，又分别在这之下设立总务处、劳动管理、文化等科，对犯人进行监督、指导和文化教育，特别注重组织生产，并通过思想与文化的感化，将其改造成为守法的公民。

随着革命根据地的日益扩大，刑事民事案件的增多，中央苏区的

---

[1] 张希坡. 革命根据地法律文献选辑：第二辑 下卷 第二次国内革命战争时期中华苏维埃共和国的法律文献（1927—1937）[M]. 北京：中国人民大学出版社，2017：1045.

司法机关在开展工作的过程中，逐步探索形成了相对完善的审判制度与诉讼制度，大大提升了审判的效率与质量。依据苏维埃组织法和相关的审判诉讼法规，中华苏维埃共和国的司法工作实行公开审判，法庭向广大人民群众发布开庭信息，允许人民群众依法参与、临场旁听与监督，确保当事人对审判活动全过程的充分知情与参与，宣判时充分公开；实行巡回审判，组织巡回法庭到案件发生的地点进行调查和审理，充分依靠和深入群众查清案情，并及时而迅速地审理案件；实行人民陪审，适应苏区革命和建设的实际，依据裁判条例，从工会、农会等其他群众团体中选举出人民陪审员，排除其与被告人的密切关系，实行民主集中制，充分考虑和保留人民陪审员的意见；实行人民调解制度，通过政府、群众团体、民间和司法调解，解决不涉及犯罪的民间纠纷，加强群众团结以促进社会的稳定与和谐。

为适应特殊的战争环境和革命斗争的现实需要，刑事诉讼的立法和实施是中华苏维埃共和国的司法工作的主要工作。刑事案件的审理和判决需要严格履行一系列相对完善的制度与程序，一是侦查和预审，国家政治保卫局及其分局和特派员首先对来自各级政权组织和人民的举报材料进行审查，对既定事实的犯罪做出立案决定，依靠广大群众查清案情，并对案件进行预审；二是，起诉和审判，检查员和国家政治保卫局分别就一般的刑事案件和反革命案件向国家审判机关提起公诉，各裁判部下设的刑事法庭公布审判日程、吸纳群众的意见开展审理并以苏维埃国家的名义做出公开的宣判；三是上诉和再审，对于已经判决的案件，被告人有权提出上诉，1934年之后，上诉期限由原本的14天缩短为7天，于法定期限内提起上诉的案件，由上级裁判部进行再审，两审后不能上诉；四是刑罚的执行，死刑的判决和执行，必须经过上级审批，核准或复审确定后，由原来的审判机关执行；监禁的判决生效之后，负责这一案件的裁判部会将犯人移送至劳动感化院，而后于此执行刑罚；没收财产的判决由专门组织的没收委员会执行。总之，中华苏维埃临时中央政府和各级工农民主政权的司法机关，在开展刑事诉讼工作时依法行使职权，注重预审和证据材料的收集，逐步废止了刑讯逼供，坚决依靠人民群众广泛参与审判过程，有力镇压了反革命行为和各类刑事犯罪。

（三）苏区法治宣传教育工作的展开

中国共产党及其领导的工农民主政权在积极开展立法和司法工作的同时，也十分重视开展法治宣传教育，深刻认识到了宣传和普及法律知识，组织人民学习新法律，增强人民法治观念的重要意义。中国共产党在创办《红色中华》这一苏维埃政权的机关报时就明确要求，其应当发挥组织群众的重要功能，使广大工农群众能够"了解苏维埃国家的政策、法律、命令，及一切决议"①，进而依靠国家法律所具有的政权力量，打击和惩治反革命分子，维护和实现自身基本权益。梁柏台着眼于广大工农群众和部分苏维埃干部对法律不完全了解和掌握的情况，做出了明确要求："以后对于苏维埃的法令，应向工农群众作普遍的宣传解释工作，使一般群众提高法律的常识，以减少人民的犯罪行为，为彻底实现苏维埃的一切法令而奋斗！"②为此，工农民主政权汲取了法治实践中的重要经验，积极开展法治宣传教育活动，广泛宣传和普及了党的革命主张和法律政策，不仅推动了广大人民和党员干部知晓法律规定，遵守法律规范，摒弃封建法制理念、形成新的法律思维，同时也极大促进了人民对工农民主政权的认同和拥护。

---

① 发刊词［N］. 红色中华，1931-12-11（001）.

② 梁柏台. 司法人民委员部一年来工作［N］. 红色中华，1932-11-07（008）.

第一，创办专门报刊和出版法律书籍。为了使广大群众尽快学习和掌握临时中央政府颁行的法律法规及其司法工作状况，中央执行委员会在《红色中华》刊登了工农民主政权的法律法规及其解释和各类司法训令、指示；在《红色中华》《青年实话》《革命与战争》等报刊开辟"苏维埃法庭""突击队""警钟"等专栏，详细刊登上级机关对下级裁判部的批示、案例分析、审判进程等情况；《法庭》《苏维埃司法》《司法汇刊》（先后更刊名为《裁判汇刊》《江西省苏裁判部半月刊》）等专门的法律刊物，集中普及了法律知识和公布了涉及司法工作的各类文件，充分利用和发挥了报刊传播的优势，使革命法律宣传的力度和效果大大增强。与此同时，中华苏维埃共和国成立了中央出版总局以及各个地方性的刊发机构，充分考量广大人民群众的实际情况，出版了大量精炼而简便的法律书籍与普及读本。其中，不仅涉及苏区各项法律法规的单行本、汇编本、会议文献，也有一些讲解和宣传法律知识的大众读物，如《共产儿童读本》《红军识字课本》《工人千字课》等。

第二，组织宣传活动和丰富宣传形式。为了在广大贫困农村简洁、通俗而迅速地宣传苏维埃法律，使文化水平普遍偏低的工农大众有效了解和掌握党的法律政策与革命主张，中国共产党和中央人民政府开展了多种形式的宣传教育活动，创新了独特的宣传和教育的艺术形式。各级政府和机构团体组织召开多种集会，如工人和贫下中农大会，以及批判地主、土豪劣绅大会和诉苦大会，热烈宣传了苏维埃政府颁布的新法律、新政策。马克思主义研究会作为学术性的普法组织，举行了学术演讲和法律知识报告会，并辅导大家了解、学习和贯彻劳动法规。此外，对于广大农民群体，主要通过歌谣、话剧等文艺形式宣传法律。党和工农民主政府领导广大宣传工作者创作了"缴枪不打人""优待白军俘虏""穷人不打穷人"等政治标语和口号,《送郎上前线》《主子与走狗》等漫画;文艺工作者创作了许多红色歌谣,庆祝苏维埃政权的建立,鼓舞青年参军,号召广大人民共同建设工农民主政权;编演了《最后的晚餐》《阶级》和以婚姻法、土地法为主题的"红色戏剧",通俗简洁、生动形象地宣传革命法律和政策,有效教育了广大群众。

第三,广泛发动人民群众参与司法实践。苏区时期,中央司法委员部领导各级裁判部,通过实行巡回审判、人民陪审、开展"同志审判会"等方式,发动和吸收广大群众参与司法工作,以此来进行案件审理与判决。一方面,苏维埃政权的司法机关进行公开审判和巡回审判时,在群众面前揭穿反革命分子的阴谋并对其进行审判,广大群众作为旁听者,不仅能够真切了解案情,也有效进行了法制宣传,成为司法工作中教育和警示群众的一种方式;另一方面,人民群众可以选举成为陪审员,也可以在庭审的过程中对被告人和案情进行检举与揭发,成为司法审判工作的重要参与者,通过直接的司法实践行使自己的权利,加深了人民对于法律的认识及其对审判工作的监督。梁柏台曾鲜明指出:"苏维埃法庭,就是群众的法庭,在工农群众监督之下进行工作。"[①]值得注意的是,苏维埃的工农民主政权特别注重吸收妇女同志参与审判工作,如设置女性指导员、看守员、检查员,选派劳动妇女参加司法培训和审判工作。发动和吸收广大群众参与司法实践,不仅增加了审判工作的公开性与透明度,也通过人民群众实际参与司法审判,使法律规范和法治观念深入人心。

第四,学校教育中的法治宣传教育与专门法律人才的培养。中华

---

① 张希坡. 革命根据地法律文献选辑:第二辑 下卷 第二次国内革命战争时期中华苏维埃共和国的法律文献(1927—1937)[M]. 北京:中国人民大学出版社,2017:1050.

苏维埃共和国临时中央政府高度重视教育工作，积极创办了小学、中学、大学、师范院校、职业中学农业学校，初步构建了学校教育的发展体系，各类学校的教材课本中，都融入了一定的法制内容，通过潜移默化的形式宣传党的革命主张和苏维埃法律，间接达到了培养学生法治素养的目的。更为重要的是，苏维埃大学为培养苏区急需的地方干部，设立了各种特别班和普通班，其中的工农检察和司法班负责培养专门的司法高级干部；苏区时期，中央以及各地的裁判机关亦通过连续创办多期专门的培训班，选送学员和其他各类普通干部到训练班学习，提升司法人员的素质以更好地负责裁判工作。专门法律干部与人才的培养，不仅是苏区法治宣传教育的重要组成部分，也为法治宣传教育的进一步深入展开做出了组织准备，为广大人民群众法治观念、思维与意识的增强以及红色政权的建设和巩固创造了重要条件。

四、工农民主法治的曲折探索及其转变

苏区时期，党对工农民主法治的认识与推进，对巩固工农民主政权和发展根据地经济社会建设发挥了重大作用。但是，由于党内"左"倾错误长期存在并且居于统治地位，制定和实施了一系列错误的政治、军事和组织政策，严重影响了党对法治的认识。毛泽东等人在遭受"左"倾教条主义者的反对、指责和排斥的过程中，依然为纠正党对法治的错误认识提出了一些意见和建议，直到第五次反"围剿"失败后，中共中央和中央工农红军被迫转移，长征途中遵义会议的召开，才真正确立了以毛泽东同志为主要代表的正确路线，为党实现工农民主治向抗日民主法治的过渡创造了重要条件。

（一）工农民主法治理论与实践探索的曲折与纠正

土地革命开始后，党对马克思主义的理解和运用，呈现出了一种

错综复杂的状态，直接影响了党对法治的认识。毛泽东等人开始将马克思主义基本原理与中国革命具体实际结合，逐步开辟了中国革命新道路，有力抵御了国民党多次军事"围剿"，中央革命根据地不断扩大和巩固，工农民主法治建设也取得了许多重大成就。但在当时党的领导集体中，以王明为代表的"左"倾教条主义错误长期存在，通过直接照搬书本上的个别词句，照抄苏联经验，严重脱离中国的具体实际和国情、脱离广大人民群众，制定和施行了一系列错误的路线政策，最终导致了党和红军以及中国革命的危局。

在"左"倾路线的统治和干扰下，党对法治的认识出现了错误。党制定和推行了许多错误的土地政策、劳动政策，并极力将"左"的错误的政策通过法律形式确立和固定下来，以实现和达到在经济上消灭富农、资产阶级的政治目的，打击了广大人民的生产积极性，也造成了红军和革命根据地的经济困难。在土地法规的制定和实施方面，《中华苏维埃共和国土地法》将党提出的彻底消灭地主阶级、坚决不给地主及其家属分配土地、完全没收富农土地及其财产、依靠自己耕种的富农只能分有坏田等政策加以明文规定，并要求全苏区范围内必须严格贯彻实施地主不分田、富农分坏田等一系列土地法规。而且，为了检查中央和地方土地法律的施行效果，各苏区广泛开展了查田运动，以确认是否存在被遗漏的地主和富农，如果确有，要严格依法对其土地和财产进行没收与重新分配，其间，大量相对比较富裕的中农被错误划为地主和富农，使得中农的利益遭到严重侵犯，地主、富农也被过分打击，极大损伤了农民的积极性，对农业生产也造成不同程度的损害。在劳动法规的制定和实施方面，《中华苏维埃共和国劳动法》确立了维护工人阶级利益的原则与政策，也提出了许多不符合革命形势和根据地实际状况的法律规定。主要表现为：严厉打击雇主等资产阶级，提出过高的劳动条件和福利待遇的要求，如各种纪念日和特别日提前休息、照发工资，保留和预发工资，提供各类津贴以及提供各类专门工作的衣物、设备、护具、食品，提供工人及其家属免费医疗、津贴、抚恤和各类补助等，追求劳动者的过高福利待遇。

毛泽东等人在"左"倾机会主义者的排斥下，依然为纠正错误路线及其对法治的错误认识，提出了一些正确的意见和建议。1933年，为了正确解决查田和分田斗争中的问题，毛泽东起草了《怎样分析农村阶级》，提出了科学划分农村地主、富农、中农、贫农以及工人各阶级的标准，并在《关于土地斗争中一些问题的决定》中进一步明确了如何划分和对待地主、富农、富裕中农、贫农、知识分子等阶级的具体政策。这两个文件，成为正确划分农村各个阶级和处理土地斗争问题的法律依据。次年一月，第二次全国苏维埃代表大会召开，毛泽东在这次会议报告中总结了苏维埃选举法、劳动法、婚姻法等法律实施和苏维埃法庭司法工作的基本状况，强调要彻底地忠实地执行苏维埃法令，运用苏维埃法律严厉责罚苏维埃人员自己的违法犯罪行为和苏维埃机关中的不良分子，并明确要求正确应用土地革命路线，苏维埃政府对这一路线的错误倾向，应当予以严厉的制裁。毛泽东还主张，在遵守苏维埃法律的基础之上，尽可能吸引个人资本家向苏区投资。1933年4月，陈云尖锐地批评到，不考虑企业的工作状况、工作能力，对商店、作坊提出过高的经济要求，将只能适用于大城市的劳动法机械地执行，"这种'左'的错误领导，是破坏苏区经济发展，破坏工农联盟，破坏苏维埃政权，破坏工人阶级的彻底解放的"①。党和工会应当克服工团主义和官僚主义，依据对各行业和企业经济能力、实际状况与具体要求

---

① 陈云文选：第1卷［M］. 北京：人民出版社，1995：9.

的审慎了解，订立和执行符合实际情形的策略和条文，不能千篇一律地抄录劳动法。同时，张闻天也认为，适应大城市、大生产需要而制定的劳动法，"在经济上比较落后的苏维埃区域内，是不能完全机械执行的"[①]。党和政府应以审慎的态度解决劳动法执行过程中遇到的问题与困难，使之适应革命的环境和需要。在毛泽东等人的建议下，党中央对法律政策做出了一定的调整和补充，但由于"左"倾路线在当时占据统治地位，各项法律规定的修改和实施依然受到严重的干扰和影响，党对法治认识过程中存在的"左"的偏向也不可能完全得到扭转。

1935年，遵义会议的召开，为党进一步形成对法治的正确认识创造了重要条件。遵义会议形成了以毛泽东同志为核心的新的党中央领导集体，重新确立了科学的马克思主义路线，党、红军和中国革命的前途命运开始焕发新的生机。与此同时，中国共产党开始脱离共产国际对中国革命的错误引导，由稚嫩而盲目逐步变得成熟，独立自主地运用马克思主义总结革命经验，解决具体的革命实际问题，在重新开始马克思主义与中国实际相结合的历史进程的同时，也真正成为革命根据地法制彻底纠正"左"的错误的重要开端，为中国共产党继续认识法治，实现工农民主法治向抗日民主法治的转变创造了极其重要的政治与思想条件。

（二）抗日要求和策略的确立与工农民主法治的转变

中国共产党领导工农红军在集中精力应对国民党统治集团大规模军事"围剿"之时，日本帝国主义者在精心设计之下入侵了中国东北，中日民族矛盾急速激化。面对空前严重的民族危机，中国共产党率先发出了领导红军和广大民众发动民族革命驱逐日本侵略者的号召。

[①] 张闻天选集［M］. 北京：人民出版社，1985：21.

九一八事变后，中国共产党立足实际，准确判断出日本侵略者妄图"掠夺中国，压迫中国工农革命，使中国完全变成它的殖民地"①的根本目的，党相继发布了《中共中央为武装保卫中国革命告全国民众书》《中华苏维埃临时中央政府、中国工农红军革命军事委员会宣言》，旗帜鲜明地宣告了党领导、组织和发动广大人民广泛抗击日本侵略者的中心任务，并围绕联合抗日、反对卖国投降，提出了与任何武装部队订立作战协定的意愿，推进了全国抗战浪潮下党与爱国人士和军队的军事合作，也推动了党抗战策略的确立及其对法治认识的转变。

1935年12月，中共中央召开瓦窑堡会议，制定了建立抗日民族统一战线的战略方针与政策，为实现党对工农民主法治向抗日民主法治认识的转变奠定了思想基础。一是，判断了客观政治形势的基本特点，推动了法治建设中心思想的确立。为独占中国，日本帝国主义一面直接进行武装占领，一面较为隐秘地扶植卖国的军阀政客作为代理人，中华民族面临危急存亡的境地。所以，抗战利益和民族利益高于一切，成为法治建设的原则，法律的制定和实施必须为保障抗战胜利服务。二是，分析了中国社会各阶级相互关系的变化，推动了法律所保障的阶级范围的扩大。在正确判断时局基本特点的基础上，毛泽东指出，卖国贼营垒成为中国人民的死敌，中国工人阶级、农民阶级是革命最坚决的力量，小资产阶级也是要革命的，民族资产阶级在今日时局尽管动摇，但是有参与革命的可能。日本帝国主义的入侵，致使中国社会各阶级之间的关系发生深刻变化，"扩大了民族革命营垒的势力，减弱了民族反革命营垒的势力"②。必须立足革命实际推动法律完善，将

---

① 中共中央文献研究室，中央档案馆. 建党以来重要文献选编（一九二一——一九四九）：第八册［M］. 北京：中央文献出版社，2011：547.

② 毛泽东选集：第1卷［M］. 北京：人民出版社，1991：149.

抗战意愿作为划分人民或敌人的阶级标准，使法律保障一切抗日人民的民主和自由。三是，提出了党的基本策略，推动了法治建设首要任务的明确。生死存亡的历史关头，广大中国人民的民族意识全面高涨，战争将由局部走向全国，全民族紧密团结起来抗击日本帝国主义的侵略，将成为不可阻挡的必然趋势，与之相适应，党领导革命的策略及其方式也必须随之变化。这时，"党的基本的策略任务是什么呢？不是别的，就是建立广泛的民族革命统一战线"①。因此，工农民主政权所制定的各项法律必须首先适应建立广泛的抗日民族统一战线的实际需要，对阻碍团结民族、不适应抗战的法律进行调整和变更，党在抗日民族统一战线中的领导地位也要求党必须更加深刻认识法治、领导人民实行法治，唯有如此，才能更好发挥法治团结和集中一切人力、物力、财力，孤立和惩治国内外敌人的重要功能，保障抗战夺得完全胜利。

1935年10月，中共中央到达陕北，随后为适应斗争的需要，中国共产党成立中华苏维埃共和国临时中央政府驻西北办事处，此后，延安和陕甘宁边区逐步成为党及中国革命的中心根据地。党将"工农共和国"更改为"人民共和国"，同时相应改变了一部分不适应抗战的政策，并在法律的制定和实施上做出了一系列具体的调整。一是，土地法律政策。党纠正了过去一段时间解决农民土地问题过程中实行的"富农分坏田"错误政策，开始给予富农经济出路。1935年12月，《中共中央关于改变对富农策略的决定》发布，明确指出，反对富农的策略并不符合实际，必须做出改变，现时条件下对待富农，要以没收其出租的土地并取消其高利贷来代替加紧打击。1936年7月，中共中央发布《中共中央关于土地政策的指示》，要求完全没收一切汉奸、卖国贼的土地

---

① 毛泽东选集：第1卷［M］.北京：人民出版社，1991：152.

财产，但是，对待地主，在对其土地、粮食、房屋、财产进行没收之后，"仍分给以耕种份地及必需的生产工作和生活资料"①。二是，选举法规。1935年，中国共产党在提出改变富农策略的决定时就提出，对于出身地主阶级或者富农家庭的知识分子，且能积极参加革命的，应当给予其选举权和被选举权。1937年5月，中国共产党立足于抗日大局，广泛吸纳各阶层群众参与民主政治建设，中华苏维埃中央政府西北办事处颁布了《陕甘宁边区选举条例》，明确宣布实行普遍、直接、平等、无记名的选举制度，边区年满十六岁人民不分性别、宗教、民族，不分财产和文化程度，均享有选举权和被选举权。三是，司法工作原则。苏维埃司法机关必须依据建立抗日民族统一战线的基本方针，严厉镇压一切汉奸、卖国贼的反革命活动，运用司法权力保障一切抗日群众的切身利益。1937年2月，中央司法部恢复办公，发布了两则中央司法训令，明确指出"各级司法机关应当采取正确、慎重的办法，去镇压民族反革命，保证人民一切利益，巩固抗日根据地的政权和部队"②，并规定了各级裁判部、军事裁判所的组织原则、职权划分、审级制度以及刑罚执行的具体要求。党在建立抗日民族统一战线基本方针的指导下，将不适合一致抗战的法律政策与规定做出了重大改变，使党对法治的认识增加了更为鲜明的人民性质和民族性质，为工农民主法治向抗日民主法治的顺利过渡创造了重要条件。

自党诞生至全面抗战爆发前，是党创造性运用马克思主义基本原理，以工农民主法治为中心，对符合广大人民意志和中国革命实际需

---

① 张希坡. 革命根据地法律文献选辑：第二辑 下卷 第二次国内革命战争时期中华苏维埃共和国的法律文献（1927—1937）[M]. 北京：中国人民大学出版社，2017：1163.

② 张希坡. 革命根据地法律文献选辑：第二辑 下卷 第二次国内革命战争时期中华苏维埃共和国的法律文献（1927—1937）[M]. 北京：中国人民大学出版社，2017：1178-1179.

要的新民主主义法治形成初步认识的时期。以马克思主义法治思想为指导，党将土地革命、武装斗争和开展革命根据地建设作为法治建设的中心任务，通过制定和实施保障广大人民各项权益的法律法规，坚持依法惩治反革命行为，与以往一切剥削阶级的法律划分了根本界线。党领导工农民主政权逐步颁行和完善了宪法大纲和各类法律法规，建构起统一的苏维埃法律体系，初步建立了相对完整的司法机关组织和司法制度，开创了人民司法的先河，积极开展法治宣传教育，促进了工农民主法治观念的深入人心。在由大革命失败过渡到土地革命兴起的历史转变中，中国共产党高度重视法治的地位与作用，确立了法治建设的基本原则，积累了法治建设的宝贵经验，党始终坚持反帝反封建、保障人民权益、推动苏区经济社会发展、司法民主，始终坚持以党的领导为根本原则、以人民民主为价值取向，以依法执政为重要特征，奠定了新民主主义法治和社会主义法治的重要基础，也成为中国特色社会主义法治形成发展的"红色基因"①。

---

① 李婧. 中国特色社会主义法治的红色基因探源［J］. 思想理论教育导刊，2016（10）：90.

第三章

新民主主义法治理论与实践探索的全面推进

全面抗战爆发之后，党对新形势做出迅速反应，进而制定了坚持抗战和建立抗日民族统一战线的新方针，并在这一方针的指导下，在所领导的革命根据地实现了工农民主政权到抗日民主政权的伟大转变，在全民抗战的历史与时代条件下继续认识法治。中国共产党纠正了土地革命时期由于"左"倾错误导致的法治偏向，立足于抗战不同阶段的革命实际和各个抗日根据地的现实状况，创造性运用马克思主义基本原理，以新民主主义革命理论为指导，形成了对抗日民主法治的认识。党将团结抗战作为法治建设的中心任务，坚持保障和实现抗日人民的根本权益，坚持法律面前人人平等，坚持司法为民、简捷便民，领导抗日民主政权构建了以施政纲领为核心的法律体系，建立各级政权与行政机关依法推行政务，建立各级司法机关深入推进司法工作，并针对抗日人民群众不同群体的特征广泛开展了法治宣传教育。抗日民主法治的逐步形成与深入推进，有力巩固和发展了抗日民主政权，维护和实现了广大抗日人民群众的根本利益，为党团结全国人民坚决驱逐日本侵略者提供了法治保障。

一、抗日民主法治理论与实践的初步探索

以卢沟桥事变为起点，日本的全面侵华战争正式开始，使得中日

民族之间的矛盾愈益激化成为当时国内的主要矛盾，中国社会的政治形势与阶级关系也发生了一些新的变化。面对新矛盾和新变化，中国共产党从中华民族的生死存亡和中国人民的根本利益出发，率先发出了实行全民族抗战、抵抗日本侵略者的伟大号召，在进一步推动国共第二次合作正式形成的过程中，提出和制定了确保抗战取得最后胜利的全面持久抗战的方针，同时明确了党在这一时期的基本政治主张和一系列具体的任务政策，这为中国共产党在抗日战争的特殊历史条件下继续认识法治确立了基本的指导原则与方针。

（一）抗战纲领的制定及其法治意义

1936年之后，日本帝国主义就有意加强军事、政治与经济等方面的侵略，尤其是趁着增加驻扎在华北地区的军事武装之时，屡屡进行军事演习，频频发起挑衅，这成为日本发起全面侵略中国战争的铺垫。1937年7月7日，卢沟桥事变加剧和激化了中日民族矛盾，标志着全国性的抗战就此开始。中国共产党面对如此危急、如此严峻而复杂的国内形势，当即发布了《中共中央为日军进攻卢沟桥通电》，疾呼："只有全民族实行抗战，才是我们的出路！"[①]全国人民唯有紧密团结起来，坚定信念，立刻投身于反击日本帝国主义的战争中，才能最终将日寇驱逐出中国。

在中国共产党人看来，建立抗日民族统一战线，执行抗战的各项方针政策，驱逐日寇出中国，"中心关键在国共两党的亲密合作"[②]。与此同时，为尽早实现两党合作，在建立广泛的抗日统一战线的基础上展开全面抗战，中国共产党做出了许多努力。卢沟桥事变发生后，中

---

① 中共中央文献研究室，中央档案馆. 建党以来重要文献选编（一九二一——一九四九）：第十四册［M］. 北京：中央文献出版社，2011：356.

② 毛泽东选集：第2卷［M］. 北京：人民出版社，1991：348.

国共产党做出迅速反应，即刻向国民党发出了亲密合作、抵抗日寇的号召，并就合作宣言、红军改编、苏区改制等一些重要问题同国民党开展积极谈判。9月22日，《中共中央为公布国共合作宣言》发布，次日，蒋介石发表了重要讲话，实际上对中国共产党的合法地位表示承认。这时，以国共两党第二次合作为基础的，涵盖各民族、各阶层、各党派、各界人士的广泛的抗日民族统一战线正式形成，对中国共产党在日后实行全面抗战路线、以人民战争推翻日本帝国主义侵略发挥了重要作用。

在积极促成国共合作和建立全民族抗日统一战线的同时，中国共产党又进一步提出了全面抗战路线。全面抗战爆发伊始，毛泽东就提出了坚决抗战、反对妥协退让、建立民族统一战线的主张。同年8月22日至25日，洛川会议通过《中共中央关于目前政治形势与党的任务的决定》，明确指出，国内的政治形势发生了改变，现在已经进入了实行抗战的新阶段，这一新的阶段中，党的中心任务就是团结带领全国人民动员、克服一切艰难险阻争取革命的最终胜利，而彻底完成这一任务的关键，不是别的，就在于用极大的力量进一步团结和发动群众，以愈加坚固的全民族抗日统一战线，弥补当前抗战中存在的弱点和不足，使其转变为全面的抗战。同时，会议通过的《中国共产党抗日救国十大纲领》，明确规定了党在全面抗战期间的方针任务与具体政策。

全面抗战路线的确立和党在抗战期间的基本政治主张的提出，推动了党对抗日民主法治的认识的形成。一是，初步确立了抗战时期法治建设的基本指导思想。毛泽东认为，只有动员所有力量，实行全民族抗战，切实贯彻十大纲领，才能争取抗战的最终胜利。因此，团结和保障抗战，既是党和中国革命的中心任务，也是法治建设的中心任务。这一时期，法律的制定和实施，必须以加强团结、坚持和保障抗战为中心，维护和实现全国抗日人民的政治民主与自由、物质经济发展和文化教育，惩治和消灭国内外敌人，筑牢抗日民族统一战线，为驱逐日寇提供保障。二是，提出了制定符合抗战需要的新法律的明确要求。党在抗日救国十大纲领中一再重申，团结和发动一切力量保障抗战，必须保障除汉奸以外全国人民享有的基本权利和自由，"废除一切束缚人民爱国运动的旧法令，颁布革命的新法令"①。全面抗战爆发前，国民党政府为压制人民的言论自由、镇压和迫害中国共产党以及一切要求实行抗日民主的爱国人士，先后颁行了《新闻检查标准》和《危害民国紧急治罪法》等文件，明文规定国民党统治区报刊发表的所有文字均须经过检查，新闻检查官有权对文字进行任意删改和扣留。抗日民族统一战线成立之后，中国共产党不仅要求废除国民党政府颁行的一切限制和束缚广大人民抗日救国运动的法律，而且要求国民党承认现有爱国团体的合法地位，释放政治犯和开放党禁，制定符合人民意志和抗战需要的新法律，以动员全国人民参与抗战、确保和实现抗日人民的基本权益。

（二）抗日根据地的开辟与抗日民主法治的初步发展

抗日根据地是党领导广大人民进行坚决抗战和推进民主法治建设、发展经济文化事业的稳固阵地，也是取得新民主主义革命胜利，为进一步过渡到社会主义创建的战略后方。抗日民族统一战线建立后，党深入分析了敌、友、我三方面的实际情况，认真酝酿并提出了独立自主的游击作战方针，将发动群众、创建根据地作为全面抗战路线之下进行游击战争的重要原则。在毛泽东看来，要深入分析和准确认识抗

---

① 中共中央文献研究室，中央档案馆. 建党以来重要文献选编（一九二一——一九四九）：第十四册［M］. 北京：中央文献出版社，2011：476.

日战争所具有的长期性和残酷性，若想夺得抗战的最终胜利，必须保留和不断发展自己的革命力量，打击和消灭敌人，因此，必须将建立巩固的革命根据地，作为游击战争的一项关键战略纲领。刘少奇也指出，不仅应该在各省边、山地以及农村开辟抗日根据地，建立和发展革命军队的稳固阵地，也要以革命根据地为依托，进一步创建人民的抗日政权，建立人民的、地方的、统一战线的抗日政府。

抗战爆发后，中国共产党在积极配合友军作战的同时，高度重视开展自身的独立游击战争，并在此过程中相继开辟了多块抗日根据地，巩固和发展了陕甘宁边区，扩大了抗战开展的战略阵地。其中，晋察冀根据地是党在敌后最早创建的根据地，也通过召开的第一次边区军政民代表大会，建立了第一个统一战线性质的抗日民主政权。1937年9月6日，中共中央将原有的陕甘苏区改称为陕甘宁边区，将中华苏维埃中央临时政府更名为陕甘宁边区政府，并获得了国民政府的合法确认，陕甘宁边区进一步成为中共中央的所在地、人民抗战的指导中心。党依据抗日民族统一战线原则与精神，积极组织广大边区人民开展普选，召开议员复选会，特聘民主人士作为参议员，选举出边区政府主席、副主席以及委员。党正是在这一过程中对法律在抗日民主政权建立和抗日根据地建设中发挥的保障作用有了深刻认识，即认识到抗日民主政府作为民族统一战线和地方自治的政府，在不违背中央政府法律和命令的前提下，"它有权颁布地方性的法律和命令在自己区域内实行"①。正是基于上述的正确认识，各地的抗日民主政府在党的领导下，适应抗日民族统一战线的要求，积极制定和施行了各方面的政策法令，有力促进了社会秩序的稳定，推动了根据地抗战力量和社会经济的迅

---

① 刘少奇选集：上卷 [M]. 北京：人民出版社，1981：89.

速发展。

第一，抗日根据地各项法律的初步颁行。抗战初期，各地的抗日民主政府依照抗日救国十大纲领的各项要求，积极颁行了一系列法律法规，确立了根据地各方面建设的基本准则，成为保障和实现抗日群众根本利益的法律依据。一是，宪法性施政纲领。《晋察冀边区军政民代表大会宣言》和《陕甘宁边区施政纲领》，尽管两者的产生环境与具体条文存在差别，但内容大体相同，从根本上看，二者都是抗日民主政府遵循抗战救国十大纲领基本原则与精神，各自制定具有宪法性质的施政纲领，为实现抗日救国、巩固政权和保障广大人民的基本权益确定了根本准则。其中，《陕甘宁边区施政纲领》由民族主义、民权主义和民生主义三大部分构成，坚持团结抗战，发展边区经济，保护抗战人民的生产经营活动；发扬民主，建立健全行政机构和各级司法机关；发展广泛的民众教育，致力于提高边区人民的政治觉悟、文化水平与法治意识，并提出了其他各项增进人民福利的社会建设措施，成为抗战初期最具代表性的施政纲领，成为边区一切工作的准绳和制定其他法律的指导原则。二是，选举与政权组织法规。在选举方面，1939年颁行的《陕甘宁边区选举条例》明确规定了抗日根据地的选举方式、选举要求、选举参议院人数比例、选举区域划分以及各项程序。《晋察冀边区行政委员会关于村选举的指示》则明确划定了村民代表选举的组织、程序以及村公所的机构、职能。同时，上述颁行的纲领和条例等对政权组织方面的问题也有所涉及，明确规定了抗日根据地的政权机关及其行政机关的产生方式、机构组织、基本职权。三是，刑事法规。为了肃清各种破坏抗战的罪行，抗日根据地相继制定和实行了《陕甘宁边区抗战时期惩治汉奸条例》《陕甘宁边区惩治贪污条例（草案）》《陕甘宁边区抗战时期惩治盗匪条例（草案）》和《晋察冀边区汉奸自首单行条例》，规定了刑事犯罪的类别和惩罚措施，成为该地司法机关审理刑事案件的法律依据，对保障抗战，维护边区人民的生命财产安全和根据地建设事业具有重要意义。四是，土地与婚姻法规。《晋察冀边区减租减息单行条例》《陕甘宁边区土地条例》和《晋察冀边区减租减息实施办法》，对土地所有权的归属、登记、使用以及行政裁判做出了具体规定，并为抗战时期巩固抗日民族统一战线、实行减租减息政策提供了原则与规范。而1939年4月颁行的《陕甘宁边区婚姻条例》，继承和发展了苏维埃时期婚姻立法的基本内容，不仅明确提出了婚姻自由、一夫一妻制，而且要求彻底废除纳妾、买卖婚姻、童养媳等封建落后的婚姻形式，对结婚和离婚的若干基本条件、婚姻家庭中的子女关系、财产关系做出了明文规定，促进了男女平等、婚姻自由。

第二，抗日根据地司法工作的初步展开。镇压汉奸、卖国贼以及各类破坏抗战的行为，保障和实现抗战各阶级的合法权利，维护和发展抗日民主根据地，是抗战时期司法机关的中心任务。1938年，晋察冀边区相继创建临时最高法院、冀中高等司法办事处以及县级司法处，作为当地审理诉讼案件的专门机关。为了保障各项抗日民主政策的贯彻落实，同年5月，晋察冀边区的司法机关改组为同级政府的重要组成部分，分别设立了司法处、边区政府冀中分处和县政府司法科，1939年以后，各县县长要同时担任军法官，一些特殊的刑事案件，如汉奸、烟毒以及盗匪等罪犯，都需要经过审理或者核准。在司法制度方面，《陕甘宁边区施政纲领》明确提出，建立便民的司法制度，来确保抗日人民告发和检举工作人员罪行的自由，因此，保障和实现抗日人民的利益，坚持便利于人民，为抗日民族解放事业服务，成为边区司法工作的根本原则。针对上述要求，边区政府撤销了原有的司法部和各级裁判部，制定和颁布了《陕甘宁边区高等法院组织条例》，积极建立了符合抗日根据地实际和战争实际需要的司法机关组织。陕甘宁边区建立了以高等法院为核心的司法机关体系，受边区参议会的监督与边区政府的领导，并设立了检察处、民事法庭、刑事法庭、书记室、总务科、看守所以及劳动感化院，各部门权责划分清晰，各司其职，依法进行案件的审理与判决。其中，民事、刑事法庭庭长负责执行审判事务，监督和指导各推事开展相关司法工作。在进行司法审判的过程中，陕甘宁边区高等法院受理关于重要之刑事第一审诉讼案件，并注重对具有重大教育意义的刑事案件进行公开审理，实行人民陪审，吸收人民群众参与案件的庭审并发表意见，以在频繁的战争条件下迅速而正确地查明案件事实，做出公正判决。抗日根据地司法工作的初步展开，不仅有力打击了破坏抗战和损害抗日人民根本利益的犯罪行为，也为实现抗战时期司法工作的民主化、群众化积累了重要经验，维护了革命根据地的社会秩序。

第三，公开审理"黄克功案件"，彻底摒弃"唯成分论""唯功绩论"，树立法律面前人人平等的基本原则。全面抗战爆发初期，陕甘宁边区高等法院依据中共中央和毛泽东的指示，依法对黄克功枪杀刘茜一案的审理与判决，丰富了党对抗日民主法治的认识。1937年10月5日，时任抗日军政大学队长的黄克功要求与陕北公学学生刘茜结婚，黄克功在被拒绝之后将其残忍枪杀，成为轰动延安的重大刑事案件。这一事件在当时引起了各方的广泛关注，抗日军政大学、边区高等法院以及保安局迅速介入案件，进行调查取证，黄克功在这些证据面前最终承认了犯罪事实。针对当时黄克功本人提出的减免刑罚、上阵杀敌的请求，延安舆论界也产生了让其戴罪立功的观点，就此，雷经天写信向党中央和毛泽东请示。针对这一事件，毛泽东回复道，黄克功是一个共产党员，也是一个红军干部，以这样卑鄙残忍的手段加害于他人，完全丧失了党的立场、革命的立场以及人的立场。同时，毛泽东用"四个教育"阐明，共产党员只能成为遵纪守法的模范而没有任何凌驾于法律之上的特权，因此，应依法判处其以极刑。根据毛泽东的指示，陕甘宁边区高等法院于10月11日公开审理这一案件，依据黄克功犯罪事实，依照法律和严格履行司法程序，对其做出了判处死刑并立即执行的刑罚。边区高等法院坚持尊重和保障广大人民的根本利益，依法惩治危害抗战团结和革命根据地的犯罪分子，强调任何人不能超越法律，任何罪犯不能逃避法律的惩治。此外，党高度重视这一重大司法案件的侦破、审判及其司法效率，极力推动了司法公正和司法民主的实现。案件发生之时，陕甘宁边区高等法院刚刚成立三月有余，陕甘宁边区政府迅速侦破案件，执行严格的审判程序，在特定历史环境下实行一审终审，提高了司法效率，不仅意味着边区司法体系的独立适用，也为边区实现司法公正创立了典型。

二、抗日民主法治的深入发展

抗战进入新阶段后，日本加快了侵略中国抗日根据地的步伐，使中国的抗战形势更加严峻和艰难。然而，作为共产党合作伙伴的国民党，却置国家和民族利益于不顾，开始进行消极抗战、积极反共。面对这样的战争形势，毛泽东在抗战进入新阶段后陆续发表了一系列重要著述，科学运用马克思主义理论与中国革命实践相结合的原则，系统阐述了新民主主义革命理论，不仅清晰表达了党对中国革命和中国前途的根本立场和理论主张，为抗战取得最终胜利指明了正确方向，而且以清晰的理论形态展示了中国革命经过新民主主义达到社会主义的发展道路，描绘了新民主主义共和国的宏伟蓝图，同时也为毛泽东提出从新的观点研究法律、新民主主义的法律区别于社会主义法律和一切资本主义法律提供了基本思路，奠定了党对法治认识的理论基础。中国共产党将团结、抗战、救中国作为法治建设的中心任务，坚持保障和实现一切抗日人民的根本权益，并突出强调法律面前人人平等，党员要自觉严格遵守各项法律法规，标志着党对抗日民主法治认识的深化。党领导抗日民主政权积极开展立法、执法、司法以及法治宣传教育工作，推动了抗日根据地稳定社会秩序的建立，为抗战胜利提供了重要的法治保障。特别是延安所在的陕甘宁边区，是中国共产党领导人民构建新民主主义的政治、经济、文化与社会的试验田，其中，党在抗日战争时期大量的政策、法律，都是在陕甘宁边区提出和试行的，在取得一定的经验之后进而向其他革命根据地推广。陕甘宁边区以其相对完善的法律体系和司法制度，相对成熟的法治建设经验和良好成效，成为民主革命时期党领导法治建设的典型代表，发挥了重要的引领和示范作用。

（一）抗日根据地的宪法性施政纲领与法律体系的积极构建

中国共产党立足抗战进入相持阶段以来的复杂革命形势，高度重视立法工作。一是，将保障抗战、加强团结和民主作为法治的核心内容。刘少奇指出，在当前的抗日战争时期，我们颁行的一系列法律法规的最终目的都是保护民族利益和保障人民利益，即是说，将民族和人民的利益放在第一位，"这就是全国人民最高的法律原则"①。二是，坚持保障抗日人民的根本利益。针对半殖民地半封建社会下中国人民长期普遍缺少独立和民主的现实状况，毛泽东指出"中国的事情一定要由中国的大多数人做主"②，并认为抗日民族统一战线政权的施政方

---

① 刘少奇选集：上卷［M］．北京：人民出版社，1981：175．
② 毛泽东选集：第2卷［M］．北京：人民出版社，1991：732．

针，应坚持以反对帝国主义，保障抗日各阶层人民利益以及改良工人生活等为基本出发点。三是，坚持党领导立法。毛泽东强调，抗日民主政权的组织形式坚决实行"三三制"，边区的政府组织和民意机关必须吸引党外人士代表的积极参加，展开民主合作，"切忌我党包办一切"①，同时，也要巩固党在抗日民族统一战线中的领导权。在这一正确原则的指导下，各抗日民主政权积极颁布了宪法性纲领和各方面的法律法规，构建了符合边区实际和发展需要的新民主主义法律体系，使抗日根据地各项事业的进一步发展实现了有法可依。

第一，颁行施政纲领和保障人权条例。针对抗日战争进入相持阶段以来，中国革命的严峻形势与阶级关系，各抗日根据地陆续颁行了《晋察冀边区目前施政纲领》《晋冀鲁豫边区政府施政纲领》《陕甘宁边区施政纲领》以及《对于巩固与建设晋西北的施政纲领》等具有宪法性质的政纲。这些施政纲领紧扣团结抗战这一核心精神，都以保障抗战、紧密团结、健全民主、促进经济以及文化教育的发展作为基本内容。明确要求立足于中日民族矛盾和抗战高于一切的历史定位，团结一切可以团结的力量，驱逐日本侵略者，守卫边区和中国；明确要求各抗日阶级对地主实行减租减息和对农民实行交租交息的政策，目的在于改善和协调工人、资本家的生活及其相互关系，加强军民团结；健全民主，展开普遍、直接、平等和无记名的选举，遵循"三三制"原则，确保抗日根据地人民拥有的民主权利；坚持发展经济、保障供给，保护土地财产所有权，发展边区农业、林牧业、手工业和工业；举办各类学校，普及各类教育，加强边区文化建设。尽管各地的施政纲领形式不一，但其在内容和原则上没有根本的差异，都是统一战线原则

---

① 毛泽东选集：第2卷［M］.北京：人民出版社，1991：766.

的宪法性纲领，确立了抗日民主政权制定和实行其他各类法律法规的基本原则，是鼓舞和引导抗日根据地人民坚持抗战、争取胜利的战斗政纲。为了争取人民的民主和自由，克服部分干部遇事贪图便利、独断专行的现象，各地抗日民主政权依据施政纲领，也先后颁行了一系列保障人权的专门法律，不仅明确规定了人权的法律概念，而且具体制定了保障人权的重要措施，积累了依法保障和实现人民权益的宝贵经验。

第二，颁行选举法规与政权组织、行政法规。依据党的政策和各地施政纲领中关于团结抗战、保障民主以及实行"三三制"和精兵简政的原则规定，在选举法规的制定和实施方面，各地抗日民主政府先后制定了相关的条例和办法。如颁行的《陕甘宁边区各级参议会选举条例》《晋察冀边区选举条例》以及《晋冀鲁豫边区参议员选举条例》《晋西北临时参议员产生办法》等，集中对选举的原则、程序、具体办法以及选举机关的组织和活动做出了具体的规定。与土地革命时期的选举制度相比，抗战时期选举法规的实施依据普遍、直接、平等、无记名的原则，选举权更加普遍，凡居住于解放区年满十八岁赞成抗日的一切居民不分差别地拥有选举权和被选举权，平等原则、"三三制"原则、直接选举得到了进一步贯彻与发展，各地创造性运用票选法、画圈法、投豆法、画点法等适合根据地选民实际的投票办法，各地抗日民主政权设立选举委员会作为选举法实施的专门机关，承担选举经费和各项开支，并对选举活动的开展进行监督和坚持，为选举法规的贯彻和实行提供了组织保障、物质保障和法律保障。政权组织方面的《山东省战时县区乡村各级政府组织条例》《陕甘宁边区各级参议会组织条例》以及《晋西北临时参议会组织条例》等，这些法规依党领导政府、"三三制"原则和精兵简政原则，对边区、县、参议会和政府的性质、组织、职权做出了具体规定。与此同时，各抗日民主政权制定了各级行政机关组织与活动相应的专门法规，如《晋察冀边区县政府组织条例》《陕甘宁边区县政府组织暂行条例》以及《山东省战时县区乡村各级政府组织条例》《晋西北行政公署组织大纲》等，明确规定了各级行政机关的组织设置与职权界限。

第三，颁行刑事法规。各边区的抗日民主政府为了镇压和惩罚破坏抗战的汉奸和罪犯，结合各抗日民主根据地的实际情况制定了包括惩治汉奸罪、盗窃罪、妨害公务罪以及破坏金融罪等诸多刑事法规。如《陕甘宁边区抗战时期惩治汉奸条例（草案）》《山东省惩治盗匪暂行条例》《晋察冀边区破坏坚壁财物惩治办法》以及《陕甘宁边区破坏金融法令惩罚条例》《晋绥边区修正扰乱金融惩治条例补充办法》等。此外，各地抗日民主政府还颁布了一系列惩治其他刑事犯罪的法律法规，对这些刑事犯罪的惩治做出了具体规定。中国共产党立足于抗战实际和革命根据地实际需要，在制定和实施刑事法规的过程中坚决镇压少数敌探、坚决保障全体抗日人民权益，实行镇压与宽大相结合的方针，坚持加强党的领导和贯彻群众路线，遵循法律面前人人平等的原则，采取客观慎重的态度，使得制定的这些刑事法规得到了有效的实施和贯彻。值得注意的是，抗日民主政府与国民党政府在刑法方面有着根本的差别，这就要求在以国共第二次合作为基础开展全民抗战的历史条件下，各地抗日民主政权在党的领导下，在独立自主制定各项刑事法规的同时，也要注重运用不同形式，选取和利用国民党刑法中有关的法律条文，或者援引其某些法律作为重要依据。如在晋冀鲁豫边区和晋察冀边区，明确宣布在本地区适用国民党颁行的《修正惩治汉奸条例》和《惩治盗匪暂行办法》。晋冀鲁豫边区也提出，对于危害军队和妨害军事工作的罪犯，在严格适用本地相关法律的同时，要依据国民政府刑法总则加以惩治。山东根据地在制定和实行处理汉奸财产的法律规范时，不仅遵循了当地施政纲领的基本原则，也将国民政府处理逆产条例作为重要依据。对于这些特定环境下的灵活做法，应予以辩证和历史的考察。

第四，颁行土地、劳动与经济法规。为了调动各方面的力量，特别是调动作为中国人口最多的农民，积极投身于全面抗战的民族战争中，党适时做出了土地政策方面的调整，开展减租减息，并制定和实行了《陕甘宁边区地权条例》《陕甘宁边区土地租佃条例》《晋察冀边区租佃债息条例》《晋冀鲁豫边区土地使用暂行条例》等一系列土地法规和条例，对农民和地主的土地所有权问题、租佃与减租交租、借贷与减息交息做出了详细的规定，有效推进了减租减息政策的贯彻和实施，在正确处理土地问题，支持全民族抗战方面发挥了巨大作用。在劳动政策方面，毛泽东等人吸取了苏区时期的经验教训，纠正了职工运动的错误倾向，进而确立了适合抗战需要的劳动政策，明确提出既要保障工人的基本权益，适当改善其工作与生活条件，也要保证资本主义经济的正当发展，使其有利可图，根本目的是紧密团结全体人民，合力保障抗战。各抗日民主政府依据党的劳动政策，相继制定和实行了《陕甘宁边区关于公营工厂工人工资标准之决定》《晋冀鲁豫边区劳工保护暂行条例》《晋西北工厂劳动暂行条例》《山东省改善雇工待遇暂行办法》等劳动法规。在抗战最为艰难的阶段中，为了突破敌人的经济封锁，建立抗战需要的财政与金融制度，以维护抗日根据地资源，适应革命根据地具体条件与环境，发展生产与贸易，支援战争和保障抗日根据地人民生产生活，各抗日民主政权依据党的财政与经济政策，陆续颁行了《陕甘宁边区各县市地方财政收入暂行章程》《陕甘宁边区货物税暂行条例》《陕甘宁边区商业税暂行条例》以及《晋察冀边区行政委员会关于县区财政工作的指示》《晋西北管理对外汇兑办法》等财政与金融法律法规，为财政与经济管理提供了明确的法律依据。

第五，颁行婚姻、文化教育与卫生法规。在婚姻立法与家庭制度方面，抗日民主政权在继承苏区时期婚姻立法成果与经验的基础之上，立足革命实际，实现了婚姻法规的发展与完善。各抗日根据地先后颁行了《晋察冀边区婚姻条例》《晋绥边区婚姻暂行条例》《晋冀鲁豫边区婚姻暂行条例》《修正陕甘宁边区婚姻暂行条例》《山东省婚姻暂行条例》等婚姻法规，进一步丰富和发展了婚姻自由、一夫一妻、男女平等等婚姻立法原则，同时，抗战民主政权还秉承民族利益高于一切的精神，制定了若干保护抗日军人婚约和婚姻的单行法律法规。发展教育事业也是保障抗战的一项重要任务，党中央认为，在抗日根据地广泛开展新民主主义教育，恢复和重建各类学校，组织和创建各类教育团体，不仅能够培养革命需要的知识分子与干部，而且能普遍提高广大人民群众的文化素质，增强其坚决抗战的自觉性与积极性。依据党的教育政策和发展文化教育的施政方针，抗日民主政权颁行了一系列普及教育、管理教学机构、管理教育经费、调整教员待遇的法律法规，如《陕甘宁边区实施义务教育暂行办法》《陕甘宁边区各县教育经费管理暂行条例》《晋察冀边区行政委员会关于课本、群众读物、儿童读物征集与奖励暂行办法》等。针对边区闭塞而萧条的社会经济环境导致的落后的风俗习惯根深蒂固，医疗卫生条件极差，巫神、巫医盛行危害社会的现象，毛泽东指出，卫生问题举足轻重，正是由于医疗卫生工作尚未普及，才导致封建迷信不能彻底根除。对此，《陕甘宁边区施政纲领》提出了增进医药设备、欢迎医护人才、救济人民的明确规定。陕甘宁边区针对上述规定专门颁行了《国医国药奖励优待条例》，鼓励医士、药师、社会卫生防疫工作者参与医疗事务，对那些为边区卫生医疗事业发展做出贡献的医士、药师进行奖励。

（二）抗日根据地的政权机关及其行政工作的有序开展

立足于中国革命的历史特点，党实现了由工农民主政权到抗日民主政权的重大转变。不同于土地革命时期，抗日民主政权在性质上是民族统一战线的，是由几个革命阶级联合专政的政权组织形式。党在巩固和发展这一新型政权的过程中，逐步形成了关于这一政权建设的重要原则。一是，党的领导原则。即是说，抗日民主政权的巩固和发展需要始终坚持党的领导，但这种领导不是形式上的管辖或直接的指挥命令，"应该是原则的、政策的、大政方针的领导"[①]。二是，"三三制"原则。即在政权构成上，保证共产党员、左派进步分子和中间派分别占三分之一，基层政权可据此酌情调整，以保障抗战的民主化，提高办事效率。三是，精兵简政原则。这一政权在机构设置上要实行精简主义，遵循人少事精、胜任职责的原则，避免因政府机构庞杂造成的人力财力的浪费。遵循党领导政府、"三三制"和精兵简政原则，党领导下的抗日民主政权积极建立了各级权力机关和行政机关，依法执行政务，成为抗战时期中国共产党对法治认识的重要组成部分。

第一，建立参议会作为权力、民意和立法机关。依据抗日民主政权颁行的参议会组织条例，确立了边区和县参议会为各抗日民主政权的最高权力机关，二者都由边区人民投票选出的参议员组成，由议长和副议长领导参议会务工作，也可以依据需要增加部分聘任参议员，参议会闭会期间，由其常驻委员会协助和完成相关工作。其中，"边区参议会是边区的最高权力机关、立法机关和民意机关"[②]。其有权选举和

---

① 中共中央文献研究室，中央档案馆. 建党以来重要文献选编（一九二一——一九四九）：第十九册 [M]. 北京：中央文献出版社，2011：426.

② 孙景珊. 抗战时期陕甘宁边区政治发展研究 [M]. 沈阳：辽宁人民出版社，2014：59.

罢免政府正副主席、委员以及高等法院院长，同时行使制定和颁布边区的相关单行法规，批准各项政务以及军事计划，通过和审议边区政府提出的预算、决算以及相关税收事宜，检查政府及其各部门对参议会决议的贯彻与执行情况等职权，也监督高等法院的工作。县参议会作为县级最高权力机关，具有与边区参议会类型基本相同的职权。党领导下的各级参议会的建立，便于一切抗日人民行使自己的权力，增强了其参与管理国家和投身于抗战的积极性，也促进了边区政权建设和生产发展，有力支援了抗战。

第二，建立政府作为行政机关，依法组织和管理各项行政事务。依据抗日民主政权颁行的政府组织条例，各抗日根据地积极建立了边区、县、乡（村）三级政府组织机构，分别设立各工作部门。其中，边区政府是综理各抗日民主根据地政务的最高行政机关，由正副主席担任最高行政长官，其主要职权是领导全边区政务，此外，在边区政府之下还设有民政、财政、建设、教育、公安等职能机构，依据法定权限行使各自职权，边区高等法院也受政府统一领导，作为边区政府的重要组成部分，在独立开展司法工作的同时，承担司法行政工作。县政府工作机构的设置与边区政府基本一致，都建立了比较健全的工作机构，如在陕甘宁边区，县政府作为推行政务的一个重要枢纽，其下分设秘书室和民政、财政、教育、建设、粮食五科以及保安科、审计员和保安大队，山东省各县政府也设有民政、财政、教育、工商管理、司法、公安等科、局，其他各根据地有的增设武装科、农林科、实业科等，各县政府及其组织依据各地颁行的相关法律或行政法规处理纷杂的行政事务。乡或村政府是乡长在文书、自卫军连长的协助下综理政务，并结合实际情况，组建各类执行政务的委员会，由上级政府委任的委员领导工作。包括晋察冀边区、晋冀鲁豫边区在内的大多数根据地以村为基层单位，村公所是村级行政机关，设立民政、财政、生产、实业、教育等委员或委员会分工处理各项行政事务。

第三，设立行政、专员和区公署作为政府的派出机关。其中，行政公署是除陕甘宁边区外的边区为了在战争频发、交通不便的情况下，依据实际需要划分行政区以推行政务、加强领导，代行边区政府职能的机关。在晋察冀边区和晋冀鲁豫边区，行政公署是边区政府的代表，由政府任命行政公署的正副主任，其工作展开也需要遵循政府规定，而在晋西北和华中抗日根据地情况则有所不同，行政公署由参议会选举产生，作为该地的最高行政机关，两种行政公署在法律地位上有所区别，但基本设置秘书处、民政处、财政处、教育处和公安局作为工作部门，在各自行政辖区内依法执行政务。专员公署是行政督察专员公署的简称，作为边区政府的派出机关，负责对其辖区各县的行政工作进行督查和领导。各地区之间专员公署的组织结构有所不同，即使在同一地区，不同阶段其机构数量、具体职权以及部门分工也有变化与差别，但是总体上看，专员公署大多组织和管理辖区范围内的民政、教育、建设与治安等行政事务。区公署在大多数抗日根据地主要是作为县政府的助理机关而存在，也有一些特殊的情况，如在华中区，则成为具有政权性质的一级行政机关。

（三）抗日根据地的司法机关与司法工作的深入推进

全面抗战时期，中国共产党汲取了土地革命时期人民司法的工作经验，高度重视司法工作，进一步确立了根本区别于一切剥削阶级的新民主主义司法原则，这一原则在边区的司法工作中得到了认真和切实的贯彻。一是，党和政府对司法机关及其工作的领导。坚持领导司法机关及其工作，是党在认识法治过程中形成的重要经验，司法机关是政府的组成部分，而司法工作则是政权建设的关键一环。二是，专门机关依法行使逮捕权和审判权。毛泽东强调，在开展锄奸运动中，要彻底消除任何机关团体都能捉人的现象，同时，"规定军队在战斗的时间以外，只有政府司法机关和治安机关才有逮捕犯人的权力，以建立抗日的革命秩序"①。在这一指示之下，各地政府为了进一步保障人权和革命秩序，将逮捕和审判权交由专门机关依法行使。三是，坚持依靠群众，便利人民。深入基层、依靠群众、坚持群众路线是抗日根据地司法工作遵循和贯彻的基本精神，各地施政纲领和司法工作的单行法规以便利人民为原则，都做出了简捷诉讼程序、免除诉讼费用、吸收群众参与审判等规定。四是，废除刑讯和肉刑，重视证据、不轻信口供。中国共产党一贯倡导废止肉刑，特别是在最为艰难的全面抗战期间，党和边区政府直接对公安与司法机关提出严格要求，"逮捕人犯不准施以侮辱、殴打及刑讯逼供、强迫自首，审判采证据主义，不重口供"②。这一原则不仅成为抗日民主政权改革司法制度的重要内容，也成为保障和实现人民权益的重要措施。抗日根据地的司法机关在党和政府的领导下，紧紧围绕巩固抗日民主政权、保护一切抗日人民的中心任务，依照施政纲领以及各类涉及司法工作的政策法规，对汉奸、卖国贼的反革命破坏活动实施坚决的惩治和镇压，维护抗日民主制度，妥善保障各抗日阶级的根本权利，发展抗日民主政权，为实现抗战胜利维护了良好的革命秩序，以突出的司法大众化为特色，卓有成效地开展了司法工作。

第一，积极构建抗日根据地司法机关体系。立足于抗战时期的特殊历史条件和各抗日民主根据地政权发展的实际需要，各抗日根据地

① 毛泽东选集：第2卷［M］. 北京：人民出版社，1991：768.

② 韩延龙，常兆儒. 革命根据地法制文献选编：上卷［M］. 北京：中国社会科学出版社，2013：64—65.

在遵循便民简政原则的基础上构建起了各级司法机关，具有大体相同的职权，但也有一些地区存在着一定差别。在陕甘宁边区，边区法院在参议会的监督和政府的领导下开展司法工作，其下设有检察处、民事刑事法庭、书记室、总务科、看守所和劳动感化院，各部门依法行使其具有的职权；在边区政府辖区的专员公署所在地设有高等法院分厅，法院庭长在推事、书记员和法警的协助下负责司法审判与行政事务；在县级则设立司法处，县长兼任处长，并在审判员的协助下完成相关审判事务。晋察冀边区设高等法院，其下有司法行政科、民事刑事法庭、书记室、看守所和劳动感化院。同时，在行政督察专员所在地设立高等法院分院，与高等法院的组织机构和权限一致，在县、市设立地方法院或司法处管辖和处理案件。此外，晋察冀边区增设特别法庭，作为专门审理罪大恶极汉奸的临时性司法机构。在晋冀鲁豫边区，边区高等法院经过精简之后，将原有的几个部门合并，成立了审检处、行政处和教育处，并将部分职权直接交与专员公署和县政府的司法机关。在山东省，高级审判处为最高司法机关，其处长担任最高司法负责人，各行政公署设立高级审判处分处，专属区设立专属司法科，县一级设司法处。在晋绥边区，高等法院是最高司法机关，其院长由行政公署正副主任遴选并经由行署行政委员会任免，在其管辖的行政督察专员公署和县级设立司法科，在参与日常政务的同时行使司法职权。此外，在华中区，行政公署级法院则为最高司法机关。

第二，抗日根据地诉讼制度的贯彻实行。抗日根据地的司法机关，为了保障人民权益，教育或惩治罪犯，在受理案件进行审判过程中形成了一系列诉讼制度，有力推动了抗日根据地司法工作的深入推进。在司法管辖制度方面，一般意义上，公安机关主要管理特种的刑事案件，而司法机关主要管理普通的民刑案件；只有在一些特殊情况下，由犯罪地或者被告所在地的司法机关对刑事案件进行审判管辖；军事案件则由军法机关审理，这一特有管辖形式在当时意义重大。关于审级制度，各抗日根据地普遍遵循三级三审终审制度，若当事人对基层审判结果不服，可在法律规定时间内上诉，第二审如不服可以上诉至边区最高审判机关，其所做的第三审判决为最终判决，而且，一旦经由最高审判机关判决，其结果都为最终判决，不得再行上诉，且必须立即执行。但是由于抗战环境和各个革命根据地实际情况的限制，审级制度的贯彻执行也各有差异。一定时期内，在陕甘宁边区，"但事实上边区只有二级审，各县裁判员为第一级，受理初审案件。高等法院为第二审机关，但法院有时也受理第一审的案件"①。在陪审制度方面，各级审判机关依据法律规定聘任和选派陪审员，参与审理刑事案件，实行轮值和回避制度。人民陪审员在参加庭审、进行案件评议的过程中，务必秉公办事，不能滥用职权、徇私枉法。关于起诉，抗日根据地主要有公安、检查以及一般机关团体就刑事案件向法庭提起公诉的方式，由原告或其法定代理人向司法机关提起自诉的方式，以及群众团体代表群众利益向法庭提起诉讼和请愿的方式。在案件的审判和刑罚执行方面，抗日民主根据地的各级司法机关以获取确凿证据和判明案件真相为原则，依据实际需要和案件详情分别采取机关审判、就地审判、巡回审判或人民公审等形式，允许被告人依法提出上诉，并对死刑案件、一定刑期以上的案件进行严谨的复核与再审。判决确定后，刑事案件的死刑、徒刑、罚金、缓刑以及没收财产等刑罚由各级司法机关按照战争与案件的情况依法执行，或者交与下级司法机关执行；民事

---

① 张希坡. 革命根据地法律文献选辑：第三辑 抗日战争—解放战争时期老解放区的法律文献（1937—1949）第二卷 陕甘宁边区：上 第Ⅱ分册［M］. 北京：中国人民大学出版社，2018：405.

判决则交由基层政府执行。

中国共产党领导下的抗日民主政权继承和发展了土地革命时期人民司法的优良传统，在建立起一整套符合抗战需要和根据地建设的司法机关体系和人民司法制度的基础上，深入开展了司法工作，其中，马锡五审判方式是这一时期遵循司法便民、司法为民理念，通过开展审判工作维护和实现抗日人民合法利益的典型代表。1943年，马锡五充分考量根据地特殊的政治与人文社会环境，坚持从实际出发，不限于原有的司法程序、办案形式和审理方式，公平合理地处理了华池县封捧儿与张柏的婚姻上诉案、曲子县苏发云兄弟"谋财杀人"嫌疑案和潘氏兄弟土地纠纷、合水县王治宽企图霸占王统一的场院案，以及丁丑两家土地争议等疑难烦琐的案件，边区人民对其工作普遍满意并大为称赞。马锡五审判方式独具特色，通过深入基层、依靠群众展开调查、吸收群众参与审判，简化过程与手续，不拘形式、就地审判，使广大民众有效参与司法工作各个环节、各个方面。因此，边区政府和高等法院都认为，这一审判方式应当大力推崇，其内在蕴含的密切联系群众的观点和精髓，值得一切司法工作人员认真学习、依据需要、扎实践行。马锡五审判方式是将群众路线贯彻于司法工作之中的典型，其在尊重法律与客观现实的基础上，实现了法律效果与社会效果的双效合一。这一审判方式的推广和应用，不仅妥善解决了人民的利益纠纷，保障了其合法权益，更培养了广大人民群众的法律意识。

第三，抗日根据地人民调解工作的普遍开展。作为抗日民主政权司法工作的辅助和补充，"人民调解制度，是在人民掌握政权的条件下，用以增强人民团结，爱国守法，减少讼争的有效方法"[①]。第一次革命

---

① 张希坡. 马锡五与马锡五审判方式［M］. 北京：法律出版社，2013：149.

战争时期的工农运动中产生了人民调解组织，后来中华苏维埃共和国成立之后也将调解人民纠纷写入了政府组织法，但是人民调解在实践中并未得到较大发展。直到抗战时期，各地抗日民主政权积极颁行了关于调解工作的单行条例和政策指示，进一步明确了人民调解工作的组织形式、调解内容、调解程序，促使调解工作的具体开展更为规范、更为有效。其间，关于调解工作的专门法规主要有《山东省调解委员会暂行组织条例》《陕甘宁边区民刑事件调解条例》《晋西北村调解暂行办法》《晋冀鲁豫边区冀鲁豫区区调解委员会组织大纲》，抗日民主根据地依据这些条例和指示，结合实际需要，通过民间自行调解、群众团体调解、政府调解和法院调解等方式，遵循出于自愿、合法以及不经过诉讼的原则，采用合议和主动回避的方式，对民间纠纷进行调解。抗日根据地人民调解工作的开展，巩固了人民内部团结和抗日民族统一战线，节省了诉讼成本，提高了生产和行政效率，推动了人民司法工作的深入发展。

（四）抗日民主法治宣传教育工作的普遍展开

抗战爆发后，深刻的民族矛盾和复杂的革命形势，使中国共产党深刻认识到开展广泛而深刻的法治宣传教育对于保障抗战胜利和稳定边区社会秩序的重要性。因此，动员一切力量以团结抗战也是抗日民主法治宣传教育工作的根本目的，尽管这一时期，法治宣传教育工作还是作为党的思想、政治以及宣传工作的一个组成部分，但是党及其领导下的抗日民主政权针对广大抗日群众及其群体划分的不同特性，运用多种方式就宪法性施政纲领、婚姻法、劳动法、土地法以及刑法的法律规范及其法律核心价值展开了广泛的法治宣传教育活动，有力培育了广大人民的主体意识、权利意识与法律意识，积累了党运用法治方式治国安民的重要经验。

第一，面向以农民为主体的抗日人民群众的法治宣传教育。抗日战争时期，在经济落后、交通闭塞、封建宗法意识浓重的广大农村革命根据地，农民是法治建设中最广泛的受教育主体。一是，开展社会教育。为了提高农民的文化水平和政治觉悟，使其具备接受法治宣传教育的基本条件，陕甘宁边区的社会教育坚持从抗战和边区建设以及人民群众生产、生活的实际需要出发，将教育、生产和抗战有机结合，建立了夜校、识字班、冬学、图书馆、俱乐部等社会教育组织，开展以识字、了解和学习党的方针政策、医药卫生常识、社会常识、军事常识为主要内容的教育活动，生动实用、灵活多样的社会教育有效提高了农民的文化素质和民族意识。二是，创造和运用了形式多样的法治宣传方式。为了消除因经济落后而产生的新民主主义法律制度与当地的社会风俗和行为习惯之间的较大差异，使广大农民能够知法、懂法、守法，陕甘宁边区政府在文化教育的基础上通过报纸、绘画、戏剧、歌谣等人民乐于接受的文化、艺术、娱乐活动与画报大力宣传边区法律，对农民进行法治教育。三是，通过民主选举和适用法律进行法治宣传教育。在陕甘宁边区，人民群众普遍参与选举是革命根据地实行民主政治的重要标志，边区政府在选举工作中宣讲施政纲领与选举政策，依据选举法规组织选民登记、投票，使人民群众特别是广大农民受到深刻、直接、普遍的民主法治教育。同时，抗日民主政权积极贯彻实施各类法律法规，其开展进行土地房屋登记、颁发和组织领取结婚证等活动不仅有效改变与调整了边区的社会关系，而且促进了农民接受和遵守法律，使平等、民主等原则和价值深入人心。四是，通过参与司法审判与调解进行法治宣传教育。抗日根据地的司法机关在案件审理和裁决中坚持密切联系群众、深入群众和依靠群众，吸引农民参与司法审判，特别是人民调解工作的普及，加强了对人民遵纪守法的教育，增强了人民群众的法治与道德观念，使得抗日根据地移风易俗，成为全国典范。

第二，面向党员干部的法治宣传教育。一是，将法治宣传教育作为干部教育和培养的重要内容之一。中共中央和边区政府高度重视干部教育工作，颁布了《关于干部学习的指示》和《关于在职干部教育的决定》，组织和成立了各类训练班和干部院校，中共中央发表的一切文件，边区政府发布的一切政策、法律，以及与各部门业务密切相关的政策、法令、指示，都成为干部必须坚持学习的基本内容，如边区的政权组织法规、行政法规、经济与金融法规，以及干部任免和奖惩条例、惩治贪污法规等。此外，学校干部教育还采取个人学习、集体学习、汇报、研讨等多种形式，聚焦时事和政治问题，使干部所学习的马克思列宁主义理论、中国革命理论、革命法律规范等能够与实际问题相结合，有效提高了干部们的知识能力水平和法律素养。二是，开展专门的司法干部选拔和培养。陕甘宁边区政府主席林伯渠曾指出，司法干部必须由坚决拥护革命、密切联系群众且具有公正无私的品格的干部担任，加强业务与政策教育，培养其成为熟练的司法人才。依据这一指示，抗战期间，陕甘宁边区先后举办了三期司法训练班，通过一系列课程的讲授与考核，培养了出身工农的司法干部；1941年，边区行政学院法律本科专业并入延安大学法学院，主要培养法律研究人才，同时，由司法系和司法班专门培养在职司法干部；晋察冀边区高等法院设立了教育处，专门对司法干部进行培养和培训，着重提高其知识水平和业务能力，并出版《司法通讯》以指导工作、交流经验；1941年，中国新法学会于延安成立，其创办的业余法律学校，也对部分司法干部进行了培训。三是，中国共产党带头遵守和贯彻法律，在党内有效推动了法律宣传与教育。党中央提出建立抗日民族统一战线的政策后，逐步纠正了"唯成分论"与"唯功绩论"，树立了法律面前人人平等的基本原则，且执行比其他一般平民更为严苛的纪律和法令，明确规定："共产党员有犯法者从重治罪。"①抗日民主政权依照"三三制"原则和精兵简政原则，严格遵守边区颁布的施政纲领和法律法规，特别是依照《陕甘宁边区各级政府干部奖惩暂行条例》《惩治贪污暂行条例》以及党制定的《关于中央委员会工作规则和纪律的决定》，开展党风廉政建设，建立健全党员干部管理约束制度，完善违法违纪行为惩处制度。中国共产党积极遵守、贯彻法律和惩处党员违法行为，从正反两方面进行了对党员的法治宣传教育，有效提高了广大党员的思想觉悟和法治意识。

第三，面向犯人的法治宣传教育。为了教育改造犯人，各抗日根据地建立了各类监所及其管理组织体制，成为抗日民主政权民主法治建设的重要组成部分。抗日根据地的监所与国民党统治区的监狱具有根本区别，它不仅是惩治汉奸反动派的专门机关，也承担着对犯人进行教育改造的重要职责。各抗日根据地在监所建设的过程中，积极贯彻"感化、教育、改造"的方针，通过开展一系列教育活动促使犯人认识到自己的罪行并坚定悔改的信念。一是，进行文化教育。文化教育是监所教育的重要内容，各地监所普遍开展识字扫盲、读报活动，陕甘宁边区的看守所和监狱还设置了专门课程，向犯人讲授文化、卫生、科学、历史与法律常识，大大提高了犯人的文化水平，为进一步面向犯人开展法治宣传教育创造了重要前提。二是，进行抗日教育与新民主主义革命理论教育。开展政治教育，是改造罪犯的一个重要途径，由边区司法机关和监所领导做主题报告、组织犯人集中学习抗战

---

① 韩延龙，常兆儒. 中国新民主主义时期根据地法制文献选编：上［M］. 北京：中国社会科学出版社，2013：26.

宣传资料、讲述抗日战争带来的民族灾难和抗战英雄事迹，以培育民族自尊心和爱国主义思想。同时，抗日根据地的监所还以毛泽东新民主主义理论的文章以及边区民主政治建设的重点问题作为教材和专题，教育犯人认识中国共产党领导的革命事业和新民主主义制度，为犯人理解根据地法律精神与实质，进而改过自新、参与抗战事业奠定了重要的理论基础。三是，法律文件教育。抗日根据地的司法和监所干部各司其职，面向犯人集中讲解党和边区政府的各种刑事政策，并组织犯人集中学习抗日民主政权颁布的施政纲领、战争动员法令以及一系列刑事法规，结合典型案例，教育犯人认识犯罪及出路，促使犯人形成思想道德品质和法治观念。面向犯人的法治宣传教育活动也卓有成效，经过监所的教育改造，许多犯人出狱后能够遵纪守法、勤于劳动，参与团结抗战和拥护抗日民主政权。

三、抗日民主法治的完善及其过渡

全面抗战爆发以来，党领导和团结各阶级抗日人民进一步巩固和发展抗日民主政权，制定和实施了各项法律法规，保障和实现广大人民的政治权利，领导广大民众深入落实减租减息政策，开展大生产和经济建设，有力抵抗了日、伪军的残酷进攻，在积累了局部执政的宝贵经验基础上，度过了敌后抗战的严重困难时期。伴随着世界反法西斯战争局势的根本转变和中国革命局部反攻的开始，中国共产党面对夺取抗战胜利的有利时机和国民党反动派意图坚持一党专政、独裁统治以及准备发动内战的危机，适时提出了争取抗战最后胜利与建立民主联合政府的主张，进一步完善了抗日根据地的法律法规和司法制度，为党对人民民主法治的认识创造了重要条件。

（一）建立联合政府的主张及其法治要求

在彻底驱逐日寇这一方针的指导下，党领导敌后军民在解放区发起局部反攻，同时指挥革命军队南下，包围日本帝国主义侵占的中心城市及其交通线，有力配合了国民党正面战场和反法西斯同盟军的对日作战，奠定了战略反攻和夺取抗战胜利的重要条件。

实行民主改革、加强中国内部团结向来对于中国革命至关重要。然而，国民党为了继续维持独裁统治，蓄意抢夺抗战的胜利果实。1943年，蒋介石发表《中国之命运》一文，公开反对中国共产党关于中国革命的理论与主张，并大量出版反对共产党、反对人民民主的书籍与刊物，积极准备发动大规模的反共活动。同年9月，蒋介石担任国民政府主席，在第三届第二次国民参政会上通过了专门针对中国共产党的决议案。1945年5月，国民党六大更是明确要求"绝对禁止违背政府法令"[①]，突出强调绝对禁止一切破坏统一的设施与行动，其目的就是于抗战结束后，集中全力对付中国共产党，企图继续对全中国实行专制统治。与此同时，国民党反动集团一再凭借特权操控国家经济，压迫和剥削工人、农民以及城市小资产阶级，加之军事上在豫湘桂战役中的惨败，更使得全体人民的不满情绪迅速高涨，强烈要求结束一党专政的腐败统治，实行民主政治。

为适应抗战形势的发展和满足广大人民群众对于实现民主的强烈企求，中国共产党提出了废除国民党一党专政、建立联合政府的主张，并为此做出了一系列积极努力。1943年9月开始，各民主党派和民主人士纷纷利用报刊、集会，呼吁民主宪政，中国共产党对此表示积极支持，并认为建立联合政府的时机已经成熟。1944年，毛泽东在董必武

---

① 荣孟源，孙彩霞. 中国国民党历次代表大会及中央全会资料：下［M］. 北京：光明日报出版社，1985：934.

给周恩来的电报上做出指示，六届七中全会主席团会议上都明确提及了要召开党派会，成立联合政府的想法。同年9月15日，林伯渠进一步提出，要立即结束国民党一党统治局面，只有这样才能振奋全国人心、鼓舞前方士气。很快，这一主张便得到了各党派和各界民主人士的赞同与支持，大大提高了全国人民的抗日热情。为了实现团结民主，党围绕两党关系、立即结束一党专政以及成立联合政府等问题与国民党展开了多次谈判，但国民党始终顽固坚持一党专政，谈判一度困难重重，毫无结果。但是，中国共产党着眼于团结抗战的大局，仍将建立民主联合政府视为领导全国人民努力实现的重要任务，并在中共七大上详细阐明，就是团结各党派和各界的民主人士，动员和统一全国力量以驱逐日寇，进而继续扩大人民阵营，建立一个团结统一、民主独立、繁荣富强的新中国。

民主团结是取得抗战胜利、建立联合政府，实现民族独立与繁荣发展的前提，也蕴含着党对法治的深刻认识。党关于争取抗战胜利和建立民主联合政府的主张，一方面，确立了这一时期实行法治的首要目标。抗战爆发以来，中国人民为抵抗日本侵略者进行了坚决、英勇、不屈不挠的抗争，才得以扭转革命形势。因此，在配合反法西斯同盟军打败日本侵略者、将其从中国驱逐出去这一关键节点，抗战高于一切的原则格外突出。法治建设作为抗日民主政权建设的重要组成部分，必须符合争取抗战最后胜利的需要，全面深刻总结抗战以来中国共产党领导抗日根据地人民制定和实施法律、运用法治方式的历史经验，进一步完善和发展抗日民主法治，极大提升全国人民的觉悟和团结，为争取抗战最终胜利提供必要的推动和保障，是这一时期法治建设的首要目标。另一方面，建立联合政府的主张和努力，奠定了法治发展的人民民主方向，标志着抗日民主法治向人民民主法治转变的开始。

面对夺取抗战胜利的有利时机和国民党意图坚持独裁统治、准备发动内战，破坏民主团结以及压制民主自由的危机，中国共产党着眼于彻底推翻帝国主义和封建主义的剥削与压迫，提出建立以全国绝大多数人民为基础的、以工人为领导的统一战线的民主联盟的新中国，就是要推翻国民党一党专政，赋予各民主党派、各界人士以及广大中国人民最广泛而真实的民主与自由，这就要求党实行法治，以夺取抗战胜利为首要目标的同时，以人民民主理念为指导，为建立民主联合政府、推翻对人民民主与自由的压制，做出法治方面的调整和准备。

（二）抗日民主法治完善与人民民主法治的初步显现

抗战局部反攻开始后，中国共产党人立足取得抗战胜利的有利时机和国民党积极反共、意图发动内战、维持独裁统治而导致的危机，进一步将马克思主义基本原理应用于这个时期的历史特点和复杂情况，丰富和发展了新民主主义革命理论。毛泽东以动员和统一全中国人民、打败侵略者、建设新中国作为党在抗战胜利前夜制定和实施各项政策的根本基点，进而正式提出了废止国民党一党专政、建立民主联合政府、建设新民主主义中国的鲜明主张。中共七大制定的正确的方针政策，不仅奠定了夺取抗战胜利和整个新民主主义革命胜利的政治、思想和组织基础，也为抗日民主法治的完善及其向人民民主法治的过渡奠定了理论基础。

第一，抗日民主法治的进一步完善。中国共产党立足于夺取抗战胜利的首要目标，根据抗战后期各抗日根据地的历史环境和实际需要，丰富了各项法律法规，改善了司法工作。在立法方面，1944年颁布的《山东省抗战时期施政纲领》明确规定，处于世界反法西斯战争进入决战阶段和中国抗战即将迎来胜利之时，必须进一步加强民主、克服困难、准备反攻、迎接胜利。党积极领导抗日民主政权制定并颁布了《晋绥边区参议会选举条例》《山东省行政区参议会参议员选举办法》《苏中区人民代表会议代表选举条例（草案）》等选举法规。同时，为了进一步惩治汉奸、卖国贼以及其他破坏抗战的罪行，抗日民主政权丰富和完善了刑事方面的法律法规，其中具代表性的有《山东省惩治战争罪犯及汉奸暂行条例》《苏中区惩治战争罪犯汉奸暂行办法》以及《苏皖边区惩治叛国罪犯（汉奸）暂行条例》《太行行署对战犯处理的指示》等。此外，山东省还在这一时期依据施政纲领的基本精神制定了《山东省土地租佃条例》《山东省婚姻暂行条例》，为保障人民的土地权益与婚姻自由提供了法律依据。

在司法工作方面，陕甘宁边区政府依据战争形势和根据地的实际需要，一是，调整了司法机关的设置。取消了于1942年设立的边区政府审判委员会，改变了以往边区以下的司法机关缺少监狱和看守所的情况。二是，正式确立了边区司法审判两级两审制度。抗战期间，边区曾设立审判委员会，采用三级三审制度。1944年后，陕甘宁边区政府发布命令，确认取消审判委员会，实行二级制，改变了司法工作于人民不便，徒增讼累的情况。三是，要求推广调解，总结判例和清理监所。这是因为陕甘宁边区政府认为，司法工作是人民政权建设中的重要组成部分，目的就是团结百姓、服务百姓，普及调解工作，以此更好地贯彻司法政策，密切联系人民群众，促进人民亲睦和谐，节约人力、资源，发展生产。在审判工作方面，抗日民主政府十分注重搜集审判经验，并及时总结民刑事调解经验，督促各级司法审判人员自我反省与检查是否存在忽视调查取证、忽视人权自由以及其他轻率断案的行为，以改善司法工作。此外，边区政府要求各级监所改善环境卫生和犯人待遇，更严格地纠正打骂捆绑现象，尊重犯人的人格，改善监所的环境。

第二，人民民主理念的初显。在党领导的中国解放区，抗日民族统一战线的政策法律的有效实行，全体人民的革命积极性不断增强力量。致力于实现更广泛的民主，彻底驱逐日寇，中国共产党以人民民主理念为指导，围绕民主法治提出了一系列主张、进行了复杂斗争，使党对法治认识中的人民民主内涵得到了进一步的丰富和凸显。早在1940年，毛泽东就深刻揭示："没有民主，抗日就抗不下去。"[①]国民党正是由于加紧剥削人民、坚持独裁统治，才会引起全国人民的不满，纷纷要求实行民主政治。为了保障和实现最广泛的民主，就要求我们所建立的新中国，应当贯彻实行民主集中制，由各级人民代表大会决定大政方针，选举政府。1944年3月，周恩来在提及国民党宪政问题时明确表示："关于国民大会的选举法和组织法，我们一向主张彻底修正。"[②]在国共双方的多次谈判中，中国共产党始终坚持关于废除一党专政、建立联合政府及其各项民主法治主张，积极起草和签署协定草案。尽管谈判毫无结果，却孤立了顽固派，促进了政治民主化，进一步揭露了国民党坚持专政和独裁统治的野心，鲜明展现了两党在建国主张和民主法治立场上的根本差异。

从全面抗战爆发到中共七大，是中国共产党以抗日民主法治为中心，对符合广大人民意志和中国革命实际需要的新民主主义法治形成成熟认识的时期。以新民主主义革命理论为指导，中国共产党将团结抗战作为法治建设的中心任务，坚持保障和实现抗日人民的根本权益，坚持法律面前人人平等，坚持司法为民、简捷便民，各级政权机关贯彻落实"三三制"和精兵简政原则，依法推行政务，各级司法机关依

---

① 毛泽东选集：第2卷［M］. 北京：人民出版社，1991：732.

② 中央档案馆. 中共中央文件选集：第14册 1943–1944［M］. 北京：中共中央党校出版社，1992：184.

法开展审判与诉讼工作，重视法治宣传教育工作的开展。战争环境下，抗日根据地的法律尚不完备，司法工作人员素质与案件审判质量有待提升，对一些司法程序制度的删减和政治原则、民众意愿的过分强调，意味着党对法治的认识也存在一定局限。但是，抗日民主法治的贯彻实行，有力巩固了抗日民主政权，保障和实现一切抗战党派、阶级、人民的根本权益，构建了抗日根据地稳定和谐的民主与法治秩序，成为夺取抗战胜利和整个新民主主义革命胜利的法治保障。值得特殊注意的是，抗日战争条件下革命形势与阶级关系，决定党对法治的认识具有突出的特征。与大革命时期不同，抗战期间的国共合作具有一定的特殊性，"国共两党在坚持抗日的前提下，各自保持自己的军队和政权，遇事由两党代表进行磋商谈判"[①]。基于国共合作的历史特点，依据抗日民族统一战线的政策要求，"在较长的一段时间里，边区在对待六法的问题上并非断然拒斥，而是有选择地、有条件地加以认可与援用"[②]。党对法治认识的突出特征，表现为抗日根据地法律与国民党法律根本区别，却适用了国民党政府的部分法律法规。以辩证唯物主义与历史唯物主义的视角来看，合理援引和适用国民政府法律法规是中国共产党在当时司法务实的重要举措与灵活创造，有利于在法律资源匮乏的条件下人民合法权益的保障与法治意识的培养，也有利于在抗日战争环境下维护对敌斗争的政治基础。

────────

①　田克勤. 国共关系论纲［M］. 长春：东北师范大学出版社，1992：175.

②　胡永恒. 陕甘宁边区的民事法源［M］. 北京：社会科学文献出版社，2012：45.

第四章

新民主主义法治理论与实践探索的逐步深入

　　面对抗战胜利后国内时局所面临的和平与内战的两种可能，中国共产党在沿用抗日民主法治各项原则与制度的同时，进一步颁行了符合新形势的施政纲领与各项法规，并在与国民党的谈判中提出了一系列有利于人民民主法治的主张和要求。全面内战爆发后，中国共产党坚持法律为夺取解放战争胜利服务，主张适应人民民主政权，建立新的法律体系、司法机关和司法制度，保障人民民主，对反动派及其帮凶实行专政，要求司法工作者带头守法，贯彻群众路线。党领导解放区人民民主政权积极制定了宪法性纲领和法律体系，调整和统一了政权组织及行政制度，建设和革新了司法组织与司法制度，推动了人民民主法治的深入发展。伴随着人民解放战争在全国范围的胜利推进，中国共产党深刻揭示了国民党旧法的剥削阶级本质，明确宣布废除《六法全书》及其一切反动法律体系，制定和实施人民的法律，并以制定和贯彻《中国人民政治协商会议共同纲领》为标志，确立了新民主主义国家建设发展的制度根基和具体政策，成为新中国成立初期立法和司法的根本依据，推动了新中国社会主义法治的开启。

一、人民民主法治理论与实践探索的初步开启

　　抗战胜利后，中国共产党十分警惕内战危机，立即提出了和平、

民主、团结的方针，开展解放区经济、政治、文化建设，在继续贯彻和沿用抗日民主法治的各项原则与制度的同时，制定了符合新形势和新任务的施政纲领、刑事法规和土地法律政策，实现了由抗日民主法治向人民民主法治的初步转变。同期，中国共产党为了实现和平、民主、统一以及建设新中国的目标，积极与国民党开展多次谈判，达成了众多有助于促进和平民主、抵制内战的协议，也成为党争取和平建国艰辛历程中取得的重要成果，为人民民主法治的深入发展创造了重要条件。

（一）新形势下抗日民主法治的沿用与转变

抗战胜利后，在和平、安定的环境中休养生息，抚平长年战乱带来的创伤，成为广大中国人民的迫切需要。中国共产党依据战后的有利条件和人民根本意愿，主张向人民负责、将抗战胜利的果实归于人民，在积极贯彻执行七大政治路线的同时，也致力于巩固解放区，加强人民军队建设，以提防和反对国民党发动内战。为此，各解放区依据党中央加强解放区建设的各项方针，开展经济、政治、军事以及文化建设，在沿用抗日民主法治的同时，为进一步巩固民主团结做出了法律上的转变。

各解放区面对抗战胜利后的和平形势，大体上继续贯彻和沿用了抗日民主法治的各项原则与制度。这时，民主政权的性质和组织方式与抗战时期基本相同，包括陕甘宁边区在内各根据地仍然召开参议会作为权力机关，贯彻"三三制"原则，开展普遍、平等、直接的选举，探索推选和竞选制度，党领导的政权与行政机关也继续保持边区、县、乡三级设置。如《陕甘宁边区政府关于今年选举工作的训令》《张家口市参议会选举条例》《苏皖边区乡镇选举条例》等，尽管这些选举和政权组织法规是在抗战胜利之后颁布的，但是关于选举的原则、程序和政权机关的组织方式在内容上与抗战时期基本一致。在司法组织方面，除东北解放区外，各地也继续适用抗战时期的司法工作原则和审级制度，《太行行署关于公安司法关系及城市管理分工的指示》《太行行署关于执行新审级制度应注意事项的指示》等都要求为人民服务和保障人民权益，"除公安司法机关以外，任何人无捕人权"①。民刑案件的审理实行三级三审终审制度，市级地方法院和县级司法机关为第一审，专署为二审机关，行署为第三审和终审机关。抗日民主法治在新形势下的适用与延伸，有力推动和保障了解放区和全国的民主运动，但抗日民主法治已经具有了人民民主的性质，并实现了进一步转变，调整和丰富了争取和平民主的法律法规。

第一，完善宪法性纲领。抗战胜利之初，各根据地从广大人民向往和平与发展的意愿出发，制定了符合新形势和新任务的施政方针。如《晋察冀边区行政委员会施政要端》《苏皖边区临时行政委员会施政纲领》都针对抗战结束、国内和平尚未实现的现时条件，提出了实行民主、改善民生，建设和繁荣城市，以及保卫和巩固解放区的若干主张，如巩固与扩大人民武装、彻底消灭敌伪组织、依法保障人民各项权益与自由、依法处置敌人和敌伪组织的财产、迅速恢复农工商业以及各项经济建设、开展新民主主义的文化教育，以及实行男女平等、各民族平等，同时明确要求"改进与健全适合人民需要的司法制度"②，惩办和肃清汉奸、特务、土匪等各类罪犯，便利人民、确立民主秩序和保障人民安居乐业。《陕甘宁边区宪法原则》是这一阶段最具有代表性的宪法性文献。在政权组织方面，规定了人民代表及代表会议的产

① 韩延龙，常兆儒. 革命根据地法制文献选编：中卷［M］. 北京：中国社会科学出版社，2013：950.

② 张希坡. 革命根据地法律文献选辑：第三辑 抗日战争—解放战争时期老解放区的法律文献（1937—1949）第七卷 华中区［M］. 北京：中国人民大学出版社，2018：30.

生方式、权利以及任职期限，要求开展普遍、平等、直接、无记名选举，而且规定少数民族聚集区可以组织民族自治政权，制定与省县不相违背的自治法规，第一次明确提出"边区、县、乡人民代表会议（参议会）为人民管理政权机关"①，意味着人民代表会议正式取代抗战期间的参议会，开始成为人民民主政权的各级权力机关；关于人民权利，《陕甘宁边区宪法原则》明确提出，要使人民政治自由，经济权益得到维护和保障，发展使人民免于愚昧和疾病困扰的教育权益与医疗卫生事业，强调民族平等、男女平等，关照妇女，特别是人民武装自卫权的法律确认，为揭露国民党的和平欺骗和应对其军事进攻起到了重要的警惕作用；在司法制度方面，明确提出"各级司法机关独立行使职权，除服从法律外，不受任何干涉"②，除了公安和司法机关之外，任何机关或团体无权逮捕和审讯，对犯人实行教育感化，人民有权对失职公务人员进行控告；在经济与文化方面，要求运用公营、私营、合作三种方式，发展各种实业，以繁荣经济、改善贫困，特别是提出要保证耕者有其田，为土地政策的转变和大规模土地改革的展开确定了法律依据，同时也要提高人民文化程度，保障学术自由。

第二，完善惩治反革命的刑事法规。在抗战胜利初期的历史转折关头，国民党意图发动内战，其利用谈判时机，不仅调运兵力向人民军队发起进攻，还秘密向解放区派遣反动分子开展破坏活动，妄图颠覆解放区的人民民主政权，因此，在惩治和肃清汉奸的同时，为了进

---

① 张希坡. 革命根据地法律文献选辑：第三辑 抗日战争—解放战争时期老解放区的法律文献（1937—1949）第二卷 陕甘宁边区：下［M］. 北京：中国人民大学出版社，2018：3.

② 张希坡. 革命根据地法律文献选辑：第三辑 抗日战争—解放战争时期老解放区的法律文献（1937—1949）第二卷 陕甘宁边区：下［M］. 北京：中国人民大学出版社，2018：4.

一步保卫解放区，粉碎国民党反动派的阴谋，各地在沿用抗战时期刑事法规和宽大政策的基础上，进一步提出了惩治危害解放区革命秩序、破坏和平民主建设的罪犯的具体办法。《晋冀鲁豫边区高等法院关于特种案犯运用刑法指示》明确规定，图谋颠覆政府、扰乱社会治安、破坏民主各种设施的犯罪，在动机与目的上与其他一般犯罪根本不同。对于确为胁从、盲从、悔改或情节较轻的罪犯，应注重争取和感化，减轻或免除刑罚，而对于案件主谋和较重的罪犯，应严格适用解放区刑法，判处死刑或无期徒刑。同时，该指示明确要求司法工作者加强调查、权衡案件轻重，坚持立足人民立场，秉承法律精神、善于运用法律，坚决保卫一切和平民主建设事业。《苏皖边区危害解放区紧急治罪暂行条例》也规定，为了保卫边区和镇压反动派特务的破坏和捣乱，凡是妨害前方作战、敌后社会治安以及党政军民生命安全的行为，均判处死刑，而且，对于这类罪犯，根据地的各级机关、各类团体和人民群众有权逮捕，并即刻送至当地政府和军队进行依法处置。全面内战爆发前颁行的刑事法规，确立了解放区司法机关惩办破坏民主团结的罪犯的基本依据，成为保卫解放区安定团结、捍卫人民根本利益的有力武器。

第三，土地政策向"耕者有其田"的转变。抗战胜利后，党仍将减租减息作为革命根据地建设的一项重要方针，这期间各解放区颁布的宪法原则和施政纲领也都明确强调继续贯彻执行减租减息。但是伴随着反奸清算运动的展开和国内阶级矛盾的日益上升，实行土地改革、废除封建土地制度、分配给农民土地，既符合广大农民的迫切需要，也成为进一步发动农民增援人民军队、加强解放区建设的中心任务，为此，中国共产党于1946年发布了《关于土地问题的指示》（简称《五四指示》），明确表示支持和引导群众采取适当方法从地主手中获取土地，这便意味着，适应抗战需要的减租减息、削弱封建剥削的土地政策，开始向"耕者有其田"、彻底废除封建剥削转变。《五四指示》不仅针对农村各阶层的具体政策，土地问题的解决方式、分配原则做出了明确规定，还要求注意区分各阶层的差别，保护中农权益、照顾中小地主，保护工商业，保障农民的土地所有权及其财权。面对即将爆发的解放战争和初步开始的土地改革，中国共产党立足于客观历史条件和农民意愿制定和实施的"耕者有其田"的各项政策，不仅成为这一时期土地立法的基本内容，也为土地改革的深入发展和土地法制的进一步完善积累了重要经验。

（二）为争取和平建国提出的法治主张

抗日战争阶段结束后，中国共产党清醒认识到，来之不易的和平局面下蕴含着极其严重的内战危险。在抗战实现胜利的重要转折阶段，国民党仍旧意图保持独裁统治，积极准备发动内战。因此，党不失时宜地提出了"和平、民主、团结"三大口号，要求国民政府立即实行取消一切限制人民自由的法令、制定民主纲领、建立联合政府等六项紧急措施，鲜明表达了自己的人民民主法治立场，并以和平民主基础上的全国统一、建设新中国为目标，立即与国民党展开谈判，在力争和平建国的过程中提出了一系列法治要求。

中国共产党始终坚持人民根本利益至上，对于和平团结和国共谈判给予了极大诚意，为争取和平建国和实现民主法治做出了积极努力。在进一步阐明中国共产党要求国民政府立即实行的六项紧急措施的前提之下，中共代表于1945年9月3日向国民党代表提出了十一条商谈提要，内容有关于确立和平建国方针、实现政治民主化、保证各项自由和废除不合理禁令等。10月10日，历经40余天的详细和谈，国共双方签署并公开发表了《政府与中共代表会谈纪要》（即"双十协定"）。国民党政府接受和平建国方针，并对中国共产党提出的若干民主法治要求做出明确表示：商洽召开政治协商会议的各项事宜，保障人民享有一切自由并对现行违反此原则的法律进行废止或修改，承认各党派平等的法律地位，严禁司法、警察之外的其他机关对人民进行拘捕、审讯和处罚，严格依法惩治汉奸。谈判期间，毛泽东等人相继会见各党派、各阶层、各界民主爱国人士以及驻华使节，反复阐明中国共产党的主张并就谈判进行意见交流，得到了广大民主人士的同情与支持。

双十协定签署后，国民党积极部署兵力和官员，企图占领华北、华中和东北解放区，严重掠夺和摧残资本主义工商业，剥削和压迫城乡人民，推进军队进犯解放区，武力镇压群众反内战运动，其专政独裁野心昭然若揭，而迫于内外政治压力，国民党只能同意召开政治协商会议。1946年1月10日，国共双方签署停战协议，并在为期22天的政治协商会议中致力于谈判协商，与各民主党派、民主人士通力合作、据理力争，推动了会议的顺利进行和多项利于和平民主的决议的提出。会议通过的《和平建国纲领》与中共提案在基本精神和实质上是契合的，其确认了结束训政、开始宪政的原则与和平建国的方针，保障人民各项权利和自由，整顿行政机构、保证司法统一与独立、厉行监察制度，推行地方自治和实行普选，推行军队国有化和发展经济、文化，并在纲领附记部分特别强调修正出版法，废止非常时期一度实行的各项新闻出版监察条例。政协会议通过的宪法草案决议，确定了宪草修改原则，是对国民党一党专政的根本否认，确立了中央政体的责任内阁制和议会制，立法院作为最高立法机关、监察院为最高监察机关，司法院和考试院分别为最高法院和考选机关，行政院为最高行政机关，同时否定了极端专制的中央集权，规定省自治和保障少数民族自治。在军事方面，政协军事协议在确认军队归属于国家，提出军队建设、整顿原则和对其进行改编的办法的同时，也吸收了中国共产党的主张，将军事委员会改组为国防部，将其建设为各党派共同参加的军事机构，以政治民主化为前提，由临时的民主联合政府管理军队，并进行公平合理的整编，使其成为国家和人民的军队。国民大会决议确认了之前国民党一党包办选出的代表资格，但经过中国共产党和民盟的争取和让步，"换得国民党确保制宪国大通过一部民主宪法的承诺和中共、民盟在国大中的四分之一否决权"①。政府组织决议也是经过激烈较量和让步妥协争取而来的，修缮国民政府组织法，将国民政府委员会作为最高政务机关，国共双方约定中共与民盟占有国民政府委员会十四个名额，享有建国纲领实施以及其他重大问题三分之一的否决权，成为区分一党专制和民主联合政府的重要标志。政治协商会议的各项决议与新民主主义纲领存在差异，却是党与各民主党派、国民党内民主人士共同努力争取和平建国的重要成果，符合广大人民的根本意愿。

　　与国民党统治集团对政协协议的肆意诋毁、破坏和推翻相比，中国共产党不仅充分尊重和谈成果，决心落实各项决议，而且针对国民党背离各项民主原则的活动进行了激烈斗争。虽然这一系列努力并未阻止国民党发动全面内战，但是党一直以来的竭诚商谈以及对人民利益的坚决捍卫，不仅对国民党统治集团坚持独裁和内战的真实面目进行了揭露，使广大人民群众认清其虚伪面目与险恶用心，也向全国人民鲜明表示了中国共产党为实现和平民主而奋斗的真心实意与明确主张，奠定了推行人民民主法治、推翻国民党反动政权的思想政治基础。

①　王干国. 中国政治协商会议史略［M］. 成都：成都出版社，1991：74.

二、人民政权的壮大与人民民主法治的深入发展

1946年6月，全面内战爆发。为适应革命任务的需要与阶级关系的变化，中国共产党逐步提出自卫战争、与人民亲密合作，彻底对国民党的军事进攻进行粉碎。人民解放战争进入反攻阶段后，毛泽东立足国内外政治形势，相继发表一系列重要著述，使新民主主义革命理论进一步系统化、完善化，不仅成为党领导广大人民夺取解放战争和整个民主革命胜利的锐利武器，也奠定了这一时期党对法治认识的理论基础。各个解放区及其人民民主政权不断发展壮大，在继承和发展以往革命根据地时期法治经验的基础上，结合解放区实际和人民解放战争的伟大转折，以人民民主专政理论为指导，遵循毛泽东关于研究与构建区别于资本主义法律和社会主义法律的新民主主义法律的要求，相应创造了许多新的法律与制度，在保障解放区建设的同时，有力支援了人民解放战争。特别是华北人民政府成立后，在颁行法律法规、依法执政、人民司法等方面做出了有益探索，积累了宝贵经验。可以说，"新中国法治建设，从华北人民政府启程"①。

（一）解放区宪法性施政纲领及法律体系的创制与颁行

中国共产党立足人民解放战争进入反攻阶段的革命形势和阶级关系，充分考虑解放区实际，进一步深化了对人民民主法治的认识。党高度重视解放区的立法工作，一是，将捍卫解放区、坚持人民解放战争，推翻美蒋反动统治、夺取全国胜利作为法律制定和实施的中心思想。毛泽东指出，联合各界、各阶层爱国分子，组成民族统一战线，推翻蒋介石独裁政府，建立民主联合政府，是党和人民军队最基本的

---

① 孙琬钟. 共和国法治从这里启程：华北人民政府法令研究［M］. 北京：知识产权出版社，2015：5.

政纲。谢觉哉则着重强调"我们的法律是服从于政治的"①，法律不能脱离政治独立存在。因此，立足中国革命全局，彻底推翻美蒋反动统治、夺取全国胜利，既是解放区宪法性纲领的基本内容，也是制定和实施其他各项法律的基本原则。二是，适应人民民主政权，必须建立新的法律。以坚定的马克思主义立场，毛泽东着重强调，从新的观点出发，对新民主主义的法律展开研究十分必要，它与社会主义和资本主义的法律都存在区别。董必武认为，创建新的法律制度，是建立新政权的应有之义。谢觉哉也认为，法律作为当权阶级利益的集中体现，"我们建立人民民主专政的国家，就得有我们的一套新的法律"②。三是，法律必须符合人民意志，为人民了解和掌握。所谓人民民主专政，就是要保障和实现广大人民的民主自由，对反动派及其帮凶实行专政。因此，新的法律必须依据人民的意志来拟定，"选举法一定要简单明了，使人民易懂易行"③，便于人民行使民主权利。中国共产党领导下的各大解放区制定和实施了包括施政纲领、选举和政权组织法规、土地法规以及婚姻、劳动等方面的法律法规，实现了壮大人民民主政权、开展解放区各项建设以支援人民解放战争的有法可依。

第一，颁行宪法性施政纲领。全面内战爆发初期，为了巩固和发展东北解放区，拥护和平建国纲领，反对内战和独裁，1946年7月嫩江省和哈尔滨市临时参议会相继通过了《嫩江省施政纲领》和《哈尔滨市施政纲领提案》。次月，东北各省代表联席会议通过了《东北各省市（特别市）民主政府共同施政纲领》，其都明确提出彻底肃清日本在东北侵略势力的残余，反对和推翻美蒋反动统治，要求实行民主、推行

---

① 谢觉哉文集［M］. 北京：人民出版社，1989：644.

② 谢觉哉文集［M］. 北京：人民出版社，1989：642.

③ 董必武选集［M］. 北京：人民出版社，1985：220.

地方自治，制定省宪，贯彻落实减租减息政策、保护民族工商业、废除苛捐杂税、发展生产和繁荣经济，提倡新民主主义文化教育、公共卫生、男女平等和民族平等，成为"建立民主的法治的社会秩序"①、维护中国与东北人民和平民主的根本原则与方针。伴随着人民解放战争的胜利推进，《华北人民政府施政方针》《内蒙古自治政府施政纲领》的颁行，成为当时集中反映人民民主政权与法治建设本质特点的施政纲领。二者立足于中国革命全局，规定解放区及其人民政权的胜利是全国胜利的组成部分，同时必须配合全国人民战争、根本推翻国民党反动统治的整体任务。在军事方面，要求配合其他解放区和人民解放军的胜利进攻，严格贯彻三大纪律、八项注意，动员人力、物力与财力有计划有效率地支援前线；在政治方面，要求实行人民代表会议制度，维护人民合法权益，司法和公安机关依法执行逮捕、监禁、审问和处罚权，年满十八岁以上的解放区人民不分差别享有选举权和被选举权，坚持男女平等和依法保障外国人和游历者的合法活动；在经济方面，要恢复和发展，坚持公私兼顾、劳资两利的方针，发展工商业，废除农业统一累进税以使农民减轻负担；关于文教卫生，纲领提出要适应新民主主义政治经济的建设，有步骤、有计划地推进文化教育，团结中西医，增加医疗设施，开展卫生防疫；关于民族自治，确立民族平等、团结互助原则，要求保障少数民族基本权益，尊重其信仰与风俗。特别是依据《内蒙古自治政府施政纲领》，内蒙古自治政府在自治区域内坚持民族平等和开展民族合作、团结互助，依法保障人民根本权益和依法惩治汉奸、卖国贼，发展自卫军队，实行信教自由和政教分离，内蒙古自治政府的稳固发展，为新中国成立后民族区域自治制度的贯

① 张希坡. 革命根据地法律文献选辑：第四辑 解放战争时期新解放区的法律文献（1945—1949）第二卷 东北解放区［M］. 北京：中国人民大学出版社，2019：3.

彻实行做出了有益探索，积累了宝贵经验。

第二，颁行选举、政权组织与行政法规。解放战争之初，各解放区及其人民政权致力于革命战争和封建土地制度的变革，无暇制定和实施新的选举法规，随着解放战争的胜利推进和解放区民主建设的逐步展开，各地才纷纷开展选举立法，具代表性的有《华北人民政府委员会委员选举办法》《东北解放区县村人民代表选举条例草案》等。与抗战时期相较，这些选举法法规进一步规定了选举权与被选举权的范围和条件，要求赞成反对美蒋反动派、赞成土地改革、赞成推翻国民党反动派建立新中国的人民才有选举权和被选举权，在政策上将开明绅士与封建地主、富农鲜明区分，对地主富农的选举权进行剥夺或有原则地减少代表名额。解放区的依法选举继承和发扬了抗日根据地时期的成功经验，在农村和城市实行普选与推选相结合，进一步完善了代表候选人提名制度、投票方法和改变了基层的选举单位，极大增强了广大人民的政治积极性，为解放区人民民主政权的巩固和发展奠定了坚实基础。同时，各解放区人民代表会议颁行了政权组织与行政法规，为统一开展政权建设和推行政务提供了法律依据。如《华北人民政府组织大纲》《东北各省市（特别市）行政联合办事处组织大纲》以及《陕甘宁边区政府暂行组织规程》等，规定了各人民政府的组织机构及其职权；各地颁行的行政法规，如《华北人民政府办事通则》《陕甘宁边区政府办事通则》《山东省人民政府办事通则（草案）》等，对于各类办公制度做出了明确规定，为人民政府的正规化发展与行政机关的规范活动提供了法律依据。

第三，颁行刑事法规。解放战争时期，制定和完善刑事法规，惩治反革命分子，打击其他刑事犯罪以维护社会治安，既是推进解放战争和巩固人民民主专政的必然要求，也符合解放区立法和司法审判工作的现实需要。在惩治反革命罪犯方面，《辽北省惩治土匪罪犯暂行办法（草案）》《晋冀鲁豫边区破坏土地改革治罪暂行条例》等，规定了惩治土匪、破坏土地改革罪的刑罚；《北平市国民党特务人员申请悔过登记实施办法》《内蒙古自治政府关于登记内蒙古自治区域内反动党派人员的布告》《华北人民政府解散所有会门道门封建迷信组织的布告》等刑事法规，则对战争罪犯、反动党团及其特务组织和封建迷信组织的具体处理办法做出了明确规定。在惩治其他一般刑事犯罪方面，解放区为了惩办旧社会遗留的各种犯罪分子，进一步维护和巩固秩序，相继颁布了《晋冀鲁豫边区惩治贪污条例》《辽北省惩治盗窃犯暂行办法（草案）》《华北区禁烟禁毒暂行办法》《东北解放区交通肇事犯罪处罚暂行条例》《辽北省惩治关于婚姻与奸害罪暂行条例（草案）》以及《哈尔滨特别市政府布告——为禁止非法拘捕、审讯及侵犯他人人权等行为事》等刑事法律，则明确规定了除反革命行为以外的贪污、盗窃、烟毒、妨碍婚姻、杀人伤害和破坏金融、交通、森林等违法犯罪行为的刑事处罚。全国解放战争接近胜利之时，依据废除一切反动法律的指示，规定解放区的刑事立法和司法审判工作不得援引国民党反动法律，必须遵循党和政府的施政纲领和政策要求，"犯罪之处罚以危害国家社会人民之利益的严重与否，而为科刑轻重之标准"[①]。

第四，颁行《中国土地法大纲》及其补充法规。中国社会长久以来的封建、半封建土地制度既是广大人民遭受压迫与侵略的基本根源，也是中国实现和平统一、繁荣富强的重大妨碍。自诞生以来，党便高度重视农民土地问题的妥善解决，特别是抗战胜利之后中共中央发布五四指示，初步实行"耕者有其田"和开展土地改革，在激烈的战争

---

① 张希坡. 革命根据地法律文献选辑：第四辑 解放战争时期新解放区的法律文献（1945—1949）第一卷 华北解放区［M］. 北京：中国人民大学出版社，2019：433–434.

条件下满足了广大农民获得土地的迫切需求。伴随着人民解放战争的胜利发展，为在新形势下进一步完善土地法规、深入实行土地改革，党组织召开了全国土地会议，认真总结了党领导土地改革的经验教训，弥补了《五四指示》存在的不足，进而做出了彻底平分土地的重大决定，同时颁布了《中国土地法大纲》，作为开展和保障土地改革的基本依据。同时，为了扎实推进土地改革，贯彻落实土地法，各解放区还结合本地需要，制定了若干补充性法规。《中国土地法大纲》规定，彻底废除封建土地制度，实行耕者有其田，完全没收地主的土地财产、征收富农的多余财产，依据乡村人口总数，不分年龄与性别，实行统一平均分配，抽多补少、抽肥补瘦，既保障农民能够拥有和使用土地，也使其能够自由经营、买卖以及出租土地，保障困苦的雇农、贫农都能拥有一定的生产和生活资料，使全体农民能够真正地、彻底地从封建剥削中解放出来，同时也要对工商业者的财产加以保护，使其能够合法经营。中国共产党领导各解放区贯彻施行《中国土地法大纲》，不断总结经验，逐步纠正了土地改革过程中出现的错误偏向，发展了土地法规的内容，彻底推翻封建土地制度，保障和实现了农民权益，促进了生产发展，在增强广大农民政治觉悟的同时进一步巩固了人民民主专政政权和解放区。

第五，颁行劳动与婚姻法规。为适应解放战争发展的胜利趋势，党不失时宜地提出了发展解放区国民经济的总方针，也为这一时期解放区劳动力立法工作的展开确立了根本原则。依据毛泽东提出的"发展生产、繁荣经济、公私兼顾、劳资两利"[①]的方针和各项政策，各解放区颁行了一系列劳动法规，涉及职工参加企业管理、改善工人生活、工资标准、劳动保险以及处理劳资关系等，为这一时期调整劳动关系

---

① 毛泽东选集：第4卷［M］. 北京：人民出版社，1991：1256.

提供了法律依据。在婚姻立法方面，各解放区在沿用抗战时期婚姻法规与原则的基础上，还补充了一些新的法规，对有关城市婚姻、离婚的政治条件、军人婚姻、干部离婚等问题做出了明确回答，也规定了关涉婚姻的土地和遗产问题的解决原则与程序。

（二）解放区的政权组织及行政制度的调整和统一

全面内战爆发后，为适应新的革命局势与阶级关系，党领导的解放区政权进一步实现了性质和形态上的转变。建立于解放战争时期的人民民主政权，以人民代表大会作为组织形式，政府也由人民代表大会选举而产生，其目的是坚决推翻"三座大山"的压迫，摧毁国民党的反动统治，也就是在党的领导下，建立人民民主专政的共和国。在人民解放战争出现伟大转折并持续胜利推进时，西北、华北、东北、中原和华东解放区相继形成，人民民主政权也进一步壮大。为适应新形势的需要，解放区形成了多样的组织形式和相对统一的行政制度，既是解放区人民民主法治的重要组成部分，也为解放战争时期各项法律的制定与实施创造了重要条件。

第一，建立人民代表会议作为权力机关。依据中共中央关于建设巩固华北解放区，支援解放战争和为新中国积累政权与经济建设经验的任务指示，1948年6月开始，晋察冀边区和晋冀鲁豫边区便积极展开选举，共计选出区域、社会贤达、职工、商会以及回民和外聘代表500余人，在预备会议上推选出33人作为主席团。8月，华北临时人民代表大会如期召开，大会讨论通过了《华北人民政府施政方针》《华北人民政府组织大纲》以及各项法律法规，经选举组成华北人民政府，作为综理全区政务的最高行政机关，实现了华北解放区的政权统一，对华北解放区和其他解放区都具有重大意义和积极影响，华北临时人民代表大会也由此成为全国人民代表大会的前奏和雏形。

参考华北临时人民代表大会的经验，各地权力机关也逐步由参议会向人民代表大会制度过渡和转变。其一，建立区村两级人民代表会议。为了进一步推进土地改革和彻底推翻封建半封建的剥削制度，党领导新解放区和半老区的农民成立的农民协会及贫农团，发挥了政权机关的职能与作用。在此基础上展开选举，建立区、村两级人民代表会议，代表会议及其选出的政府委员会行使权力，以密切联系群众和决定本地区重大问题。其二，在城市建立各界代表会议。针对城市曾长期在国民党统治之下的复杂情况，中国共产党总结了新解放城市工作的深刻经验，由军事管制委员会及其临时市政府组织成立各界代表会，集中反映各界人民要求，并传达、解释方针政策和法律规范，协助政府工作的推行。解放战争后期，经过在农村和城市的逐步探索、积累经验，人民代表大会制度不断发展完善，为新中国成立后的国家根本政治制度的确立和推行奠定了坚实基础。

第二，建立人民政府作为行政机关。解放区在进行军事战略大区划分的基础之上进行了行政区划的调整，开始实行行省制，将之前设立的行政公署取消，重新划分，将省（市）作为解放区的组成单位，逐步建立了解放区、省（直辖市）、县、村四级行政机关，并逐步统一了各项行政制度。其中，大解放区的人民政府是该区的最高行政机关，实现了全区行政领导的统一。各地依据人民代表会议通过的组织法，选举政府主席和委员，依据人民代表大会通过的施政方针制定本地区各项法律与规章，决定各项经济、文化、司法、公安工作的方针计划，任免政府各部门负责人员，并承担组织人民进行军事武装等工作。作为解放区的最高行政机关，各地的人民政府综理全区政务，一般都由分别掌管各项事务的职能机构组成，如民政、财政、教育、银行、农业、公营企业、交通以及公安、司法厅（部）、法院、秘书处等部门，其以政府主席为领导，依法执行政务。在民族区域自治地方，自治政府为最高行政机关，内蒙古自治政府是我国少数民族第一个区域自治的政府。

第三，人民监察机关的初步形成。第三次国内革命战争时期，为了加强政府工作作风，克服贪污腐败、官僚主义、形式主义，保证革命政权的清正廉洁，华北解放区在新的历史条件下初步创立了人民监察机关，进一步巩固和发展了人民民主政权。在华北解放区，华北人民监察院是行使行政检察职能的专门机关，成为政府组织的重要构成，其下设有人民监察委员会，负责对国家公务人员的违法、失职以及侵犯群众利益的行为进行依法检查、检举、拟定处分，受理人民的控诉和举发，也负责有关肃整政风的若干事宜。同时，为了保障监察机关工作和职能的进行与发挥，华北人民政府做出专门指示，要求机关、部门配合人民监察院的工作，不得借故拒绝。在人民民主专政的新民主主义政权日益壮大并向新中国政权的过渡期间创立的人民监察院，初步具备了社会主义监察法制的基本特征。尽管由于存在时间短暂，华北人民政府的人民监察工作还存在监察立法不完备、机构设置不平衡和工作开展相对狭窄等历史局限，但其在检查、揭发违法失职行为、整饬政纪以及严肃处理干部违法违纪案件方面的不懈努力，有力推动了华北人民政府整饬政风工作的进行，提高了行政机关办事效率，为新中国人民监察机关的深入发展做出了有益探索，创造了重要条件。

第四，行政制度的趋于统一。解放战争后期，为适应即将夺取全国政权的新形势，政府机关实现由游击式向正规式的转变，成为这一阶段解放区政权建设的一项重要任务。董必武明确要求："正规的政府，首先要建立一套正规的制度和办法。"①以此为目标，各大解放区的人民

---

① 董必武选集［M］．北京：人民出版社，1985：207．

政府陆续颁行了行政机关办事通则，进一步推动了各项行政制度的发展完善，为行政机关的活动确立了统一的规范。各地颁布的行政机关办事通则，首先确立了会议制度，作为行政机关工作的一种基本方式，其中包括大解放区的政务会议、部门会议、专门会议，部分地区还结合实际需要，组织召开了联席会议、工作汇报会议和解决紧急事件的临时会议等，办事通则规定了会议的内容、职权、组成人员、程序和任务等，有的还要求会议提前确定日程、主题、参会人员，准时开会、集中主题进行讨论和简要发言，以做出明确的决议和结论；关于办公制度与行政纪律，要求行政机关在办公时间忠于职守，对于群众来访和紧急公务必须随时处理，严格实行主管制度，适当组织集体办公，并对建立工作日记制度、保守工作秘密、行政机关人员的请假和调动做出了具体规定；各解放区在行政机关办事通则的基础上还颁布了健全报告制度的指示与训令，要求各机关修改和制定法令条例以及做出重大军事、经济、文化教育等计划和决定时必须请示上级批准，规定各地行政机关向直属上级政府做综合报告，并及时上报新近发生事件和重要问题；在公文规程方面，行政机关办事通则根据公文具体内容及其性质的差异，对相应的审批权限、发行名义等做出了原则性的规定。各解放区行政制度的日益健全和趋于统一，为行政机关的活动提供了基本遵循，有力推动了行政工作的规范与高效。

（三）解放区的司法机关及司法制度的建设与革新

解放战争时期，党推进政府组织从游击式向正规化逐步转变的同时，也注重司法工作的展开。一是，要求适应人民民主政权，建立系统化的司法机构，创设新的司法制度。谢觉哉认为，捣碎剥削阶级的国家机器，废除其法律制度，建立起人民当家作主的政权，就必然"要建立崭新的有利于加强和巩固人民民主专政的法律和司法制度"①。他同时强调，在现行的司法制度之下，所谓司法独立，并非仅仅指其形式，"而是审判只服从法律的独立"②。行政机关对司法工作进行辅助，而不是干涉。董必武认为，必须使司法机构进一步完备和系统化。在过去，司法机关是依据各地不同的实际条件设立的，并不是自上而下的一整套机构。二是，要求在司法工作中贯彻群众路线。法律应为人民所了解和掌握，法庭也应是人民的工具。不仅要在办案时多多听取人民群众意见，也要将人民群众的意见提炼出好的，用法律形式固定下来，在司法工作中深入贯彻群众路线。谢觉哉指出："马克思主义法律观的普遍真理，与人民司法的具体实践相结合，是我们建设法律的方针。"③三是，要求司法工作者坚定政治立场，依法办案。谢觉哉提出："不懂得政治决不会懂得法律。"④司法工作者运用马克思主义的立场和观点，也应当明白，法律是服从政治的。同时，司法工作人员要严格守法，以身作则。国家公务人员若违反法定职责，为所欲为，乱"司"其法，妨碍司法公正，无疑将对整个国家的民主生活造成极其严重的损害。各解放区依据革命需要和实际状况推进了司法组织和司法制度的建设与革新，为在战争条件下推进司法工作，服务于不同阶段的革命任务创造了重要条件，也为新中国司法制度的建立和发展奠定了坚实基础。

中国共产党领导的解放区积极建构了符合革命战争发展需要的司法组织体系。

其一，成立各级人民法院。党领导建立的大解放区的司法机关，

---

① 谢觉哉文集 [M]. 北京：人民出版社，1989：642.
② 谢觉哉文集 [M]. 北京：人民出版社，1989：645.
③ 谢觉哉文集 [M]. 北京：人民出版社，1989：657.
④ 谢觉哉文集 [M]. 北京：人民出版社，1989：645.

不仅是行使审判职权的专门机构，也是其人民政府的重要组成。在东北解放区，依据《东北各级司法机关暂行组织条例》规定，司法机关设立三级组织机构，分别是最高法院东北分院、省和特别市高等法院以及县级的地方法院和司法科。自1948年9月之后，各级司法机关改称为人民法院，推事改称审判员，东北解放区的司法组织系统变为东北高级人民法院、省（特别市）人民法院和市（县）人民法院。值得注意的是，哈尔滨解放区作为党领导下的人民民主政权在全国建立的第一个城市根据地，哈尔滨市人民法院依据施政纲领和组织法规，吸收了抗战时期陕甘宁边区司法便民的优良传统，融入了鲜明的城市特点，援引苏联法规处理外侨案件，意味着党对马克思主义法治思想的创造性运用，开始从城市的实际出发，实现了"中国革命法治进程中'从农村到城市'的重大转折"①，积累了宝贵的城市法治建设经验。在华北解放区，华北人民政府成立后，立即宣布撤销晋察冀边区和晋冀鲁豫边区原有的高等法院，华北人民法院成为全区最高审判机关，在各行署区和直辖市设立人民法院，各县区设立司法科（处或人民法庭）。此外，人民解放战争节节胜利，大城市的陆续解放，旧司法机关被废除并终止其职权，由军官机关立即接管城市原有的司法机关，并对旧司法人员进行了谨慎处理。

其二，创建军事法庭、特别法庭和人民法庭作为具有审判职能的司法机关。抗战胜利之后，为了肃清敌伪势力，惩治战争罪犯和汉奸，山东解放区在军区司令部设立了由军事机关直接统辖、司法人员参与的军事法庭，依法审理叛国罪犯和日本战犯，山东解放区还在省、县、专署和行署设立由公安机关和司法机关协作的临时特别法庭，专门对

---

① 孙光妍，隋丽丽. 道路的选择：哈尔滨解放区法治建设经验及其历史意义——以革命历史档案为中心的考察［J］. 求是学刊，2019，46（06）：158.

汉奸进行审判。在华中解放区，设立了惩治叛国罪犯委员会或惩治战争罪犯及汉奸委员会，组织特别法庭或人民法庭依法进行审判。在解放战争后期，部分城市成立了特别法庭作为司法机关，其隶属于军事管制委员会，依据军事委员会颁行的法令开展审判活动。此外，为了贯彻《中国土地法大纲》和推进土地改革，各解放区一般在县、区或者区、村两级设立人民法庭，具有突出的群众性和临时性特征，负责审理与土地改革有关的案件。

其三，设立司法部作为司法行政管理机关。解放战争之初，各地沿用了抗战期间审判与司法行政合一体制，而第三次国内革命战争期间，特别是由于大解放区的形成和人民民主政权的日益巩固，华北、东北人民政府陆续成立了司法部，专门负责关涉司法的行政工作。同时，为了进一步加强对司法部行政工作的管理，华北人民政府进一步规定了司法机关的报告制度，及时总结了实行书记官制度、清理积案等司法工作的重要经验并进行大力推广，要求司法机关对应注意的社会问题及时进行调查纠正和加强教育。

与此同时，各解放区一方面沿用了抗战期间的司法制度，另一方面，立足实际需要，在诉讼制度和调解制度上做出了新的调整和变革。

其一，实行附有限制条件的三级三审终审制度。依据《东北各级司法机关暂行组织条例》，"地方法院及县司法科管辖第一审，高等法院管辖第二审，最高法院管辖第三审"[①]。但是，也存在以一审结案的特殊情况，其中包括判处三年以上刑期的刑事案件，诉讼标的五万元以下的民事案件。哈尔滨特别市人民法院受理当地一审、二审案件，若不服二审的，可依法上诉至东北高级人民法院。华北解放区设立的三

---

① 张希坡. 革命根据地法律文献选辑：第四辑 解放战争时期新解放区的法律文献（1945—1949）第二卷 东北解放区［M］. 北京：中国人民大学出版社，2019：299.

级审判机关，分别为县级司法科或司法处、行署区人民法院和华北人民法院。但是，市级以上有所不同，直辖市人民法院为一审机关，华北人民法院受理二审，通常意义上，二审即为终审。对于要求进行三审的，或者组成特别法庭进行审理，或者由华北人民法院进行复审。

其二，不再征收诉讼费用。抗战时期，革命根据地原本并不征收诉讼费用，但后来晋察冀边区的司法机关开始征收一定的诉讼费用，希望能够以此来解决司法活动中故意缠讼、影响生产等问题。直至解放战争时期，为提倡人民调解、减少累讼，进一步保障人民权益，晋察冀边区行政委员会曾一度增加了审判费、执行费以及因诉讼支出的其他费用，同时围绕这些费用的征收和处理，制定了严格而详细的办法。华北人民政府成立之后，在进一步完善司法组织和诉讼制度的同时，为便利人民，明确取消了诉讼费用的征收。

其三，对公安与司法机关的权责进行清晰划分。第三次国内革命战争期间，解放区人民政府颁布了专门法律，确立了公安、司法机关之间的工作关系。依据案件的性质，对于反革命案件，即依法惩治汉奸、特务以及内战罪犯，由公安机关承担侦查责任，发现确有犯罪事实的，案件提起公诉后由司法机关审理，公安机关可追诉、提出意见，但不能干扰司法机关行使司法职权，而对于一般的、普通的刑事案件，除了必要而紧急的措施之外，则都由司法机关处理；依据起诉方式，公诉案件由公安机关侦查并移交至司法机关，而自诉案件，自诉人可通过口诉和诉状，由司法机关受理；而反革命案件和其他刑事案件，公安机关依法检察，但是判决权仍归属于司法机关。

其四，在城市推行人民调解制度。解放战争后期，党领导的城市也开展了人民调解工作。1949年年初，华北人民政府发布的《关于调解民间纠纷的决定》，提出将长期以来农村开展调解工作形成的基本原则进一步应用于城市，并要求各级政府汲取经验，结合实际，不断创新，标志着在城市开展调解工作的开端。依据《关于调解程序的暂行规定》，天津市人民政府设立调解仲裁委员会、调解股和调解委员会三级调解组织，分别作为该级人民政府的重要构成。其中，区、街调解组织在受理普通民事纠纷的同时，必须将涉及外侨劳资等的其他复杂案件上报于市调解仲裁委员会，各级政府调解组织必须严格依照军管会和人民政府颁行的政策和法律，遵循自愿原则，以保障群众的利益免于损害。

三、废除国民党旧法统与社会主义法治的奠基

伴随着人民解放战争由防御到进攻的全局性转变，中国共产党针对革命战争的新形势，先后发布了具有一定宪法性质的宣言和布告，旗帜鲜明地阐述了中国共产党为尽快结束战争、实现民族独立和彻底解放的政治纲领和法治主张。人民解放战争即将迎来胜利之时，党立即揭露了旧法的剥削本质，宣布废除国民党《六法全书》及其一切反动法律。伴随着《中国人民政治协商会议共同纲领》的制定和贯彻，党领导人民确立了新中国的制度根基和建设蓝图，为新中国社会主义法治建设的开启做了充分准备。

（一）党为结束战争和实现人民与民族解放的基本纲领

全面内战爆发之后，中国共产党积极制定了正确的方针政策，带领解放区军民奋起反击，在加强解放区政治、经济、文化、法治等各方面建设、组织和依靠解放区人民动员一切力量支援前线的同时，进一步巩固和扩大了人民民主统一战线，实现了国内战争形势和人民革命的全局性转变。立足于人民解放战争的新形势，中国人民解放军依据中共中央和毛泽东关于人民革命战争的重大决策，先后发布了具有

一定宪法性质的宣言和布告，旗帜鲜明地阐述了中国共产党为尽快结束战争、实现中国人民和中华民族的彻底解放的政治纲领与法治主张。

1947年10月10日，《中国人民解放军宣言》发布，明确提出了"打倒蒋介石，解放全中国"的口号，要摧毁蒋介石反动统治集团及其全部经济基础，将革命进行到底。宣言强调，二十年来，蒋介石一再固守的，是卖国独裁、反人民的统治。因此，在大举反攻的同时，还必须贯彻实施符合广大人民需要的各项政策。一是，惩办内战罪犯，坚决废除独裁与腐败制度，彻底肃清贪官污吏。二是，联合一切爱国分子，建立广泛和巩固的民族统一战线，成立民主联合政府，实行人民民主。三是，没收首要战犯财产与官僚买办资本，发展民族工商业，实行耕者有其田。四是，否认和废除蒋介石政府的一切外交、条约与外债，主张与外国签订平等互惠、通商友好条约。同时，宣言在总结革命根据地政权建设基本经验的基础上，呼吁全国各族同胞积极配合人民解放军，肃清反革命分子，构建民主秩序，呼吁解放区人民进一步推行土地改革，促进经济繁荣，强化武装力量，紧密团结起来，支援革命战争。此外，《中国人民解放军宣言》明确提出了党和人民军队在战略反攻阶段的奋斗目标、基本任务与政策，反映了中国人民的根本意愿。

从1948年秋季开始，特别是"三大战役"的取胜，国民党军队主力基本被摧毁，人民革命战争形势发生了根本性转变。为了使广大人民能够尽快拥有安稳的生产生活环境，中国共产党提出了八项和平条件，与此相对的是，国民党却固守反民族反人民的罪恶的战争立场。为了实现饱受苦难的广大人民对于尽快摧毁国民党的反动统治、结束内战的愿望，《中国人民解放军宣言》成为中国共产党领导中国人民解放军和全国人民迅速夺取解放战争胜利的基本遵循。一是，区别对待国民党党政军人员。人民革命即将胜利之际，毛泽东曾明确指示："逮捕一切怙恶不悛的战争罪犯。不管他们逃至何处，均须缉拿归案，依法惩办。"①对于国民党各级各类政府组织人员，只要不持枪抵抗和阴谋破坏，严格遵循各安值守、保护各机关财产和档案的命令，人民军队和政府绝不俘虏、逮捕和侮辱，且会根据其工作技能和政治表现分别录用，而对那些趁机破坏、偷盗、舞弊等反动行为的人员进行依法惩办。二是，彻底消灭半殖民地半封建的经济制度。布告明确要求，粉碎地主与官僚资产阶级的经济基础，由人民政府接管工厂、商店、银行、仓库、水利、农牧场以及一切交通、通信等基础设施，官僚资本企业的供职人必须照旧履职、保护资材与全部资料以等候清点和接管；在农村，要有准备、有步骤地彻底废除封建土地制度，要求广大农民团结起来，积极配合人民解放军开展各项改革，以保持农业生产、保障城乡供给和提高人民生活水平。三是，保护人民合法权益。布告规定，人民解放军保障全体人民的生命财产，严格惩办反革命分子；保护民族工商业，使私人工厂、商店、银行、仓库、农牧场以及船舶、码头照常生产和营业；保护各项公益事业。四是，保护外国侨民。保护其生命财产安全，使其安生各业、遵纪守法，一切损害民族独立和人民解放事业的行为都将受到法律的制裁。

（二）废除《六法全书》及其他一切反动法律

马克思主义认为，法是统治阶级意志的体现，打碎旧的国家机器及其法律制度，是无产阶级夺取和巩固政权，开展社会主义法治建设的必要前提。党自成立之日起，就将废除限制人民民主自由权利、压迫人民的法律，制定保护和实现人民利益的各项法律作为认识法治的根本立场，并在新民主主义革命的各个时期和阶段，立足战争形势和

---

① 毛泽东选集：第4卷［M］. 北京：人民出版社，1991：1451.

阶级关系的变化，领导各革命根据地制定和实施了一系列符合人民立场和革命需要的法律。伴随着人民革命的胜利推进，彻底废除作为国民党反动阶级和政府统治权力重要法律渊源的《六法全书》及其一切反动法律体系，是摧毁国民党反动统治，推翻"三座大山"的压迫，建立新中国的必然要求和迫切任务，也是制定人民宪法、建立人民民主法制体系，在全国范围内实现民主法治的重要前提。

人民解放战争不断取得胜利，国民党政府自知无力挽回倒台的定局，在搜罗军力、顽强抵抗的同时，提出了包含保留中华民国宪法、法统、宪政在内的所谓的"和平谈判条件"，企图保存残余势力、争取时间而卷土重来。这一切的根源就在于，伪宪法、伪法统确认了大地主、大资产阶级的统治地位，确认了广大人民被残酷压迫和剥削的封建制度，确认了破坏所谓"国家统一"的罪名及刑罚，因此，蒋介石认为，只要《六法全书》及其法律体系不至于"中断"，那么，独裁统治便能够继续维持。1949年1月，为进一步揭露蒋介石所谓"和谈"的阴谋，毛泽东发表《关于时局的声明》，提出了包含废除伪宪法、伪法统等内容在内的和谈条件。此后，中共中央和华北人民政府分别发布了《关于废除国民党〈六法全书〉与确定解放区司法原则的指示》和《华北人民政府为废除国民党的〈六法全书〉及一切反动法律的训令》，表明了中国共产党彻底推翻国民党反动统治，彻底打碎伪宪法、伪法统等一切压迫人民的国家机器，在全国范围内建立人民民主法治的坚决态度。

第一，揭露旧法本质。针对部分司法人员对于国民党《六法全书》及其法律体系的模糊甚至是错误的认识，中国共产党深刻揭示，从本质上看，法律是统治阶级意志的集中体现，凭借国家强制力量保障实施，其目的是实现和保护统治阶级的利益。谢觉哉也明确指出，法律作为国家权力的延伸，二者一样，都是阶级的产物。所以，"国民党全部法律只能是保护地主与买办官僚资产阶级反动统治的工具，是镇压与束缚广大人民群众的武器"①。同时，对于反动统治阶级利益的维护以及对其反对它的阶级斗争的缓和，同资产阶级法律一致，《六法全书》及其法律体系提出的所谓"保护全体人民利益"的规定，根本目的是巩固其阶级统治，美化和掩盖其阶级专政的实质。

第二，宣布废除旧法。阶级利益的对立，必然导致法律本质的根本差异，彻底粉碎旧的，新的才能顺利成长。人民解放战争的日趋胜利，人民民主专政政权不断巩固和壮大，以及人民法律在解放区长期统治所积累的经验，成为剥削阶级法律与人民法律根本对立的有力证明。因此，中国共产党明确宣布："废除国民党的六法全书及其一切反动法律，各级人民政府的审判，不得再援引其条文。"②也同时阐明，中国共产党向来主张坚决彻底废除国民党反动法律，抗战时期，中国共产党曾个别利用过国民政府法律中有利于人民的条款，也曾在反动统治之下常援引这些规定来争取和保障人民的利益，这绝不表示承认反动法律，而只是特定历史条件和阶级关系之下的一种灵活的、策略上的调整。

第三，阐明法治立场与原则。中国共产党作为工人阶级和广大人民利益的代表，巩固和发展人民民主专政政权，制定和实施人民需要的法律，保护人民大众的统治，为人民服务，既是党领导新民主主义革命的基本出发点，也是党认识、探索以及推进法治的根本立场。党在革命的各个时期，以马克思主义法治思想为指导，依据新民主主义

① 中共中央文献研究室，中央档案馆. 建党以来重要文献选编（一九二———九四九）：第二十六册［M］. 北京：中央文献出版社，2011：154.

② 张希坡. 革命根据地法律文献选辑：第四辑 解放战争时期新解放区的法律文献（1945—1949）第一卷 华北解放区［M］. 北京：中国人民大学出版社，2019：15.

理论及其国家、法律观，领导各根据地的人民政府、人民解放军制定和实施了一系列纲领以及各类法律法规，积累了人民法律相当长期的统治经验，为中国共产党运用法治方式治国理政打下了坚实基础。"而这一基础，同一时期世界上其他任何一个国家都是不具备的，中国是唯一的。"①因此，人民司法工作应以马克思主义法治思想中国化的理论成果，毛泽东思想的国家观和法律观为指导，严格遵循各类人民的法律法规和政策，搜集和研究人民自己的统治经验，使法律进一步完备。

彻底推翻蒋介石反动集团的独裁统治，彻底废除《六法全书》及其一切反动法律，不仅是党在整个民主革命时期打碎束缚人民的旧法制枷锁一贯主张的坚决贯彻和执行，也与全国人民的意愿相一致。党在民主革命时期积累的实行法治的成果、经验与教训的基础之上，对国民党《六法全书》及其一切反动法律进行果断废除，不仅为新中国法治扫清了障碍，开辟了道路，更是指明了新中国法治发展的社会主义方向。这在一定程度上标志着毛泽东思想成为新中国立法的指导原则，解放区人民政府和人民解放军颁行的各类法律文献则成为司法的依据。

（三）《中国人民政治协商会议共同纲领》的颁行

在人民解放战争迅速取得胜利的形势下，解放区普遍召开了各级代表会议，北平、天津、上海、南京等中心城市也相继解放，广大人民的组织程度日益增强，人民解放战争即将胜利，这些都成为召开新的政治协商会议与成立民主联合政府的成熟条件。1949年9月21日至30日，中国人民政治协商会议第一届全体会议召开，大会审议并通过

---

① 何勤华. 论新中国法和法学的起步——以"废除国民党六法全书"与"司法改革运动"为线索［J］. 中国法学，2009（04）：134.

了《中国人民政治协商会议共同纲领》(以下简称《共同纲领》)以及《中华人民共和国中央人民政府组织法》《中国人民政治协商会议组织法》，选举出以毛泽东为主席的中央人民政府委员会。《共同纲领》一经制定，便成为指导新中国各项工作的根本准则，发挥了临时宪法的职能，为巩固新生的人民民主政权、保障人民根本权利以及促进国民经济的恢复发展提供了坚实的法律保障，成为"新中国宪政史的基石和出发点"①。

第一，《共同纲领》集中体现了中国共产党、各民主党派以及中国各阶层人民的共同意志。长久以来，中国人民和中华民族处于水深火热之中，毫无民主独立可言，民主革命即将取得胜利，召开新的政治协商会议，组建民主联合政府，共同谋划、建设新中国，巩固人民革命胜利的果实和发展新中国的各项建设事业，符合中国共产党、各民主党派、人民团体和广大中国人民的迫切诉求。人民解放战争迎来重大转折之后，中国共产党便开始同民主党派和各界民主人士开展积极协商和合作，就新的政治协商会议的重大问题取得了共识，并共同着手筹备。与此同时，各地人民团体也纷纷建立、恢复和扩大，中国共产党领导的人民统一战线进一步巩固，为新的政治协商会议的召开提供了必要准备。1949年年初，毛泽东指出，抗战胜利以来，国民党反动政府多次违背人民意愿，一再破坏和平、压迫人民，他立足人民解放战争即将取胜的充分把握，再次强调了中国共产党为实现和平的真诚意愿与和谈条件，提出要召开没有反动分子参加的政治协商会议，成立民主联合政府等主张，得到了各民主党派和各界民主人士的热烈

---

① 韩大元. 论1949年《共同纲领》的制定权 [J]. 中国法学, 2010 (05): 8.

支持。9月21日，期盼已久的中国人民政治协商会议第一届全体会议胜利开幕。虽然此时人民战争还在中国大片国土上进行着，未能召开普选的全国人民代表大会。但是，政治协商会议的胜利召开，集中展现了全国人民的共同意志，以最为广泛的民主性，奠定了《共同纲领》的合法基础，凝结了中国人民民主革命的经验总结和实现民主独立的普遍要求，成为党带领各民主党派、各界民主人士以及广大中国人民紧密合作、团结奋进，建设新中国的基本遵循。

第二，《共同纲领》作为临时宪法，确立了新中国的制度根基与建设蓝图。《共同纲领》由七部分组成，科学回答了推翻"三座大山"和建立新中国的一系列重大问题，不仅成为中国人民长期以来争取民主的经验结晶，也奠定了全党全国各族人民团结奋斗的坚实政治基础。一是，确认了新中国的政权属性。新中国实行工人阶级领导的、以工农联盟为基础的、团结各民主阶级以及全国各民族的人民民主专政。新中国的国家政权属于人民，人民通过各级人民代表大会和各级人民政府行使国家权力。当前，未能经由普选、召开全国人民代表大会期间，其职权由中国人民政协全体会议执行。二是，规定了人民的权利与义务。《共同纲领》明确指出，广大人民依法享有选举权和被选举权，人民享有广泛的民主自由权利，同时要求保障女子的政治、经济与文化权益，实行男女平等和婚姻自由。对于官僚资产阶级、地主阶级以及一般反动分子，要依法镇压和强迫劳动，在其成分改变或者恢复政治权利之前，还不属于人民的范畴，但其必须承担作为中华人民共和国的国民的应尽义务。三是，提出了建设新中国的方针政策。关于军事，提出要建立统一的军队，并加强其现代化建设；关于经济，要以国营经济为领导，贯彻落实公私兼顾、劳资两利、城乡互助、内外交流的基本方针，推动生产发展与经济繁荣；关于文化教育，要求开展新民主主义文化教育工作，使文化教育为广大人民和国家生产建设服务；此外，《共同纲领》还明确提出了新中国的民族政策和外交政策。

第三，《共同纲领》确立了新中国成立初期法治建设的基本方向。一是，法治为完成新民主主义革命遗留任务服务。新中国成立之初，人民解放战争还没有完全结束，国民党残余力量和大量的反革命分子严重危害国家与社会的稳定，国民党统治下恶性通货膨胀长期存在，造成国民生产萎缩，财政经济极其困难，民生困苦，广大人民还遭受着封建压迫。因此，伴随着人民政权的建立，必须及时制定和实施法律，赋予人民广泛的民主政治权利，严格惩治违法犯罪，规范社会生活，为巩固人民政权、恢复国民经济提供法治保障。二是，要求构建保护人民的法律与司法制度。马克思主义认为，无产阶级取得政权之后，必须建立新的法律制度。所以，《共同纲领》重申："废除国民党反动政府一切压迫人民的法律、法令和司法制度，制定保护人民的法律、法令，建立人民司法制度。"① 三是，立法与司法机关的初创。《共同纲领》和《中国人民政治协商会议组织法》《中华人民共和国中央人民政府组织法》规定，全国人民代表大会为国家最高权力机关、立法机关，中央人民政府为行使国家权力的最高机关，尚未召开全国人民代表大会前，中国人民政协全体会议代为行使立法权。中央人民政府委员会由中国人民政协全体会议选出，依据《共同纲领》制定、解释和颁布国家法律与施政方针，并监督国家法律的执行，政务院为执行国家法律，有权颁布决议和命令。同时，最高人民法院为国家最高审判机关，最高人民检察署负有最高的检察责任。

---

① 中共中央文献研究室，中央档案馆. 建党以来重要文献选编（一九二———一九四九）：第二十六册［M］. 北京：中央文献出版社，2011：762.

（四）新中国社会主义法治的奠基

新中国成立初期，大量土匪和反革命分子被剿除，党领导广大人民基本完成全国范围内的土地改革，大规模展开镇压反革命运动，积极进行社会各方面民主改革，开展"三反""五反"运动，国民经济日益恢复和发展，文化与其他各方面建设事业也都有相应的发展。新中国革命与各项建设事业有序展开，在政治、经济以及文化建设方面不断取得突破。与此同时，立足新中国成立初期的社会实际需要，党高度重视法治建设，中央人民政府及时展开了立法和司法工作，初步确立了新中国的法律制度，特别是1954年通过的《中华人民共和国宪法》，进一步奠定了新中国社会主义法治的坚实基础。

第一，新中国各项重要法律的制定与实施。董必武认为，伴随着国家政权的取得，应不失时宜地用法律形式表达人民意志，同时，也必须懂得正确运用法律这个武器。新中国成立初期，党高度重视立法工作，毛泽东、刘少奇等党的领导人，不仅对立法工作做出了重要指示，也亲自主持和参与立法，深刻认识到了法律作为上层建筑，对于捣碎旧政权、巩固新政权的重大作用。新中国伊始，中央人民政府制定和批准了一系列法律。其中，《中华人民共和国婚姻法》作为新中国的第一部法律，明确要求实现男女婚姻自由、男女权利平等以及保护妇女，彻底废除封建婚姻制度，使广大妇女开始从婚姻关系中解放出来，社会地位得以提升。《中华人民共和国土地改革法》成为指导新解放区土地改革的法律依据，有力推动了生产的恢复和发展。《中华人民共和国惩治反革命条例》明确提出了各种反革命行为的构成要件和量刑标准，对镇压反革命运动发挥了重要的指导和推动作用，成为惩办反革命罪犯、捍卫和发展人民民主事业的法律依据。《中华人民共和国惩治贪污条例》详细规定了贪污犯罪及其具体的量刑标准，对推动"三反"运动、惩治贪污腐败，保障新中国经济建设稳步前进发挥了重要作用。《中华人民共和国民族区域自治实施纲要》的制定和施行，对于确认我国民族地区实行的基本制度、民族关系具有重要意义，同时积累了依法保障少数民族基本权益、促进民族团结的宝贵经验。《中华人民共和国全国人民代表大会和地方各级人民代表大会选举法》的制定和实行，对选举权以及选举程序等一系列重大问题做出了系统规定，有力推动了全国普选的展开和人民代表大会制度的确立。此外，中央人民政府还颁行了关于人民代表会议组织、工会、农业税、国家机密等各方面的法律，新中国的立法成就十分突出，虽然在刑法、民法以及诉讼法等重要领域还存在空白，但是就当时而言，党对法治的重视，法律的数量及其完备程度，法律所涉及社会关系的深度和广度，法律在整个国家和社会生活中的地位与作用，广大人民的法律意识，"都是建国以后、改革开放以前最好的时期"①。

第二，新中国司法工作的展开。毛泽东在人民解放战争即将取得胜利时就曾明确提出，要强化人民的国家机器，其中就包括军队、警察和法庭，这也是推动新民主主义进到社会主义的重要条件。新中国成立后，在废除旧法制、打碎国民党反动统治国家机器的基础上，党领导人民积极展开了司法工作。一是，建立司法机关与司法制度。依据《中华人民共和国人民法院暂行组织条例》《中央人民政府最高人民检察署试行组织条例》以及《地方各级人民检察署组织通则》，人民法院分为最高人民法院及其分院和分庭、省级人民法院、县级人民法院三个层级。其中，最高人民法院作为全国最高审判机关，负责对各级人民法院的审判工作进行领导和监督，地方各级人民法院则要在上级

---

① 俞敏声. 中国法制化的历史进程［M］. 合肥：安徽人民出版社，1997：175.

人民法院和同级政府的双重领导与监督之下展开工作。各级人民法院坚持为人民服务、依靠群众、便利群众，注重调查、严禁刑讯，通过实行三级两审制、人民陪审制、就地审判和巡回审判制，依法展开审判工作。人民检察署作为国家法律监督机关，负责检察国家机关、公务人员和全国人民是否遵守法律规范。其中，最高人民检察署是全国最高检察机关，受中央人民政府直接领导，地方各级人民检察署受上级检察机关和同级政府的双重领导。二是，召开全国司法会议。新中国成立初期，人民司法工作刚刚起步，部分司法工作人员缺乏经验，对新旧法律的根本差别认识不清，为此，两次全国司法会议的召开，推动了人民司法制度的建立与完善。1950年，第一次全国司法会议明确要加强司法工作，要求司法干部必须清晰准确地区分新旧法律、新旧司法制度，将镇压反革命活动、惩办破坏国家经济建设和社会秩序的犯罪分子作为司法工作的主要任务。在总结近三年司法工作经验的基础上，1953年4月，第二届全国司法会议明确要求，司法机关应立足国家进入大规模经济建设阶段的实际，同危害人民的行为做坚决斗争、维护和巩固人民民主专政，为国家经济建设和选举工作提供司法保障，清理、减少积案并检查、处理错案，"人民司法工作者必须站稳人民立场"[①]，加强理论学习。三是，开展司法改革运动。"三反"运动之后，中央政法机关在重点视察人民法院情况时发现了当前司法工作中的严重问题。法院干部中的旧司法人员占有较高比重，旧法观点及其工作作风横行，导致党的领导干部也被侵蚀，因此，为了进一步彻底清除旧司法制度带来的有害影响，以"思想改造与组织整顿相结合"的司法改革运动由此展开，在司法方面掀起了一场彻底的、大规模的

---

① 中共中央文献研究室. 建国以来重要文献选编：第4册［M］. 北京：中央文献出版社，1993：169.

政治与思想斗争，不仅教育了广大司法干部，使司法干部坚定政治立场，增强其思想的纯洁性，也有力加强了人民司法建设，使"党对司法工作的领导逐步走上了制度化的轨道"①。同时，司法改革作为新中国民主运动的一个重要组成部分，对于完成革命遗留任务、巩固人民民主专政具有重要意义。

第三，1954年《中华人民共和国宪法》的颁行。伴随着新中国在各个战线上的伟大胜利和国内外形势的逐步好转，在全国范围内开展选举、召开全国人民代表大会并颁行宪法的各方面条件也日益成熟。中国共产党高度重视宪法的制定与实施，毛泽东指出，宪法是一个国家的总章程，是根本大法，用宪法来确认人民民主和社会主义，能够紧密团结全国各族人民，奋力建设社会主义。刘少奇指出："我们制定宪法是以事实为依据的。"②如今，民主革命取得了完全胜利、人民民主专政国家日益巩固，我国现已开始系统进行社会主义改造并逐步向社会主义过渡，这一系列事实都充分说明，进一步颁行宪法是完全有必要的。彭真也认为，宪法草案不仅肯定了广大人民已经取得的成果，而且指明了社会主义建设的清晰方向，"它是我们各民族人民的利益和意志的最集中的表现"③。经过对宪法草案的郑重起草、讨论、修改和补充，1954年9月20日，第一届全国人民代表大会第一次会议正式通过了《中华人民共和国宪法》，它作为新中国第一部社会主义类型的宪法，确立了人民代表大会制度、人民民主统一战线和民族区域自治制度的法律地位，明确了国家过渡时期的经济政策以及公民权利。同时，规定全国人民代表大会行使修改宪法、制定法律、监督宪法实施的职

---

① 公丕祥. 董必武与建国之初司法改革运动［J］. 江苏社会科学，2011（04）：108.

② 刘少奇选集：下卷［M］. 北京：人民出版社，1985：133.

③ 中共中央文献研究室. 建国以来重要文献选编：第5册［M］. 北京：中央文献出版社，1993：514.

权，全国人民代表大会常务委员会作为常设机关可以解释和制定法律，最高人民法院、地方各级人民法院以及专门人民法院独立行使审判权，最高人民检察院、地方各级人民检察院以及专门人民检察院在法律规定范围内行使检察权。"五四宪法"以根本法形式确立了国家过渡时期的总任务，鲜明体现了党和国家的根本要求以及全国人民的共同诉求，在延续《共同纲领》的建国目标的同时，集中体现了社会主义和人民民主原则与精神，开启了中国社会主义法治的崭新时代。

从抗日战争获得胜利再到新中国成立，是党以人民民主法治为中心，对符合广大人民意志和中国革命实际需要的新民主主义法治形成深入认识的时期。全面内战爆发后，面对严峻的革命形势和尖锐的阶级矛盾，党逐步确立了法律为推翻美蒋反动统治、夺取全国胜利服务的中心思想，明确要求适应人民民主政权，深入贯彻群众路线，建立区别于社会主义和资本主义的、符合人民意志的新的法律体系、司法机关和司法制度。党领导解放区政府制定了符合人民革命战争需要的宪法性施政纲领与法律体系，逐步调整和统一了政权组织和行政制度，革新了司法组织和审判制度，进一步巩固和发展了人民民主政权，为发展解放区各项建设提供了坚实的法治保障。特别是伴随人民解放战争在全国范围内取得胜利，党立即明确宣布废除国民党旧法统，贯彻和实行人民的法律，并以制定和贯彻《中国人民政治协商会议共同纲领》为标志，确立了新民主主义国家建设发展的制度根基和政策，作为新中国成立初期立法和司法的根本依据。解放战争时期中国共产党对人民民主法治的认识，引领新民主主义法治建设由分散走向统一、由农村走向城市、由局部走向全国，奠定了新中国成立之初政治、经济、文化等方面建设的法治基础，为我国社会主义法治的形成发展做了重要准备。

第五章

新民主主义法治理论与实践探索的经验启示

　　新民主主义革命时期，中国共产党创造性地将马克思主义法治思想与中国革命中的法治实践相结合，将彻底反对帝国主义和封建主义作为法治建设的根本任务，坚持废除旧法制、创建新法制，保障人民民主，惩治国内外阶级敌人，党领导革命根据地的民主政权颁行了新民主主义法律体系，建立了各级权力机关、行政机关和司法机关，依法推行政务，贯彻落实人民司法制度，通过多种方式和途径开展法治宣传教育，逐步建立起体现人民意志和符合革命需要的新民主主义法治，奠定了新中国社会主义法治的深厚基础。习近平总书记指出："一切向前走，都不能忘记走过的路。"①无论走得多远，无论走到多么光辉的未来，都要时刻牢记过去，牢记来时之路，坚守启程时的初心。新民主主义法治理论与实践深刻蕴含着中国特色社会主义法治的红色基因，立足新时代，总结和揭示民主革命时期党对法治认识的现实启示，对于坚定不移走中国特色社会主义法治道路，深入理解和贯彻习近平法治思想，不断推进法治中国建设，无疑具有重要意义。

一、坚持推进马克思主义法治理论中国化时代化

　　中国共产党领导广大人民为民主法治奋斗的历史，就是不断将马

---

① 习近平. 在庆祝中国共产党成立95周年大会上的讲话［M］. 北京：人民出版社，2016：241.

克思主义法治理论与中国法治实际相结合的历史。经验和教训深刻表明，科学对待马克思主义法治理论，准确认识和把握中国的法治国情，不断推进马克思主义法治理论中国化，是坚持和发展中国特色社会主义法治的理论前提。

（一）准确理解和掌握马克思主义法治理论

法治作为一种社会历史活动，离不开科学理论的指导。马克思主义经典作家在对资产阶级法治进行坚决批驳的同时，始终站在人类历史的发展进程中考察法治，深刻揭示了法的本质、法的职能、法的形成及发展规律等问题，形成了关于社会主义法治的基本理论与方法原则。坚持推进马克思主义法治理论与中国实际的有机结合，准确理解和把握马克思主义法治理论至关重要。

中国共产党对马克思主义法治理论的理解与掌握是不断深入和发展的。毛泽东曾一再强调，必须本着科学的态度对待马克思主义，要"普遍地深入地研究马克思列宁主义的理论"①，要学习研究马克思主义经典作家总结的规律、观察和解决问题的立场与方法。为此，毛泽东、刘少奇、董必武、谢觉哉、雷经天等中国共产党人在领导根据地革命政权制定和实施新民主主义法律的过程中，特别注重遵循和运用马克思主义法治理论，强调法律作为上层建筑的重要构成，由经济基础决定，同时对经济基础产生积极作用，服务于推翻帝国主义和封建主义的政治任务；强调法律的阶级属性和价值属性，立法要体现无产阶级和广大劳动人民的意志，为人民大众所掌握并保障和实现其根本利益；注重发挥党领导法治的重要作用，伴随着人民民主政权的日益巩固，建立健全与之相适应的法律制度，打碎剥削阶级的国家机器及法

---

① 毛泽东选集：第2卷［M］．北京：人民出版社，1991：533．

律制度。此外，为了进一步提升司法干部的思想政治素养和业务能力，中国共产党领导的司法机关多次举办司法训练班，将马克思主义法律观作为重要的教育教学内容，为司法工作的展开提供方向指引、理论指导，坚定司法干部的政治立场、革命立场、服务人民的理念和实事求是的工作作风。可以说，正是由于对马克思主义法治理论的正确认识和初步把握，中国共产党才能领导革命政权制定并实施了符合中国实际和人民需要的法律，法律保障革命政权和人民权益的功能才得以发挥。

"从一定意义上说，掌握马克思主义理论的深度，决定着政治敏感的程度、思维视野的广度、思想境界的高度。"[①]新时代，法治在党和国家工作全局中的地位更加突出，人民群众更加向往法治，法治建设也更加迫切需要以马克思主义法治思想为指导。准确认识和把握马克思主义法治理论，需要深入学习马克思主义经典作家关于法治的基本观点和经典论断。在马克思主义的经典著作与理论体系之中，蕴含着关于法治的丰富的论述与独到的理论观点，要加强对马克思主义理论的自觉学习，专心致志研读马克思主义经典作家的法学著作，深入学习和掌握马克思主义经典作家关于法治的基本观点，以增加理论储备，提高理论水平。准确认识和把握马克思主义法治理论，还要坚持和掌握马克思主义法治理论的基本立场、观点和方法。马克思主义经典作家关于法的内容、本质、职能与社会主义法治建设的经典论述，内在蕴含着以人民为中心、实事求是、与时俱进、遵循法治发展规律等基本原则，是辩证唯物主义与历史唯物主义在法治领域的理论形态，是其关于共产党执政规律、社会主义建设规律和人类社会发展规律在法

---

① 中共中央党史和文献研究院. 习近平关于"不忘初心、牢记使命"论述摘编［M］. 北京：中央文献出版社，2019：45.

治层面的具体展现，在坚持和掌握蕴含其中的立场、观点与方法的同时，立足当下的中国国情和国际形势，深入学习、思考、研究和运用马克思主义法治理论。

（二）准确认识和把握中国的法治国情

科学对待马克思主义法治理论，就是为了深入了解中国法治的独特背景，理解中国法治的实际运行，进而破解中国法治发展过程中遇到的难题。因此，必须准确认识和把握中国的法治国情，揭示中国法治实践与发展的客观规律，为不断推进马克思主义法治理论中国化提供客观依据。

新民主主义法治的历史进程，也就是逐步深入理解、把握和运用马克思主义法治理论，准确认识和掌握中国革命实际与法治国情，推翻旧法制、建立新法制的过程。面对长期以来中国传统封建法律对人民的压迫、帝国主义列强掠夺司法主权、蒋介石领导国民政府代表大资产阶级利益通过法律对人民的剥削，中国社会极度缺乏民主、法治、自由，中国共产党高扬起反帝反封建的旗帜，提出要废除限制和压迫人民的法律，制定保护和实现人民利益的各项法律，鲜明地与一切剥削阶级法律划清了界限。毛泽东等人以马克思主义法治思想为指导，立足中国基本国情，以社会主义法治为发展方向，伴随着革命根据地的开辟和革命政权的建立，逐步深化了对新民主主义法治的认识。同时，也在革命的各个阶段，立足实际，建立和完善了符合人民和革命需要的，区别于社会主义和一切资本主义的新民主主义法律制度。中国共产党重视运用法治巩固革命政权、保障和实现人民权益、稳定社会秩序和解决社会问题，将制定和实施法律作为政权建设的重要组成部分，作为维护人民权益和革命秩序的重要方式，赋予广大人民民主、自由与平等。党领导革命政权制定和实施了符合广大人民意志和新民主主义革命需要的法律体系，并依据不同革命阶段的政治形势与阶级关系，调整、完善了法律制度与法治实践的具体部署，逐步建立和健全了人民的政权组织、司法机关和司法制度。伴随着解放战争不断取得胜利，中国共产党随即揭露了《六法全书》及其一切反动法律的剥削本质，运用党在民主革命时期建构的法律制度、形成的原则与精神、积累的经验与教训，彻底打碎了国民党剥削阶级的法律制度，为新中国成立后社会主义法治的形成发展扫清了障碍。

十一届三中全会以来，党对我国社会主义法治建设的经验进行总结，使民主法律化、制度化，逐步将依法治国确定为党领导人民治理国家的基本方略，将依法执政确定为治国理政的基本方式，以宪法为核心的中国特色社会主义法律体系如期建成，法治政府建设如火如荼，司法体制改革稳步进行，法律知识广泛普及，全社会法治观念明显提升。但与此同时，人民群众对法治的美好向往与法治不平衡、不充分发展之间的矛盾仍然存在。为了确保党和国家长治久安，人民安居乐业，继续坚持和完善中国特色社会主义制度，实现国家治理体系和治理能力现代化，为实现中华民族伟大复兴的中国梦提供坚实的法治保障，以习近平同志为核心的党中央高度重视法治在国家和社会治理中的地位和作用，推动了法治中国建设的新征程。

新时代，发展和改革的任务更为艰巨，矛盾和挑战前所未有，要发挥法治的引领、规范、保障作用，要求中国共产党进一步深入认识法治。因此，推动马克思主义法治理论中国化时代化，坚持从新时代中国国情和实际出发，必须坚持社会主义法治建设方向、原则与价值导向，以马克思主义法治理论为指导，立足我国仍处于并将长期处于社会主义初级阶段的基本国情，把握我国社会主要矛盾转化的法治需求，紧密联系新时代党的历史使命与中国特色社会主义发展的战略任务，坚持党的领导、人民当家作主、依法治国的有机统一，把握法治建设的全局性与系统性，发挥法治对经济社会发展的推动与保障作用，不断提升中国共产党对法治认识的理论水平和运用法治方式的实践能力。

（三）坚持推进马克思主义法治理论与中国实际有机结合

"中国共产党人为人民民主与法治而奋斗的过程，就是马克思列宁主义的民主法治理论同中国革命、建设和改革实际相结合并使之逐步形成为中国特色社会主义民主与法治理论的过程。"①以实践为基础，丰富和发展中国化马克思主义法治理论，符合马克思主义理论的本质规定，也是将马克思主义法治理论与中国实际不断有机结合的必然结果。

幼年时期的中国共产党对马克思主义与中国实际关系的认知还处于盲目、不清晰的状态，党内"左"倾错误曾一度占据了统治地位，使中国革命陷入危局，在认识法治的过程中也经历了曲折。土地革命中后期，在党内占据统治地位的"左"倾错误的影响下，在制定和实施的法律中规定了一些不符合实际的内容。部分严重脱离苏区的实际土地和劳动法规，是教条主义在法治领域的集中体现，打击了广大工农群众的生产和革命积极性，忽视了工农群众的长远利益，严重影响了苏区政治经济的发展，对中国革命也造成了极大损害。

以毛泽东同志为主要代表的中国共产党人，不断与"左"倾错误做斗争，强调马克思主义与中国具体实际的有机结合，反对教条化、公式化地对待马克思主义法治思想，主张将其与中国革命实际相结合，在具体实践中不断深化了对法治的认识，为马克思主义法治思想中国

---

① 李婧. 中国特色社会主义法治的红色基因探源［J］. 思想理论教育导刊, 2016（10）: 90.

化历史进程的开启与奠基做出了重大贡献。在领导广大人民认识和运用法治的过程中，中国共产党人不断总结提升贯彻新民主主义法治的理论原则与实践经验，着重强调新民主主义法律必须体现人民意志，依靠人民参与，坚持中国共产党领导法治，在司法工作中贯彻群众路线，法治服务于推翻帝国主义和封建主义统治的政治目标，发挥法律维护新民主主义革命和保障革命根据地各项建设的重要功能，进而形成了一系列关于新民主主义法治的理论原则和基本观点，成为毛泽东思想的重要组成部分，是推进马克思主义法治思想中国化、贯彻和实行新民主主义的法治的理论总结。

改革开放以来，党在深刻反思经验教训的基础上，不断推进马克思主义科学理论与新时期改革开放和社会主义现代化建设有机结合，形成了中国特色社会主义理论体系。在法治方面，以邓小平、江泽民、胡锦涛同志为主要代表的中国共产党人，不断将马克思主义法治理论与中国特色社会主义法治建设实践相结合，相继提出健全社会主义民主、加强社会主义法治，依法治国、建设社会主义法治国家，坚持党的领导、人民当家作主与依法治国有机统一，全面落实依法治国基本方略、加快建设社会主义法治国家、将法治作为治国理政的基本方式等重大方针，进一步详细阐述了我国社会主义法治的本质特征、价值功能、原则方向、道路等问题，提出了一系列社会主义法治建设的观点、理念与原则，由此创立并丰富发展了中国特色社会主义法治理论，标志着党对中国特色社会主义法治的认识进一步深化，进而开拓了马克思主义法治理论的新境界。

十八大以来，以习近平同志为核心的党中央划定了中国社会发展新的历史坐标，紧扣"新时代坚持和发展什么样的中国特色社会主义、怎么坚持和发展中国特色社会主义"这一重大课题，形成了习近平新时代中国特色社会主义思想，赋予了马克思主义更鲜明的中国特色。习近平总书记回顾和梳理了党探索和推进中国特色社会主义法治的历史进程，并创造性地将马克思主义法治理论与新时代的中国法治有机结合，总结和提升了法治建设的成就和经验，以更高的战略格局定位和谋划法治，坚持厉行法治，围绕新时代为什么实行全面依法治国、怎样全面依法治国创造性地提出了一系列重大观点，形成了习近平法治思想。作为马克思主义法治理论中国化的最新成果，21世纪马克思主义法治理论的崭新境界，习近平法治思想是新时代全面依法治国的根本遵循和科学指南。深刻理解、把握习近平法治思想的基本精神及其核心要义，有助于立足党和国家发展全局，以宏观的视角领会新时代法治建设关键理论与实践问题，对于推进法治中国建设、实现国家治理体系和治理能力现代化至关重要。

二、坚持中国共产党对法治建设的领导

中国共产党的领导地位确立于带领广大中国人民进行漫长和艰辛的革命、建设和改革过程之中，既是历史的选择，也是人民的选择。中国共产党在法治建设中的领导地位也是在长期的革命、建设、改革以及中国特色社会主义法治道路的探索中逐步确立的。坚持党对法治建设的领导，把党的领导贯彻到依法治国全过程和各方面，不仅是极端正确且重要的历史经验，也是新时代法治建设应当牢牢遵循的首要原则。

（一）党领导法治的历史必然性

中国共产党是推进马克思主义与中国革命实际相结合的核心主体，也是推进马克思主义法治理论中国化的核心主体。中国共产党以马克思主义法治理论为指导，立足中国革命和法治国情，遵循新民主主义

理论，注重发挥法律维护和推动新民主主义革命、保障革命根据地发展建设和社会秩序的重要功能，在创建革命政权的同时，以坚定的人民立场，逐步建立和完善了新民主主义的法律体系和司法制度，彻底废除了国民党剥削阶级的旧法统，形成了符合中国革命需要和人民意志、对国内外敌人进行有力斗争的新民主主义法治。

中国共产党领导法治的地位，是在艰辛漫长的革命斗争中形成的，也是在新民主主义法治的实践创新中确立的。第一，党领导立法。革命根据地的工农兵代表会议（苏维埃）、边区参议会以及解放区的人民代表会议既是最高权力机关，也是最高立法机关和民意机关，在党的领导下相继颁布了《中华苏维埃共和国宪法大纲》《陕甘宁边区施政纲领》《华北人民政府施政方针》等具有根本法性质的政纲。各级政府则在党的领导下，依据宪法性施政纲领的原则与精神颁布了政府组织与行政法规、选举法规、刑事法规、诉讼法规、劳动法规、土地法规、婚姻法规以及涉及文化教育、财政金融、卫生防疫等各方面的法律法规，构成了较为系统完善的新民主主义法律体系。第二，党领导执法与司法。各革命政权建立后，党领导的革命根据地相继建立起了政府行政机关和工作部门，各政府组织及其部门在党的领导下，依据政权组织和行政法规相互配合，行使各自职权。在战争的特殊历史条件和时代环境中，各地的司法机关作为同级政府组织的重要组成部分，都是党和政府领导下依法行使逮捕、审判权的专门机关，建立了区别于一切剥削阶级的新民主主义的司法制度。第三，党坚持带头守法。中国共产党领导人民制定与执行法律，也带头自觉遵守法律。如在抗战时期，党对"三三制"原则坚决贯彻执行，确保共产党员在政权组织人员构成中只占三分之一，而在绥德以及苏北等新建抗日民主政权的地方，共产党员的比例还要再少一些，极大团结了各抗日阶级、阶层和广大群众。毛泽东、董必武、邓小平等中国共产党的领导人着重强调，共产党员必须自觉奉公守法，明确规定党员犯法从重处罚，强调党员的先锋模范作用，中国共产党对黄克功枪杀刘茜案、肖玉璧贪污案的处理表明，党员只能成为遵纪守法的模范，绝无任何法律之外的特权。

改革开放以来，中国共产党吸取社会主义法治建设初期的经验与教训，逐步将法治建设摆在突出地位，积极探索中国特色社会主义法治建设进程。"依法治国是我们党提出来的，把依法治国上升为党领导人民治理国家的基本方略也是我们党提出来的，而且党一直带领人民在实践中推进依法治国。"①从提出保障人民民主、必须加强法制，到将依法治国作为党领导人民治理国家的基本方略，再到提出法治是治国理政的基本方式，在新时代部署和推进全面依法治国过程中，中国共产党始终高度重视法治，开辟了中国特色社会主义法治道路，形成了中国特色社会主义法治理论，以宪法为统帅的中国特色社会主义法律体系如期形成，法治政府建设稳步推进，司法体制逐步完善，全民法治观念大大提升。历史充分证明，中国共产党善于运用法治方式治理国家和社会，为社会发展与人民生产生活创立法治环境和轨道，中国共产党的领导既是中国特色社会主义制度的最大优势，也是社会主义法治建设的最根本保证。

（二）正确认识和处理党的领导与法治的关系

近代以来，政党政治是现代政治文明发展的突出特征，作为执掌国家政权、治理国家的社会政治系统核心，社会法治理想的追求与实现也要依赖政党，发挥其促进法治发展的主导力量。在中国语境之中，

---

① 习近平. 加快建设社会主义法治国家［J］. 求是，2015（01）.

中国共产党的领导与社会主义法治建设的关系是法治建设的核心问题，党的领导与社会主义法治在本质上是和谐一致、高度统一的关系，正确认识和处理党与法治的关系，事关法治中国建设的成败，事关党和国家发展的前景。

党和法治的关系是法治建设的核心问题，也是根本的政治问题。革命时期，中国共产党对自身的领导地位就有着较为清晰的认知，一再强调新民主主义的国体只能是无产阶级领导下一切反帝反封建人们的联合专政，党的领导不是包办和干涉，而是政治原则的、政策的、大政方针的领导。中国共产党认为，新民主主义的路线、方针政策必须经过政权和民意机关才能成为政府的法律和施政方针，正如董必武曾明确要求："政府在党的领导下所颁行的法令，所公布的布告，所提出的号召，我们的党组织和党员首先应当服从那些法令。"① 中国共产党曾一再强调，共产党员应自觉遵守新民主主义法律，对于党员犯法舞弊，必须依法严惩，党也在革命的各个阶段注重自身建设，制定和完善了各类形式的党内法规，在特殊历史条件下探索了从严治党、依规治党。但在长期的战争环境之下，为了实现武装斗争、夺取全国政权的中心任务，党曾主要依靠政策、命令、决定、决议等方式来组织和领导革命，"革命法律只是党领导群众运动和开展武装斗争的辅助方式"②。革命年代，党对自身领导地位与法律关系的认识深受历史条件的局限，改革开放以来，中国共产党不断吸取我国社会主义法治建设的经验教训，伴随着中国特色社会主义法治建设的展开，党对自身领导地位与社会主义法治的关系的认知才逐步深化。立足新时代坚持和发展中国特色社会主义的实践要求，习近平总书记明确指出："党的领导

---

① 董必武选集［M］.北京：人民出版社，1985：55.

② 李林，莫纪宏.全面依法建设法治中国［M］.北京：中国社会科学出版社，2019：19.

和社会主义法治是一致的，社会主义法治必须坚持党的领导，党的领导必须依靠社会主义法治。"①这一重要论断为正确认识和处理党的领导与社会主义法治的关系提供了根本遵循。

一是，坚持党对社会主义法治的领导。民主革命时期，党在领导人民进行艰辛革命斗争的同时，注重领导立法、执法与司法，坚持带头守法，我国社会主义法治道路的持续探索，也始终是在党的领导下进行的。新时代，中国特色社会主义事业也面临着重重风险和挑战，需要以法治方式规范国家治理体系，提升社会治理能力。而全面依法治国是复杂的系统工程，具有全局性、系统性、复杂性和长期性等特点，必须在党的领导下锚定法治前进方向，描绘中国法治建设的蓝图。同时，只有坚持和加强党对依法治国的领导，发挥党作为坚强领导核心的重要作用，才能保障社会主义法治建设战略部署的贯彻和执行。

二是，党的领导必须依靠社会主义法治。运用法律去衡量、规范和引导社会生活是现代国家治理方式中的最优选择，历史的成功经验和深刻教训使党愈加清醒地认识到，治国理政须臾离不开法治。邓小平在总结"文革"十年的历史教训时便提出要加强社会主义法治，伴随着改革开放的逐步深入，党先后提出"依法治国""依法执政""依法行政""法治是治国理政的基本方式"等理论观点和实践要求，逐步深刻领会了党的领导必须依靠社会主义法治的重大问题。新时代，全面推进依法治国，是党积极主动在治国理政方面的自我提高与完善。当前世情、国情、党情深刻变化，全面依法治国日益成为关系党执政兴国的全局性问题，实现党和国家长治久安，都需要发挥法治固根本、稳预期和利长远的保障作用。

---

① 中共中央关于全面推进依法治国若干重大问题的决定 [M]. 北京：人民出版社，2014：5.

三是，党的领导与社会主义法治是根本一致的。"坚持党的领导、实行社会主义法治、推进依法治国的目的，都是为了实现国家富强、民族振兴、人民幸福，实现中华民族伟大复兴的中国梦。"①可见，党的领导与社会主义法治具有目的上的一致性。从二者的关系上来看，加强党的领导才能使社会主义法治的航船不偏向，深化依法治国实践，也必须破除"党大还是法大"的政治陷阱，时刻铭记中国共产党的领导是中国特色社会主义法治之魂。作为党治理国家的基本方略，全面推进依法治国，能够提升党的治理能力，改革党的执政方式，能够巩固党的执政地位，增强党的执政权威。

（三）加强和改善党对法治工作的领导

新时代，坚持和发展中国特色社会主义必须牢牢依靠法治，同时，也更需要加强党对依法治国的领导。加强和改善党对法治的领导，是落实全面依法治国战略的必然要求，也是巩固党的领导地位的题中之义。

第一，将党的领导贯彻到依法治国的全过程和各方面。中国共产党是中国特色社会主义事业的领导核心，具有总揽全局、协调各方的作用，发挥党在法治工作中的领导核心作用，就是要在整体上统筹协调、总体设计、宏观布局。坚持党的领导，必须始终坚持党在宪法和法律范围内活动的原则，运用法治思维和法治方式发挥党在全面推进依法治国中的领导作用，形成党的领导权威，巩固执政地位和基础，保证法治建设正确和关键的方向。同时，也要坚持党领导立法、严格执法、公正司法、带头守法，将党的领导贯彻到依法治国的全过程和

---

① 李婧. 新时代全面推进依法治国必须正确认识和处理的几个重大关系 [J]. 马克思主义研究，2021（3）：48.

各方面，全面贯彻落实党中央提出的"三统一"和"四善于"①的基本要求，提高党的领导能力和执政能力，以期为社会主义法治提供坚强有力的根本保证。

第二，坚持依法执政、依宪执政。"依法执政是依法治国的关键。"②坚持依法执政，是新时代坚持和加强党对法治工作领导的必然要求。全面依法治国，首先要求把党的执政行为纳入法治国家建设的整体规划，将党的意志和主张经由法定程序上升为宪法和法律，通过宪法和法律治理国家，党的各级党组织和领导干部也要始终敬畏法律，带头遵守法律、依法办事。"坚持依法执政首先要坚持依宪执政。"③宪法是党和人民意志的集中体现，具有最高的法律效力、地位和权威，我国现行宪法是在党的领导下，在深刻总结我国社会主义革命、建设、改革实践经验基础上制定和不断完善的，完全符合国情实际、符合时代要求。党领导人民制定和完善宪法，就是要始终将宪法作为执政依据，带头遵守宪法，捍卫宪法尊严，发挥宪法在治国理政中的重要作用。

第三，推进全面从严治党、依规治党。办好中国的事情关键在党，关键在党要管党、全面从严治党；依法治国的关键在于依法执政；全面依法治国，关键在于牵住领导干部这个牛鼻子。党员干部是法治工作的重要组织者、推动者和实践者，因此，"治国必先治党，治党务必从严，从严必依法度"④。依规治党必须完善党的领导体制和工作机制，推进党的领导的制度化、法治化，提高党员干部运用法治思维和法治方

---

① 中共中央关于全面推进依法治国若干重大问题的决定［M］. 北京：人民出版社，2014：5-6.

② 中共中央关于全面推进依法治国若干重大问题的决定［M］. 北京：人民出版社，2014：33.

③ 习近平. 论坚持全面依法治国［M］. 北京：中央文献出版社，2020：127.

④ 十八大以来重要文献选编：下［M］. 北京：中央文献出版社，2018：509.

式的能力和水平，才能为实现依法治国提供坚实的主体推动力量，发挥带头和引领作用。

三、坚持立足本国国情和实际推动法治发展与完善

准确研判中国国情，揭示中国革命、建设和改革漫长历程中的客观规律，是推进马克思主义法治理论中国化，推动中国法治发展完善的客观基础。坚持立足国情和实际，是党在不断深入认识法治的过程中凝练的一条基本经验，也成为全面推进依法治国必须遵循的重要原则。

（一）坚持从中国国情和实际出发

民主革命时期，中国共产党运用马克思主义基本原理，准确揭示了中国社会半殖民地半封建的性质。对中国国情和实际的精准研判，不仅是毛泽东论证中国革命的历史特点和发展规律、揭示新民主主义革命的基本特征的基本依据，也成为党对法治认识的客观基础。

民主革命时期，中国共产党在认识法治、领导广大人民探索和实行法治的过程中，始终坚持立足中国实际。一方面，注重发挥法律的政治功能，始终将推翻帝国主义和封建主义统治作为法律制定和实施的根本目的。自党的"二大"确立了反帝反封建的民主革命纲领，宣告要拯救和解放广大中国人民，要求废除帝国主义和封建主义限制、剥削和压迫人民的法律，制定保护人民的法律，便确定了新民主主义法治探索的方针与目标。为了反对帝国主义和封建主义的奴役，各革命根据地在政权建立后，都制定了纲领，旗帜鲜明地要求消灭封建残余，驱逐帝国主义列强，团结一切党派、阶级，发挥一切力量，保卫中国，实现独立、和平、民主与繁荣。各个时期制定的惩治工贼、土豪劣绅、汉奸以及惩治犯反革命和战争罪的刑事法规，为打击国内外阶级敌人，发挥了重要作用。另一方面，党在革命的各个阶段，依据

政治形势、阶级关系和具体任务的变化，调整和变更了法律制度，推动了新民主主义法治的发展与完善。如选举和政权组织法规随着工农民主政权、抗日民主政权和人民民主政权的变化，刑事法规对于不同革命阶段革命对象的变化，土地法规在抗战时期突出的减租减息以及土地分配原则、数量和方法的变化，劳动法规更加符合战争条件下革命根据地经济社会发展的需要等。因此，"认识革命的性质是我们把握革命时期颁布的法律的关键所在"①。

　　坚持从中国实际出发，也是党领导人民探索和实行法治历程中必须遵循的重要原则。新中国成立后，党汲取新民主主义法治的成功经验，抓紧推进社会主义法治建设，伴随着社会主义改造的完成，我国进入了社会主义阶段。十一届三中全会后，实事求是思想路线被重新确立，党开始了适应经济建设和推进改革开放的伟大实践，党在总结新中国成立以来历史经验的基础之上，做出了我国正处于并将长期处于社会主义初级阶段的重大论断。基于这一国情和实际，党注重加强民主法治建设，将依法治国作为领导人民治国理政的基本方略，积极建构和完善中国特色社会主义法律体系，法律价值和权威在法律体系构建和实施中得到体现，中国特色社会主义法治道路不断拓展。

　　如今，如何实现改革、发展、稳定的重大任务，如何适应经济社会发展的严峻挑战，如何抵御前所未有的各类风险，都是中国共产党和广大中国人民必须谨慎思考的重大理论和实践问题。法治作为治国理政的基本方式，其在党和国家各项工作中的地位和作用也日益凸显，广大人民对于法治的热情和要求也日渐高涨。可见，中国特色社会主义不断向前发展，法治建设也要紧密跟进。坚持从实际出发，全面推

---

① 王人博. 中国法制现代化的历史［M］. 北京：知识产权出版社，2010：122.

进依法治国，一是，必须牢牢立足社会主义初级阶段这个最大国情、最大实际。将中国特色社会主义道路、理论体系和制度作为根本遵循，同改革开放不断深化相适应，充分考量这一国情之下党和国家以及中国特色社会主义事业的长远发展，高度重视法治的引领、规范以及保障作用的发挥。二是，必须正确把握新时代我国社会主要矛盾的变化。我国社会主要矛盾已经转化为人民日益增长的美好生活需要和不平衡不充分的发展之间的矛盾，广大人民不仅在物质生活方面有了更加美好而广泛的需要，且在民主、法治、生态、安全等其他方面也有了更多需求和更高标准。因此，必须深刻认识到，新时代我国社会主要矛盾转化的精准判断，不仅是党对人民美好生活需要的积极回应，是坚持和发展中国特色社会主义的核心目标，也是深化依法治国实践、加快建设法治中国的强大动力。三是，致力于解决中国法治问题，形成独具中国特色、实践特色和时代特色的法治。针对新的历史条件下改革发展中的不平衡、不协调、不可持续的问题，法治与国家发展要求之间存在的不适应、不符合等问题，人民内部矛盾问题，以及党风政风问题，涉外法治问题、重大突发卫生公共事件问题等，都需要妥善运用法治方式，以破解中国法治难题。

（二）学习借鉴人类法治文明成果

世界优秀法治文明成果中的精髓对于法治建设的展开具有普遍意义。民主革命时期，党就积累了借鉴人类法治文明的重要经验与深刻教训。在特殊的历史条件下，基于意识形态的同质性、政治体制的相同性，革命法律的效用和社会主义建设的成功经验，无论是法律规范的名称、体系，还是政权机关、司法机关的组织与职能，都鲜明体现了这一时期中国共产党对苏联法治建设的借鉴与模仿。土地革命时期，由于未能完整准确地把握马克思主义的实质和认识中国的独特国情，党领导工农民主政权制定和颁布了一系列法律法规，发挥了革命法律保障人民权益和巩固政权的作用，但也在相当程度上直接照搬照抄苏联法律，造成了党对法治认识的曲折。抗战时期，伴随着党在新民主主义革命理论上的突破，党借鉴苏联法治经验，制定和实施了抗战需要的法律，但基于国共合作的政治基础和边区法律匮乏的实际，党还有原则、有选择地援引了国民政府的部分法律。解放战争时期，伴随着人民革命的胜利推进，党领导广大人民废除了国民党旧法统，将借鉴苏联法治经验与推进解放区法治建设相结合，作为革命根据地法治由农村向城市转变起点的哈尔滨解放区，也成为"对苏联法进行'中国化'实践"①的典型代表。

"坚持从我国实际出发，不等于关起门来搞法治。"②法治一方面有着消灭剥削制度、追求人与人实际平等的阶级性，另一方面也有着实现人类社会组织的理想化、促进人类迈进合理社会生活的价值性。同时，"它既是一种理想目标，也是一种现实化的客观运动"③。各个国家和地区的基本国情、制度样态、文化传统的差异，如何实现法治、具体制度安排如何，以及实现机制和评价标准仍然没有统一的答案，世界优秀的法治文明成果，都可以成为我国法治建设的有益资源。新时代全面推进依法治国，对待世界优秀文明法治成果，首先要抱以开放的态度，保持理性思维，辨别精华与糟粕。借鉴他国法治优秀成果，要坚守中国土壤，挖掘我国传统法治、中国共产党领导的新民主主义

---

① 孙光妍. 哈尔滨解放区法制建设进程中苏联法的"中国化"实践［J］. 求是学刊，2014，41（05）：107.

② 习近平. 论坚持全面依法治国［M］. 北京：中央文献出版社，2020：111.

③ 王人博，程燎原. 法治论［M］. 桂林：广西师范大学出版社，2014：106.

法治以及社会主义法治建设的理论结晶与实践经验，与我国的基本国情和广大人民的现实需求以及世界优秀法治经验实现更好融合，发挥其在法治中国建设中的促进作用。同时，要始终将中国国情和实际作为立足点，走好自己的法治道路，绝不照搬外国法治理念和模式，绝不走西方"宪政""三权鼎立"和"司法独立"的路子。即使是那些具有普遍性的法律技术，在借鉴和运用的过程中也必须认真思考其与本国法律文化融合的方式、方法以及融合程度、接受程度，任何脱离本国基本国情、历史发展渊源和法律文化的法律技术，必然是无源之水，无本之木。

（三）坚定不移走中国特色社会主义法治道路

道路问题是根本的问题，道路决定方向和前途。法治的发展也同样如此，需要遵循一定的路径与方法，内在包含法治建设的战略目标、根本要求、本质特征、制度架构与历史任务等要素。中国特色社会主义法治道路，是中国特色社会主义在法治方面的具体展现，对这一道路的坚持和拓展，是贯穿于新时代法治建设中的一条红线。

中国特色社会主义法治道路是在改革开放新时期开辟的，也是建立在百年来党领导人民为争得民主法治艰辛奋斗的基础上的。民主革命时期，党领导全国各族人民彻底反帝反封建，也立足于革命实际，在制定和实施新民主主义法律的过程中，开始探索独具中国特色的法治之路。党以彻底反帝反封建作为制定和实施法律的中心思想，适应新民主主义政权的巩固与发展，彻底废除旧法统，逐步建立起符合人民意志和革命需要的新民主主义法治。新民主主义法治是人民革命实践经验的总结，它突破了中国传统封建法律造成的人治局面，与国民党资产阶级反动法律根本对立，也与社会主义法治相互区别、相互联系，它是党探索中国特色社会主义法治的前奏。新中国成立后，党运用新民主主义法治的成功经验，抓紧建设社会主义法治，积累了法治道路探索的经验教训。进入改革开放新时期，伴随着党拨乱反正及其工作重心的转移，党要求加强社会主义法制，做到有法可依、有法必依、执法必严、违法必究，中国特色社会主义法治道路的序幕就此拉开。进入21世纪以来，中国共产党领导人民继续推进法治建设，强调党的领导、人民当家作主和依法治国三者统一，全面落实依法治国方略，赋予了中国特色社会主义法治道路更加丰富的内涵。党的十八大后，法治成为治国理政的基本方式，党的十八届四中全会发布专门的决议，详尽阐述了中国特色社会主义法治道路的核心要义，对新时代全面依法治国进行了顶层设计、全面部署和具体规划，中国特色社会主义法治道路进一步拓展。

法治的道路或模式不是唯一的，最适宜的法治即是最好的法治。"中国特色社会主义所具有的独特文化传统、独特历史命运和独特基本国情，决定了我们必然要走适合中国特色的社会主义的法治道路。"①新的历史方位，也为全面依法治国划定了时代坐标，坚持走中国特色社会主义法治道路，一是，必须坚持党的领导，坚持中国特色社会主义制度，贯彻中国特色社会主义法治理论，实现三者在新时代全面依法治国的伟大实践中的有机统一，为法治建设提供根本保证、制度基础和行动指南。二是，要树立自信，保持定力。必须以辩证和理性的态度对待我国社会主义法治建设所取得的成就和存在的问题，做到保持定力，坚守原则，总结和提炼我国社会主义法治建设的成功经验，立足国情和实际，走好适合自己的法治道路。三是，保持与发挥中国特

① 李婧. 中国特色社会主义法治的红色基因探源［J］. 思想理论教育导刊，2016（10）：90.

色社会主义法治道路的独特优势。中国特色社会主义法治道路以党为领导核心，全面系统规划和建构法治，吸收人类法治有益成果，面向实践稳步发展和创新，具有鲜明的社会主义底色、中国特色、中国风格、时代特色。保持这些特色和优势，必须适应我国根本政治制度、基本政治制度和经济社会水平，稳步推进司法体制改革，推进法治中国建设新征程。

四、坚持以人民为中心的法治立场

中国共产党自建党以来将马克思主义作为指导思想的同时，也将实现人民自由和解放作为自己的宗旨。"在前进征途上，只要我们党始终坚持人民利益高于一切，紧紧依靠人民，就能永远立于不败之地。"[①]全面推进依法治国，必须始终坚定人民立场，必须将人民作为法治建设最广泛、最深厚的基础。始终以人民为中心，是党对法治认识的价值指向，也是厉行法治的聚焦点和着力点。

（一）坚持人民主体地位

自成立之日起，党便树立了坚定的人民立场，担当起实现国家独立、民族解放的历史重任。百年来，党始终坚持人民群众利益高于一切，始终坚持为中国人民谋幸福、为中华民族谋复兴，党也将建立和实施人民需要的法律制度作为对人的民主自由的尊重和保障，作为法治建设的最终目标和永恒归宿。

党领导广大人民在革命、建设和改革中厉行法治，秉承人民理念，并将其贯彻落实到对法治的思考与具体实践之中，积累了以法治方式保障和实现人民权益的基本经验。党在明确提出民主革命纲领的同时，

---

① 习近平. 习近平关于社会主义社会建设论述摘编［M］. 北京：中央文献出版社，2017：6.

就宣告了拯救和解放广大中国人民的坚定立场。面对半殖民地半封建社会之下剥削阶级法律对人民自由的压制，党要求制定和保护人民利益的各项法律，在革命的各个阶段，制定了一系列符合人民意志的法律法规，在总结革命经验的基础之上不断完善法律，并通过依法惩治各类刑事罪犯，保障和维护人民生产、生活的良好秩序。党领导的各级司法机关也创立和实行了适合新民主主义政治的人民大众的司法制度，要求由专门的司法机关执行逮捕权与审判权，坚决主张废除刑讯、禁止肉刑，重视证据和调查研究，绝不轻信口供，始终坚持依靠人民、便利人民，吸收广大人民参与司法实践，简化诉讼手续，免除诉讼费用，普及人民调解工作，坚持推进司法为民、司法便民，积累了运用法治方式保障和实现人民利益的重要经验。

新中国的建立奠定了当代中国一切发展的政治基础，也奠定了我国社会主义法治建设的根本前提，中国共产党领导广大人民废除旧法统，确立社会主义法治原则，巩固已经建立起来的国家政权和社会秩序。改革开放以来，中国共产党逐步开辟和拓展中国特色社会主义法治道路，积极构建和完善各类法律法规，矢志不渝地坚持党的领导、人民当家作主和依法治国的有机统一，为人民日益增长的物质文化需要提供法律依据和法治保障。党的十八大以来，以习近平同志为核心的党中央立足新的时代条件，不仅一再强调了人民的重要地位，将人民对美好生活的向往作为党和国家的奋斗方向，并将这一理念贯彻至法治领域，在谋划全面依法治国的战略布局中，将坚持人民主体地位确立为法治建设的一项重要原则。新时代全面依法治国，坚持以人民为中心，要始终在法治建设中坚持和贯彻群众观点，践行群众路线，扎实做到法治为了人民、依靠人民、造福人民、保护人民。既要将保障人民当家作主作为法治建设的整体目标，也要将其作为立法、执法、司法、守法等具体环节的根本要求。必须使法律的制定与实施充分体现和表达人民群众的主张、意志，坚持保障人民在党的领导下，依法管理国家和社会事务以及经济文化事业，深入研究和妥善解决人民反映强烈的法治问题，同时要以高压态势惩治突出的违法犯罪行为，发挥好法律打击犯罪、保护人民的职能，用法治保障人民安居乐业。

（二）依法保障人民权益

无产阶级法律必须确认和保障广大人民的根本利益，使国家的一切公民在政治和社会层面上拥有平等的法律地位。坚持以人民为中心，建构和完善符合人民需要的法律，依法保障和实现人民权益，是民主革命时期中国共产党遵循马克思主义法治观，对法治认识过程中形成的一条基本经验。

民主革命时期，中国共产党始终坚持从中国革命实际出发，以人民为中心，依法保障人民权益。一是，逐步扩大法律保障的人民范围。为适应不同阶段革命形势与阶级关系的变化，中国共产党也逐步明确和扩大了人民的内涵，从土地革命时期的工人、农民和红军，到抗战时期包含无产阶级、农民阶级、知识分子、城市小资产阶级、民族资产阶级等赞成抗日又赞成民主的人们，再到解放战争时期一切反对美蒋反动派，赞成土地改革、赞成推翻国民党反动派建立新中国的人民，都享有新民主主义法律所规定的民主和自由。二是，制定专门法律保障人权。抗战时期，面对长期的封建社会对人民自由的剥夺和压制，专制主义残余所造成的部分党员干部独断专行、贪图便利，侵犯地主、富农和资本家权利的现象，党领导抗日民主政权依据宪法性纲领，制定了保障人权的专门法规，对人权的概念和保障措施做出了明确规定。三是，不断推动法律的丰富与完善。在艰辛的革命历程中，党领导民主政权逐步制定和实施了宪法性施政纲领、选举法、刑法、土地法、文教卫生法规、婚姻法、劳动法等法律法规，不断推动新民主主义法律体系进一步完善，为彻底反帝反封建，维护和实现广大人民政治、经济、文化权利提供了法律保障。正如毛泽东所言："人民的言论、出版、集会、结社、思想、信仰和身体这几项自由，是最重要的自由。"[①]唯有在党领导的解放区，才真正彻底实现了。

伴随着我国社会主要矛盾的转化，广大人民对于法治的要求也越来越高。坚持以人民为中心，深化依法治国实践，一方面，要坚持以法治保障人民当家作主。民主与法治辩证相关，民主蕴含着法治的实质与灵魂，人民民主是依法治国的政治根基；法治是民主运行必须遵循的途径，也是民主的有力支撑。发扬人民民主必须同依法治国结合起来，只有以法治为依托，民主才有可靠保障。因此，必须坚持和推进人民当家作主制度体系的不断完善，确保人民在党的领导下，依据法律规定，通过各种途径、形式管理国家和社会事务，管理经济和文化事业。必须提高立法质量，增强人民权益保障力度，同时，也必须在法的实施过程中吸纳人民参与具体的法治实践，拓宽人民参与法治建设的方式和渠道，保障人民参与公正司法，推进多层次依法治理。另一方面，必须以法治促进和实现公平正义。公平正义是社会主义的核心价值，也是法治建设的灵魂和生命线。司法如果不公，那么法律所具有的定分止争的功能与司法审判的终局性作用就难以实现和发挥。因此，要完善司法体制，坚持推进严格司法，进一步强化司法监督。不断提高执法司法公信力，同时增加司法援助，要严格依照法律，以公平公正的态度对待人民群众的意愿和诉求，要通过不懈努力，使人民在任何一个司法案件中都能够真切感受到法律所带来的公平正义。

---

① 毛泽东选集：第3卷［M］. 北京：人民出版社，1991：1070.

（三）提高全民法治观念

人民内心是否真诚拥护和信仰法律，是判断法律是否具有权威、法治是否有效实行的重要标志，因此，厉行法治的进程，也是不断推进全民守法的过程。建设法治中国，不仅需要大力弘扬社会主义法治精神，也要努力建设社会主义法治文化，营造遵守法律、崇尚法律和不想违法、不敢违法的社会氛围，使全体人民都能够自觉敬畏、捍卫法律规则和法治秩序。

民主革命时期，党就十分重视开展法治宣传教育工作，在战争的历史条件下创造了极具特色的法治宣传教育方式与途径，积累提高人民法治观念的重要经验。面对复杂而尖锐的革命形势、农村革命根据地落后的经济状况以及广大农民群众普遍偏低的思想文化水平，中国共产党为了揭露和批判剥削阶级的旧法律，宣传革命政权的新法律，教育和号召广大人民群众遵纪守法、拥护革命，创新性开展了多种形式的法治宣传教育活动。一是，创办报刊、开设专栏和出版法律书籍与普法读物，集中宣传法律知识和公布司法文件，利用报刊的传播优势，增强宣传力度；二是，组织法律宣传活动和丰富艺术形式，召开各类集会学习和宣传党的法律政策，并通过口号、标语、歌谣、戏剧等文学艺术形式，向广大农民直接、简洁、生动地宣传革命法律；三是，组织和发动人民群众参与司法实践，通过开展就地审判、公开审判、巡回审判，将群众路线贯彻于司法工作之中，使人民群众参与案情的调查和审理，同时接受新民主主义法律的宣传、教育和警示；四是，将法律政策融入教材课本，作为学校教育的重要内容，并组织专门培训班，培养法律人才，以增加司法干部人员数量、提高工作能力与素养。多种法治宣传教育活动的展开，广泛宣传了新民主主义法律，推动了广大人民群众法律思维与法治观念的形成，促进了其对党和革命的认同与拥护。

"人民权益要靠法律保障，法律权威要靠人民维护。"[①]法治观念是实现全民守法和建设法治中国的精神支撑，培育和增强全民法治观念，发挥其对于法治建设的促进作用是全面推进依法治国的重要举措。因此，推进全民守法，必须长期开展普法工作，全面、深入地进行法治宣传教育。一是，要突出法治宣传教育的内容。安排和落实以《中华人民共和国宪法》为主的法律法规的宣传教育工作，以此为基础和重点，提高全面认识、遵照、落实《中华人民共和国宪法》及其他法规的自觉性，同时，也要广泛开展《中华人民共和国民法典》普法工作。二是，要突出法治宣传教育的主体。重点抓好"关键少数"，加强国家工作人员法治宣传教育，以宪法法律为重要内容，在干部考核过程中纳入法治素养和依法履职情况，推动其带头学法、模范守法。也要抓好青少年法治教育工作，将法治纳入国民教育体系的同时，建立和完善法治课程体系。三是，要拓宽和增加法治宣传教育的方式和途径。充分利用和发掘新媒体，紧密结合各地区实际，探索因地制宜的法治宣传教育方法。着力满足人民大众日益增加的法律需要和对公平正义的期望，积极拓展、提升学法和用法的渠道与效率，也要在法治宣传和教育之中进一步强化群众的利益观念和民主意识，使其能够切实知晓法律所赋予的权利和义务，懂得依法维护自身合法权益，能够运用法治思维和法治方式，切实掌握正确运用法律武器与违法犯罪做斗争的方法，在保障其合法权益的同时树立法治信仰和法律权威。

---

① 中共中央关于全面推进依法治国若干重大问题的决定［M］. 北京：人民出版社，2014：26.

五、正确认识和处理德治与法治的关系

法治与德治是两种不同的治理方式，但在国家和社会治理中，各自具有独特价值，把二者结合起来，共同发挥其维护社会秩序的重要作用，已经成为现代国家治理的重要规律之一。推进依法治国与以德治国有机结合，既是党在法治认识历程中形成的重要经验，也是新时代全面依法治国必须遵循的一项重要原则。

（一）充分发挥德治的重要作用

德治作为一种治理方式或手段，强调在国家和社会治理中肯定道德的地位，并发挥道德的独特作用。在中国传统语境之中，德治是儒家倡导的一种治国方略，主张"为政以德""以德化民""德主刑辅"，强调为政者的道德自律，施行仁政，坚持以道德教化为本，将法律或刑罚作为规训百姓、治理国家的补充手段，通过对人的道德、礼仪的教化，维护封建宗法制度，以森严的等级次序实现国家与社会的稳定。从本质上看，传统德治是人治的工具和延伸。现代意义上，德治通过公众舆论、风俗习惯、个人信仰及其善恶标准来引导、规范人们的行为，强调人民的良好道德品行和整个社会的道德风尚，德治意味着在法治的框架之下，尊重法律权威，加强道德建设，发挥好道德的重要功能。在当代中国语境下，德治即以德治国，已成为国家和社会治理的必要手段。

对于国家和社会的治理，德治具有独特的作用与优势。第一，德治是自律的约束。德治以道德为依据，通过道德教育使人们形成道德感知和道德判断，自己要求自己遵守道德规范、承担道德责任，以自我约束、自律行为来调节自己的社会活动，使人们形成良好的道德修养，自觉地明辨是非、遵纪守法、避恶扬善。第二，德治是柔性的约

束。"良知和道德感的不确定性、自由性决定了德治的弱约束性。"[①] 道德一旦根植于人的内心深处，便会成为国家和社会治理中的软性力量，激励人们自觉纠正、约束自己的思维和行为方式，自然而然地践行道德规范。第三，德治是行为前的约束。针对行为的思想动机，德治能够提前发挥约束作用，引导人们积极主动向善，自觉摒弃恶念，使人在动机上远离犯罪和作恶，从而杜绝违法犯罪、道德败坏事件的发生。但是，道德评价的标准并不统一，而且容易改变，其对人的约束就极大可能变得软弱无力，因此，发挥德治的重要作用，就需要法治加以补充和保障。

中国共产党在新民主主义革命历程中领导广大人民探索和实行法治，也注重发挥道德的感化作用。苏区时期，工农民主政权的司法机关就设有劳动感化院作为刑罚执行机关，其在组织犯人进行生产活动的同时，也开办识字班、政治课、图书馆、墙报、文艺晚会等文化活动，争取感化犯人，培养良好的文化素养和道德品质，使其不再违反苏维埃的法律。抗战时期，陕甘宁边区不仅施行了严格的审判和刑罚制度，也遵循宪法性纲领中"对犯人采用感化主义"[②] 的明文规定，运用道德感化、教育和引导违法犯罪人员，将劳动教育作为监所教育和改造犯人的重要途径，目的是通过劳动过程中的理论和实践教育，使犯人们深刻认识到贪图安逸、自私自利、损人益己等思想的重大社会危害，引导其树立、形成热爱劳动、诚实守信、大公无私的观念和品质，从而为其释放后能够遵纪守法、劳动谋生奠定思想基础。这一举措不仅推动了社会风气的革新，对边区法治建设也具有重要意义。

---

① 戴茂堂，李若瑶. 法治德治协同的逻辑根据与价值取向［J］. 湖北大学学报（哲学社会科学版），2020，47（02）：30.

② 韩延龙，常兆儒. 革命根据地法制文献选编：上卷［M］. 北京：中国社会科学出版社，2013：43.

在领导社会主义法治建设中，中国共产党不断深化了对以德治国必要性和重要性的认识，提出和贯彻了一系列加强思想道德建设的主张。"五四宪法"就明确要求，公民必须严格遵守宪法法律，同时也要遵守公共秩序，尊重社会公德。邓小平提出，要加强社会主义法制建设，也要使全国各族人民变得有理想、讲道德，他将社会主义精神文明建设作为坚持社会主义制度、推进现代化建设的一项重要保证。在确立依法治国方略的基础上，江泽民多次阐明了法治和德治的相互关系，一再强调依法治国与以德治国的紧密结合。胡锦涛也明确要求，必须切实加强思想道德建设，使依法治国和以德治国有机结合。习近平总书记在部署和推进全面依法治国重大战略的过程中，将依法治国与以德治国相结合确立为一项基本原则，强调二者相得益彰，提高全民族的法治素养与道德素质。

（二）高度重视法治的地位与功能

作为人类政治文明的重要成果，法治已成为现代国家和社会治理的主要方式。尽管法治一词在中国古代先秦时期的思想和典籍中就已出现，但现代意义的法治源自西方。当代中国法治吸收了中外优秀法治文明，将现代法治理念与具有中国特色的法治实践相结合，法治即指"依法治国""法治国家""中国特色社会主义法治"。

法治以民主为前提，以法律为核心，其在调整经济社会关系方面具有显著优势。与道德不同，法律的约束具有突出的普遍性、强制性、规范性以及可操作性。法律高度统一、普遍适用，任何国家机关、团体和个人在法律面前一律平等；法律由国家强制力保证实施，任何人都必须遵守法律规定，对于违法犯罪行为，法律将遵循一定程序对其强制制裁；法律简明扼要，对法律社会结构和社会行为的概括清晰而精准，告诉人们哪些可为、哪些必须为或不可为；法律公开地、明确地规定人们的权利和义务以及违法犯罪应当承担的责任，人们必须依照法律，约束行为、预见后果。法律对违法犯罪行为的惩治，也是依据明确的要求和程序，适用相应的刑罚。此外，法律还具有调整社会关系，使占社会主导地位的秩序实现制度化、合法化的功能，负有组织和推进政治、经济以及文化事业发展的重要任务，法律因此成为推动国家和社会发展最重要的手段。然而，法律不是万能的，法律在约束时间上存在滞后性，其既不能覆盖社会生活的所有领域，也不可能将所有社会问题妥善解决，法治的局限与弱点的存在，就需要发挥德治的重要作用予以辅助和补充。

党对法治的地位与作用的认识，经历了一个逐步深化的过程。民主革命时期，党充分考量不同革命阶段的政治形势及阶级状况，结合革命根据地实际，将彻底反帝反封建作为法治的中心任务，极力主张废除旧法制、建立新法制，坚持保障和实现人民民主，惩治国内外敌人，特别注重发挥法律对于巩固民主政权、保障人民利益、维护革命秩序、推动革命根据地各项事业建设的重要作用，在特殊的历史条件下，其对法治的认识不断深化。党领导革命根据地的民主政权颁行了新民主主义的法律体系，建立起各级政权机关、行政机关、司法机关，严格执行法律，开展司法工作，开展法治宣传教育，奠定了维护广大人民的根本权益、夺取整个民主革命胜利的法治保障。新中国成立以后，党积极运用新民主主义法治建设的成功经验，领导人民颁行"五四宪法"，建立起社会主义法律体系与司法制度，奠定了新中国各项事业的法制基础。后来，由于指导思想上"左"的错误，党对法治逐渐不那么重视了，"文革"十年间国家法治被严重破坏，这一教训十分惨痛。进入改革开放新时期后，党吸取经验教训，高度重视法治，从提出"有法可依、有法必依、执法必严、违法必究",到确立依法治国基本方略,到强调依法治国方略的全面落实、加快建设社会主义法治国家,再到把法治作为治国理政的基本方式、部署全面依法治国,中国共产党对法治地位与作用的认识日益成熟。所以说,中国共产党历来重视法治建设。面向新时代,法治已成为中国特色社会主义的本质要求和重要保障,更加需要着眼于党和国家的发展前景,密织法律之网,强化法治之力。

(三)坚持依法治国与以德治国相结合

法安天下,德润人心。作为治理国家的不同方式,法治与德治各自具有独特的价值,二者也相互联系,密不可分。第一,法治与德治具有同质性,法律与道德都是源于古代社会最原始的习惯、风俗与禁忌,同时,二者在本质上都属于人类社会的上层建筑,均是由一定的经济基础所决定的。第二,法治与德治具有相同的价值与目标,二者都是规范人思想和言行的重要手段,共同致力于形成良好的社会秩序和社会氛围,促进社会进步。第三,法治与德治存在共同作用领域,尽管法律所调整的都是更为重要的社会关系,其调整范围不及道德广泛,但二者在一定条件下亦可以相互转化,共同作用。第四,法治与德治优势互补,功能对称。在调整手段上,二者是刚性与柔性的结合;在调整对象上,二者是外在行为与内在动机的结合;在调整机制上,二者是权利义务的明确性、权威性与道德信念的共识性有机组合;在调整范围上,他们分别作用于重要的相对狭小的领域与一般的广阔的领域。在实践中促进法治与德治的双向互动,实现法律与道德相辅相成、相得益彰,是建设社会主义法治国家的关键。

一方面,要夯实依法治国的道德基础。离开道德的滋养,"法治文化就缺乏源头活水，法律实施就缺乏坚实社会基础"①。强化道德对法治的支撑作用，要做好以下三方面工作。一是，要加强道德教育。在内容上突出道德教育的法治内涵，将党员干部和青少年作为重点对象，在大力弘扬社会主义道德理念的同时，注重道德体系与社会主义法律体系衔接协调和相互促进，增强人们的规则意识和契约精神。二是，大力推进公民道德建设。必须适应新时代的要求，坚定社会主义方向，大力培育社会主义核心价值观、中华民族传统美德以及与社会、职业、个人等相关的新时代的道德品质，深化群众性精神文明创建活动，提高公民道德素养，烘托法治建设的良好道德氛围与人文环境。三是，将社会主义核心价值观融入法治建设。推动社会主义核心价值观融入全面依法治国的全过程和各环节，促进社会主义核心价值观更加深入人心，巩固全体人民共同奋斗的思想道德基础，构筑铭刻在人民心中牢不可破的法治。

另一方面，要增强依法治国对以德治国的保障与促进作用。"法律是底线的道德，也是道德的保障。"②强化法治之力，应重点做好以下工作。一是，加强法治宣传教育。突出宣传宪法、民法典，深入宣传与推动高质量发展密切相关、与社会治理现代化密切相关的法律法规，将培育公民法治素养与推进依法治理相结合，推动法治蕴含的道德理念深入人心。二是，运用法治手段解决道德领域突出问题。要始终将道德要求贯彻到立法、执法与司法全过程，及时把被广泛认同的、相对成熟和操作性强的道德要求上升为法律，建立健全褒奖惩戒机制、信用奖惩和信用修复机制、激励制约机制。同时，坚持严格执法和公正司法，惩治丑恶，弘扬真善美，依法加强对人民群众反映强烈的失

① 习近平. 论坚持全面依法治国［M］. 北京：中央文献出版社，2020：110.

② 习近平. 论坚持全面依法治国［M］. 北京：中央文献出版社，2020：166.

德行为的惩治。三是，发挥领导干部在全面推进依法治国中的关键作用。要重点抓好"关键少数"，建立健全领导干部应知应会法律法规清单制度，推动领导干部带头学习法律，模范遵守法律，提高其掌握、运用法治思维与法治方式的能力和水平。在落实全面从严治党要求的同时，重点教育、引导领导干部以德修身、艰苦朴素、廉洁奉公、艰苦奋斗，锤炼高尚品格，努力成为全社会的道德表率，以共产党员的道德风范和人格力量，推动形成全社会道德风尚。

结　论

历史总能给人以深刻启示。民主革命时期，中国共产党从近代中国半殖民地半封建社会政治、经济、文化条件出发，遵循马克思主义的立场、观点和方法，以新民主主义革命理论为指导，将马克思主义法治思想创造性应用于中国革命实际，推动了马克思主义法治理论的中国化，在革命的各个阶段，逐步深化了对新民主主义法治的认识。党高度重视法治，坚持将彻底反对帝国主义和封建主义作为法治建设的中心任务，一贯主张废除限制和压迫人民的法律、制定保护和实现人民利益的法律，将法律的有效实施作为保障人民民主、惩治国内外敌人的锐利武器，划分了与剥削阶级法律的鲜明界限，开创了中国法治的新纪元。党坚持厉行法治，领导革命根据地的民主政权建构起新民主主义法律体系，建立起各级政权组织、行政机关、司法机关，依法推行政务，实行人民司法制度，开展法治宣传教育，形成了对新民主主义法治的科学认识，积累了党领导人民实行法治的经验，进而彻底摧毁了国民党反动政权及法制，奠定了新中国社会主义法治的坚实基础。党在不断深化对新民主主义法治认识的历程中，形成的坚持推进马克思主义法治理论中国化、坚持党对法治的领导、坚持立足国情实际推进法治发展完善、坚持以人民为中心、坚持德治与法治有机结合的重要原则，形成了中国特色社会主义法治的红色基因，为新时代全面依法治国、开创法治中国建设新局面提供有益启迪。

第一，新民主主义法治理论与实践的探索，形成了中国特色社会主义法治理论的原创资源。毛泽东、刘少奇、周恩来、董必武等党的领导人，坚持马克思主义法治思想的指导地位，依据中国国情和革命实际，在政策指导或亲自参与法治实践的过程中，提出和贯彻了一系列法治理念与方法原则，开启了马克思主义法治思想中国化的历史进程。他们主张打碎旧的国家机器及其法律制度，颁行人民需要的法律；主张法律的制定必须集中体现广大人民的意志，法律的运行需要人民的广泛参与，并依据实际不断完善；强调发挥法律巩固政权和维护新民主主义革命、摧毁旧经济制度和发展生产力的重要功能，法律必须保障革命根据地的各项事业和社会秩序等。这一系列观点、原则、方法是党创造性运用马克思主义法治思想解决中国法治问题的原创思考和经验结晶，是民主革命时期党推进马克思主义法治思想中国化的理论成果。民主革命时期党对法治的认识是毛泽东思想科学理论体系的重要组成部分，构成了中国特色社会主义法治理论的重要渊源。

第二，新民主主义法治理论与实践的探索，奠定了中国特色社会主义法律制度的历史基础。民主革命时期，党在艰辛革命斗争的过程中不断深化了对法治的认识，带领广大人民建立起各级立法、行政和司法机关，开始了法律制度建设的探索。党领导革命根据地的民主政权颁行了关涉宪法性纲领、政权组织法、选举法、法院组织法、诉讼法、行政法、刑法、土地法、劳动法、医疗卫生与教育法、经济法以及婚姻法等数以千计的法律法规，形成了区别于一切剥削阶级、符合革命实际和人民需要的新民主主义法律体系，为保障和实现人民权益，推动革命根据地各项事业发展提供了法律依据，为新中国社会主义法治创建做了充分准备，成为社会主义法制的直接渊源。新民主主义法律确立的许多基本制度、指导原则、方针政策以及工作方法，如人民代表大会制度、民主集中制、群众自治制度、罪刑相适应、重视证据不轻信口供、便利人民的诉讼制度、人民调解制度、婚姻家庭制度以及劳动政策等，在新的历史和时代条件下得到了贯彻和充实，为中国特色社会主义法律制度的形成发展奠定了深厚的历史根基。

第三，新民主主义法治理论与实践的探索，积累了中国特色社会主义法治道路探索的宝贵经验。中国共产党坚持用新的观点研究法律，致力于推翻传统封建法律对人民的剥削、帝国主义对中国司法主权的破坏和掠夺以及国民党法律对人民的压迫和限制，主张建立既不同于资本主义，又不同于社会主义的新民主主义法律体系，发挥法律对保障和实现广大人民的根本利益、惩治国内外敌人、确认和巩固人民民主政权、推动革命根据地经济社会建设的重要功能。作为推进马克思主义法治思想中国化的核心主体，建构符合中国国情与革命实际需要的法治、推动中国法治现代的核心主体，中国共产党始终重视法治建设，坚持领导人民制定和执行新民主主义法律，不断总结和提炼法治建设的理论原则和实践经验，为探索具有中国特色且符合革命实际的法治道路、实现新民主主义法治向社会主义法治的过渡和转变，提供了根本保证、制度保障和理论指导。新民主主义革命时期党对法治的认识，是探索中国特色社会主义法治道路的前奏，为新时代坚定不移走中国特色社会主义法治道路，全面推进依法治国、开创法治中国建设新局面提供了弥足珍贵的历史参考和经验借鉴。

百年来，中国共产党团结带领全国各族人民为实现中华民族伟大复兴艰辛奋斗，也始终为争取民主法治砥砺前行，面对新时代前所未有的繁重任务与风险挑战，党对法治的认识进一步深化。党的十九届四中全会明确将坚持全面依法治国作为中国特色社会主义国家制度和国家治理体系的显著优势，强调要发挥法治对国家治理体系和治理能力现代化的积极作用，巩固中国之治的制度之基。党的十九届五中全会提出到2035年基本建成法治国家、法治政府、法治社会，要求有效发挥法治固根本、稳预期、利长远的保障作用，推进法治中国建设，为全面建设社会主义现代化国家夯实法治基础。党的十九届六中全会在系统总结党的百年奋斗重大成就和历史经验的同时，也集中概括了新时代全面推进依法治国取得的成就与变革。党的二十大报告明确将全面依法治国总体格局基本形成作为新时代十年来党和国家事业所取得的一项重要成就，并进一步提出了全面建设社会主义现代化国家新征程上法治建设的重要地位、目标指向及关键举措。

以史为鉴，可以知兴替。只有回望历史，才能映照现实、远观未来。立足新的时代条件，运用马克思主义中国化研究学科的基本理论与方法，深化和拓展民主革命时期党对法治认识的研究，进一步阐明百年来中国共产党领导人民探索和实行法治的历史逻辑、理论逻辑、实践逻辑，有助于凝练党领导人民实行法治的成功经验，丰富与发展符合中国实际的、具有中国特色的社会主义法治理论，以期为新时代全面依法治国、开创法治中国建设新局面、夯实全面建设社会主义现代化的法治保障提供学理支撑和历史镜鉴。

参考文献

经典文献

［1］马克思恩格斯文集：第1—10卷［M］．北京：人民出版社，2009．

［2］马克思恩格斯选集：第1—4卷［M］．北京：人民出版社，2012．

［3］列宁选集：第1—4卷［M］．北京：人民出版社，2012．

［4］列宁专题文集：第1—4卷［M］．北京：人民出版社，2009．

［5］毛泽东文集：第1卷［M］．北京：人民出版社，1993．

［6］毛泽东选集：第1—4卷［M］．北京：人民出版社，1991．

［7］中共中央文献研究室．毛泽东年谱：上、中、下卷［M］．北京：中央文献出版社，2013．

［8］毛泽东书信选集［M］．北京：中央文献出版社，2003．

［9］刘少奇选集［M］．北京：人民出版社，1981．

［10］刘少奇年谱1898—1969［M］．北京：中央文献出版社，1996．

［11］邓小平文选：第1卷［M］．北京：人民出版社，1993．

［12］周恩来选集：上［M］．北京：人民出版社，1980．

［13］陈独秀文集［M］．北京：人民出版社，2013．

［14］李大钊选集［M］．北京：人民出版社，1959．

［15］董必武年谱［M］．北京：中央文献出版社，2007．

［16］董必武选集［M］．北京：人民出版社，1985．

［17］董必武政治法律文集［M］．北京：法律出版社，1986．

［18］董必武法学文集［M］．北京：法律出版社，2001．

［19］林伯渠文集［M］．北京：华艺出版社，1996．

［20］谢觉哉文集［M］．北京：人民出版社，1989．

［21］谢觉哉日记［M］．北京：人民出版社，1984．

［22］李维汉．回忆与研究［M］．北京：中共党史出版社，2013．

［23］薄一波．七十年奋斗与思考：上［M］．北京：中共党史出版社，2008．

［24］薄一波．若干重大决策与事件的回顾［M］．北京：中共党史出版社，2008．

［25］李达文集：第1—4卷［M］．北京：人民出版社，1988．

［26］彭真文选［M］．北京：人民出版社，1991．

［27］中央档案馆，中共中央文献研究室．中共中央文件选集［M］．北京：人民出版社，2013．

［28］中共中央文献研究室，中央档案馆．建党以来重要文献选编：一九二一——一九四九［M］．北京：中央文献出版社，2011．

［29］中共中央文献研究室．建国以来重要文献选编［M］．北京：中央文献出版社，1992．

［30］中共中央关于全面推进依法治国若干重大问题的决定［M］．北京：人民出版社，2014．

［31］习近平谈治国理政：第1卷［M］．北京：外文出版社，2018．

［32］习近平谈治国理政：第2卷［M］．北京：外文出版社，2017．

［33］习近平谈治国理政：第3卷［M］．北京：外文出版社，2020．

［34］习近平. 论坚持全面依法治国［M］. 北京：中央文献出版社，2020.

［35］习近平. 论中国共产党历史［M］. 北京：中央文献出版社，2021.

［36］中共中央宣传部. 习近平新时代中国特色社会主义思想学习纲要［M］. 北京：学习出版社，2019.

［37］中共中央文献研究室. 习近平关于全面依法治国论述摘编［M］. 北京：中央文献出版社，2015.

［38］中共中央文献研究室. 三中全会以来重要文献选编［M］. 北京：中央文献出版社，2011.

［39］十五大以来重要文献选编：上、中、下［M］. 北京：人民出版社，2011.

［40］十六大以来重要文献选编：上、中、下［M］. 北京：中央文献出版社，2011.

［41］十七大以来重要文献选编：上［M］. 北京：中央文献出版社，2009.

［42］十八大以来重要文献选编：上［M］. 北京：中央文献出版社，2014.

［43］十九大以来重要文献选编：上［M］. 北京：中央文献出版社，2019.

［44］毛泽东邓小平江泽民胡锦涛关于中国共产党历史论述摘编［M］. 北京：中央文献出版社，2021.

［45］中共中央关于党的百年奋斗重大成就和历史经验的决议［M］. 北京：人民出版社，2021.

［46］习近平. 高举中国特色社会主义伟大旗帜 为全面建设社会主

义现代化国家而团结奋斗——在中国共产党第二十次全国代表大会上的报告［M］．北京：人民出版社，2022.

著作

［1］田克勤，等．中国共产党与二十世纪中国社会的变革［M］．北京：中共党史出版社，2004.

［2］田克勤，李彩华，孙堂厚．中国化马克思主义通论［M］．北京：人民出版社，2013.

［3］田克勤，等．中国特色社会主义理论体系新论［M］．北京：人民出版社，2016.

［4］田克勤，李婧，张泽强．马克思主义中国化研究学科基本理论与方法［M］．北京：中国人民大学出版社，2017.

［5］吕世伦，李光灿．马克思恩格斯法律思想史［M］．西安：西安交通大学出版社，2016.

［6］吕世伦，李瑞强，张学超．毛泽东邓小平法律思想史［M］．西安：西安交通大学出版社，2016.

［7］吕世伦．列宁法律思想史［M］．哈尔滨：黑龙江美术出版社，2018.

［8］李龙．中国特色社会主义法治理论体系纲要［M］．武汉：武汉大学出版社，2012.

［9］公丕祥，龚廷泰．马克思主义法律思想通史［M］．南京：南京师范大学出版社，2014.

［10］公丕祥．马克思主义法学中国化的进程［M］．北京：法律出版社，2012.

［11］公丕祥．新时代全面依法治国的新征程［M］．北京：法律出

版社，2018.

［12］付子堂. 马克思主义法学理论的中国实践与发展研究［M］. 北京：中国人民大学出版社，2020.

［13］付子堂. 马克思主义法律思想研究［M］. 北京：高等教育出版社，2005.

［14］张希坡. 革命根据地法律文献选辑：第1辑［M］. 北京：中国人民大学出版社，2017.

［15］张希坡，韩延龙. 中国革命法制史［M］. 北京：中国社会科学出版社，2007.

［16］张希坡. 革命根据地法制史研究与"史源学"举隅［M］. 北京：中国人民大学出版社，2011.

［17］张希坡. 马锡五与马锡五审判方式［M］. 北京：法律出版社，2013.

［18］张希坡. 革命根据地的工运纲领和劳动立法史［M］. 北京：中国劳动出版社，1993.

［19］张希坡. 人民代表大会制度创建史［M］. 北京：中共党史出版社，2009.

［20］韩延龙，常兆儒. 革命根据地法制文献选编：上、中、下［M］. 北京：中国社会科学出版社，2013.

［21］中共中央党史研究室. 中国共产党历史［M］. 北京：中共党史出版社，2011.

［22］中国共产党简史［M］. 北京：中共党史出版社，2021.

［23］张文显. 法学［M］. 5版. 北京：高等教育出版社，2018.

［24］张文显. 马克思主义法理学理论、方法和前沿［M］. 北京：高等教育出版社，2003.

［25］张文显. 全面依法治国迈向国家治理新境界［M］. 北京：党建读物出版社，2017.

［26］张文显. 二十世纪西方法哲学思潮研究［M］. 北京：法律出版社，1996.

［27］蒋传光. 马克思主义法律思想中国化理论与实践研究［M］. 北京：中国法制出版社，2013.

［28］蒋传光. 新中国法治建设70年［M］. 北京：中国法制出版社，2019.

［29］李林. 中国的法治道路［M］. 北京：中国社会科学出版社，2016.

［30］李林，莫纪宏. 全面依法建设法治中国［M］. 北京：中国社会科学出版社，2019.

［31］李林，陈苏. 马克思恩格斯列宁斯大林论法［M］. 北京：中国社会科学出版社，2015.

［32］李林. 中国法治变革［M］. 北京：中国社会科学出版社，2020.

［33］赵晓耕. 中国法律思想史［M］. 北京：北京交通大学出版社，2014.

［34］侯欣一. 从司法为民到人民司法：陕甘宁边区大众司法制度研究［M］. 北京：中国政法大学出版社，2007.

［35］侯欣一. 中国法律思想史［M］. 北京：中国政法大学出版社，2007.

［36］王人博，程燎原. 法治论［M］. 桂林：广西师范大学出版社，2014.

［37］王人博. 中国法制现代化的历史［M］. 北京：知识产权出版

社，2010.

[38] 王人博. 中国特色社会主义法治理论研究［M］. 北京：中国政法大学出版社，2016.

[39] 张晋藩，曾宪义. 中国宪法史略［M］. 北京：北京出版社，1979.

[40] 张晋藩. 中国法制史［M］. 北京：商务印书馆，2010.

[41] 李婧. 中国特色社会主义法律体系构建研究［M］. 长春：东北师范大学出版社，2010.

[42] 李婧. 中国特色社会主义法律体系的完善和发展研究［M］. 北京：人民出版社，2016.

[43] 李婧. 中国特色社会主义法治道路探索的历程与经验研究［M］. 北京：人民出版社，2021.

[44] 楚向红. 中国共产党依法治国方略的历史分析［M］. 北京：人民出版社，2020.

[45] 张小军. 马克思主义法学理论在中国的传播与发展1919—1966［M］. 北京：中国人民大学出版社，2016.

[46] 宋秉武，赵菁，杨栋. 马克思主义法律思想研究［M］. 北京：中国社会科学出版社，2017.

[47] 俞荣根. 艰难的开拓——毛泽东的法思想与法实践［M］. 桂林：广西师范大学出版社，1997.

[48] 赵明. 探寻法的现代精神——刘少奇的法思想与法实践［M］. 桂林：广西师范大学出版社，1997.

[49] 钟枢. 情理法的冲突与整合——周恩来的法思想与法实践［M］. 桂林：广西师范大学出版社，1997.

[50] 迟方旭. 毛泽东对中国法治建设的创造性贡献［M］. 北京：

中国社会科学出版社，2016.

　　［51］杨永华. 陕甘宁边区法制史稿：宪法政权组织法篇［M］. 西安：陕西人民出版社，1992.

　　［52］彭光华，杨木生，宁群. 中央苏区法制建设［M］. 北京：中央文献出版社，2009.

　　［53］陈少锋，朱文龙，谢志民. 中央苏区法制建设研究［M］. 南昌：江西高校出版社，2017.

　　［54］张炜达. 历史与现实的选择：陕甘宁边区法制创新研究［M］. 北京：中国民主法制出版社，2011.

　　［55］汪世荣. 新中国司法制度的基石——陕甘宁边区高等法院 1937—1949［M］. 北京：商务印书馆，2011.

　　［56］孙琬钟. 共和国法治从这里启程：华北人民政府法令研究［M］. 北京：知识产权出版社，2015.

　　［57］中国法学会董必武法学思想研究会. 依法行政的先河［M］. 北京：中国社会科学出版社，2011.

　　［58］王定国，等. 谢觉哉论民主与法制［M］. 北京：法律出版社，1996.

　　［59］中国井冈山干部学院，中央档案馆.《红色中华》全编［M］. 整理本. 南昌：江西人民出版社，2016.

　　［60］中国井冈山干部学院，中央档案馆.《新中华报》综合版［M］. 整理本. 南昌：江西人民出版社，2016.

　　［61］艾绍润，高海深. 陕甘宁边区判例案例选［M］. 西安：陕西人民出版社，2007.

　　［62］袁征. 中央苏区思想政治工作研究［M］. 南昌：江西高校出版社，1999.

［63］陈始发. 多维视野下的中央苏区文化建设研究［M］. 北京：中共中央党校出版社，2010.

［64］肖居孝. 中央苏区司法工作文献资料选编［M］. 北京：中国发展出版社，2015.

［65］陕西省档案馆，陕西省社会科学院. 陕甘宁边区政府文件选编［M］. 北京：档案出版社，1988.

［66］郑辉. 延安时期中国共产党法律文化建设研究［M］. 北京：人民出版社，2018.

［67］傅克诚，李本刚，杨木生. 中央苏区廉政建设［M］. 北京：中央文献出版社，2009.

［68］余伯流，凌步机. 中国共产党苏区执政的历史经验［M］. 北京：中共党史出版社，2010.

［69］林海. 中央苏区人民检察制度的初创和发展［M］. 北京：中国检察出版社，2014.

［70］王淑朵. 中央苏区时期毛泽东思想研究［M］. 南昌：江西高校出版社，1999.

［71］曾维才. 中央苏区审判工作研究［M］. 南昌：江西高校出版社，1999.

［72］李小三. 中央革命根据地简史［M］. 南昌：江西人民出版社，2009.

［73］卓帆. 中华苏维埃法制史［M］. 南昌：江西高校出版社，1992.

［74］沈玮玮，叶开强. 人民司法——司法文明建设的历史实践1931—1959［M］. 广州：中山大学出版社，2016.

［75］江必新. 全面推进依法治国战略研究［M］. 北京：人民法院

出版社, 2017.

［76］冯玉军. 中国法治的道路与特色［M］. 北京：中国社会科学出版社, 2017.

［77］王利明. 迈向法治——从法律体系到法治体系［M］. 北京：中国人民大学出版社, 2015.

［78］谷春德. 中国特色社会主义法治理论与实践研究［M］. 北京：中国人民大学出版社, 2017.

［79］李德顺. 中国特色社会主义法治文化研究［M］. 北京：中国政法大学出版社, 2016.

［80］孙国华. 中国特色社会主义法治理论［M］. 北京：中国人民大学出版社, 2017.

［81］黄进, 蒋立山. 中国特色社会主义法治体系研究［M］. 北京：中国政法大学出版社, 2017.

［82］舒国滢. 中国特色马克思主义法学理论研究［M］. 北京：中国政法大学出版社, 2016.

［83］李其瑞, 等. 马克思主义法治理论中国化70年［M］. 北京：中国法制出版社, 2019.

［84］郭艳. 中国法治道路的探索与推进［M］. 北京：经济科学出版社, 2020.

［85］彭先兵. 中国特色社会主义法治建设合规律性研究［M］. 广州：中山大学出版社, 2018.

［86］许耀桐. 依法治国怎样坚持党的领导［M］. 长沙：湖南人民出版社, 2015.

［87］高浣月. 马克思主义与法治中国［M］. 北京：光明日报出版社, 2019.

［88］李景田，张恒山. 中国特色社会主义制度中的政治法律建设［M］. 北京：人民出版社，2019.

［89］陈扬勇. 建设新中国的蓝图［M］. 北京：社会科学文献出版社，2013.

［90］亚里士多德. 政治学［M］. 吴寿彭，译. 北京：商务印书馆，1965.

［91］卢梭. 社会契约论［M］. 何兆武，译. 北京：商务印书馆，1980.

［92］孟德斯鸠. 论法的精神［M］. 北京：商务印书馆，2012.

期刊

［1］田克勤，张泽强. 从价值觉醒到文化自信：五四运动历史地位的新思考［J］. 思想理论教育，2019（04）.

［2］田克勤. 马克思主义中国化与中国文化从传统向现代的转化［J］. 马克思主义研究，2015（09）.

［3］田克勤，李婧. 中国共产党与马克思主义在中国的创新发展［J］. 山东社会科学，2016（08）.

［4］田克勤. 红军长征与中国革命从国内战争到抗日民族战争的伟大转变［J］. 思想理论教育导刊，2016（10）.

［5］田克勤. 深入理解和把握马克思主义中国化主题的几个问题［J］. 马克思主义理论学科研究，2017，3（02）.

［6］李龙，刘玄龙. 马克思主义法学中国化的百年历史回顾与时代展望［J］. 社会科学战线，2021（03）.

［7］李龙. 恩格斯晚年对马克思主义法学的杰出贡献——纪念恩格斯诞辰200周年［J］. 法治现代化研究，2020，4（02）.

［8］李龙，朱程斌. 建国70年以来党的政策和法的关系［J］. 甘肃政法学院学报，2019（04）.

［9］李龙. 坚持马克思主义法学在深化依法治国实践中的指导作用［J］. 法治现代化研究，2018，2（01）.

［10］张文显. 中国法治40年：历程、轨迹和经验［J］. 吉林大学社会科学学报，2018，58（05）.

［11］张文显. 中国特色社会主义法治理论的新飞跃［J］. 法制与社会发展，2017，23（06）.

［12］张文显. 中国特色社会主义法治理论的科学定位［J］. 法学，2015（11）.

［13］张文显. 论中国特色社会主义法治道路［J］. 中国法学，2009（06）.

［14］张文显. 马克思主义法学中国化的百年历程［J］. 吉林大学社会科学学报，2021，61（04）.

［15］张文显. 习近平法治思想的实践逻辑、理论逻辑和历史逻辑［J］. 中国社会科学，2021（03）.

［16］张文显. 中国特色社会主义法治理论的新飞跃［J］. 法制与社会发展，2017，23（06）.

［17］张文显. 治国理政的法治理念和法治思维［J］. 中国社会科学，2017（04）.

［18］公丕祥. 马克思的法律发展思想及其当代意义［J］. 中国社会科学，2017（10）.

［19］公丕祥. 新时代全面依法治国的行动指南［J］. 中国高校社会科学，2021（01）.

［20］公丕祥. 新时代中国法治现代化的战略安排［J］. 中国法学，

2018（03）.

［21］公丕祥. 21世纪中国马克思主义法学的新飞跃［J］. 江海学刊，2018（02）.

［22］公丕祥. 中国特色社会主义法治理论的探索之路［J］. 社会科学战线，2015（06）.

［23］公丕祥. 当代中国马克思主义法治理论发展的新境界［J］. 求是学刊，2021，48（03）.

［24］公丕祥. 马克思主义国家与法的学说中国化百年行程［J］. 社会科学战线，2021（05）.

［25］公丕祥. 新中国70年社会主义法治建设的成就与经验［J］. 法律与生活，2019（19）.

［26］公丕祥. 新时代中国法治现代化的战略安排［J］. 中国法学，2018（03）.

［27］陈始发. 陕甘宁边区法制宣传教育探析［J］. 马克思主义理论学科研究，2018，4（06）.

［28］陈始发，李妍婷. 中央苏区法制宣传教育研究［J］. 中国高校社会科学，2018（05）.

［29］陈始发. 革命根据地法律文献整理现状与文献特点分析［J］. 中共党史研究，2018（04）.

［30］陈始发，包若然. 湘鄂赣革命根据地法律文献整理和研究的考察与思考［J］. 江西财经大学学报，2017（05）.

［31］陈始发，周妍. 鄂豫皖革命根据地法制建设研究述评［J］. 理论学刊，2016（04）.

［32］陈始发，陈亚先. 晋冀鲁豫根据地的法律文献整理现状与法制建设研究述评［J］. 理论学刊，2013（08）.

［33］陈始发，张勇．闽浙赣革命根据地法制建设研究述评［J］．党史研究与教学，2016（01）．

［34］李林，高汉成．中国共产党为人民民主与法治奋斗的90年［J］．政治学研究，2011（04）．

［35］李林．新时代坚定不移走中国特色社会主义法治道路［J］．中国法学，2019（03）．

［36］李林，莫纪宏．新时代中国特色社会主义法治理论的创新与发展［J］．暨南学报（哲学社会科学版），2017，39（12）．

［37］李林．开启新时代中国特色社会主义法治新征程［J］．环球法律评论，2017，39（06）．

［38］李林．坚持和发展中国特色社会主义法治理论［J］．求是，2015（03）．

［39］张希坡．革命根据地的审计立法及其基本经验［J］．法学杂志，1982（6）．

［40］张希坡．中国共产党开创了社会主义中华法系的新纪元［J］．法学家，2001（04）．

［41］张希坡．中国共产党与革命根据地法制建设［J］．人民论坛，2011（26）．

［42］韩延龙．中国革命法制史的若干基本问题［J］．法学研究，1986（05）．

［43］韩延龙．试论抗日根据地的调解制度［J］．法学研究，1980（5）．

［44］付子堂，胡仁智．新中国建立前中国共产党的法律探索［J］．学习与探索，2001（04）．

［45］付子堂．习近平总书记全面依法治国新理念新思想新战略：

发展脉络、核心要义和时代意义 [J]. 中国法学, 2019 (06).

[46] 付子堂. 实质法治: 中国法治发展之进路 [J]. 学术交流, 2015 (03).

[47] 付子堂. 建设新时代中国特色社会主义法治体系 [J]. 中国司法, 2018 (01).

[48] 侯欣一. 论陕甘宁边区法治实践论的构建和谐社会之维 [J]. 上海师范大学学报 (哲学社会科学版), 2006 (04).

[49] 侯欣一. 试论革命根据地法律制度研究 [J]. 法学家, 2008 (3).

[50] 侯欣一. 陕甘宁边区司法制度的大众化特点 [J]. 法学研究, 2007 (04).

[51] 侯欣一. 陕甘宁边区司法制度、理念及技术的形成与确立 [J]. 法学家, 2005 (04).

[52] 孙光妍. 新民主主义宪政立法的有益尝试——1946年《哈尔滨市施政纲领》考察 [J]. 法学研究, 2006 (05).

[53] 孙光妍, 郭海霞. 哈尔滨解放区法制建设中的苏联法影响 [J]. 法学研究, 2009, 31 (02).

[54] 孙光妍, 邓齐滨. 论"人民司法"的城市实践——以哈尔滨解放区司法建设为例 [J]. 学术交流, 2011 (12).

[55] 孙光妍. 哈尔滨解放区法制建设进程中苏联法的"中国化"实践 [J]. 求是学刊, 2014, 41 (05).

[56] 孙光妍, 邓齐滨. 中国革命法制"从农村到城市"的司法转折——以哈尔滨解放区司法实践为中心的考察 [J]. 北方法学, 2016, 10 (05).

[57] 杨木生. 中央苏区法制建设的经验与教训——纪念中华苏维

埃共和国临时中央政府成立暨中央革命根据地创建七十周年［J］. 江西社会科学, 2001（12）.

［58］杨木生. 论苏区的司法制度［J］. 求实, 2001（01）.

［59］杨永华, 王天木, 段秋关. 论陕甘宁边区法制建设的原则［J］. 法学研究, 1984（05）.

［60］李婧. 中国特色社会主义进入新时代的制度之基［J］. 东北师大学报（哲学社会科学版）, 2021（04）.

［61］李婧. 新时代全面推进依法治国必须正确认识和处理的几个重大关系［J］. 马克思主义研究, 2021（3）.

［62］李婧, 田克勤. 改革开放以来中国特色社会主义政治建设的持续推进与创新［J］. 马克思主义研究, 2018（11）.

［63］李婧. 中国特色社会主义法律体系发展动力探究［J］. 社会科学战线, 2016（12）.

［64］李婧, 田克勤. 马克思主义法律思想中国化的历史进程及其经验启示——基于中国特色法律体系构建的视角［J］. 马克思主义研究, 2009（9）.

［65］王会军, 李婧. 社会主义法治理念的理论溯源——对马克思主义经典作家法治思想的认识与思考［J］. 思想理论教育, 2013（21）.

［66］魏伦, 李婧. 改革开放初期中国共产党对法治的认识及其当下价值［J］. 思想理论教育, 2016（12）.

［67］李婧. 中国特色社会主义法律体系构建的基本经验［J］. 社会科学战线, 2014（10）.

［68］李婧, 蒋青青. 毛泽东宪法思想及其当代价值［J］. 思想理论教育导刊, 2014（07）.

［69］李婧. 传统法治思想的基本内涵及其当代价值［J］. 求索,

2015（12）.

　　［70］李婧. 中国特色社会主义法治的红色基因探源［J］. 思想理论教育导刊，2016（10）.

　　［71］李婧，刘雯炀. 习近平新时代中国特色社会主义思想形成发展的基本逻辑向度［J］. 思想理论教育，2018（05）.

　　［72］李婧. 对马克思主义中国化研究学科核心命题的认识［J］. 马克思主义理论学科研究，2017，3（04）.

　　［73］刘青，李龙. 李达：马克思主义法学中国化的奠基者［J］. 马克思主义研究，2019（06）.

　　［74］詹全友，李资源. 延安时期党风廉政法制建设的当代价值［J］. 社会主义研究，2011（3）.

　　［75］张珍华. 抗战时期中国共产党营造的延安和谐社会［J］. 毛泽东思想研究，2005（6）.

　　［76］郝琦，宇赟. 略论延安时期的法制建设［J］. 广西社会科学，2004（4）.

　　［77］朱恩沛. 试论抗日民主政权的法制建设［J］. 长白学刊，1997（3）.

　　［78］张炜达，梁星亮. 延安时期马克思主义指导下的法制理论与实践［J］. 理论导刊，2009（3）.

　　［79］黄正林. 中共在陕甘宁边区执政问题研究——以抗日民主政权和"三三制"为中心［J］. 中共党史研究，2017（09）.

　　［80］周荃. 延安时期中国共产党依法治理的基本经验［J］. 求知导刊，2015（5）.

　　［81］于沛霖，陈敬根，王佳斌. 陕甘宁革命根据地的法制建设及其当代意蕴［J］. 中国延安干部学院学报，2010（1）.

［82］蔡永民．抗日民主政权的法制建设［J］．兰州大学学报，1995（3）．

［83］李胜林．试论抗日战争时期解放区的民主政治建设［J］．理论探讨，1990（4）．

［84］陈金钊．从革命法制到社会主义法治——马克思主义法制（治）观在中国的成长［J］．法学论坛，2001（4）．

［85］宋四辈．民主革命时期的人权法制建设及其特点［J］．郑州大学学报（社会科学版），2000（6）．

［86］宋四辈．民主革命时期的民主司法制度建设及启示［J］．中国社会科学院研究生院学报，2004（02）．

［87］吴广．论苏区法制建设的基本原则［J］．厦门大学学报（哲学社会科学版），1986（4）．

［88］齐一飞．论晋察冀边区的法制建设［J］．法学杂志，1990（2）．

［89］王金艳．东北解放区的法制建设［J］．长白学刊，2001（06）．

［90］刘晓根．苏维埃共和国民主法制建设及启示［J］．江西社会科学，2000（03）．

［91］张明之．中华苏维埃共和国立法工作浅议［J］．党的文献，1998（03）．

［92］饶世权．论土地革命时期根据地的法制教育及其当代启示［J］．理论学刊，2012（11）．

［93］饶世权．论抗日根据地的法制教育及其当代启示［J］．河北师范大学学报（哲学社会科学版），2013，36（01）．

［94］喻中．中国特色社会主义法治的历史逻辑［J］．中国高校社会科学，2021（03）．

［95］喻中．中国特色社会主义法治理论：思想根基、主要特性与

学科定位［J］. 法学论坛，2020，35（01）.

［96］喻中. 论中国特色社会主义法治的历史使命［J］. 南通大学学报（社会科学版），2019，35（05）.

［97］喻中. 国家与法的方法论——关于《家庭、私有制和国家的起源》的重新理解［J］. 政法论丛，2018（04）.

［98］张小军. 五四时期苏俄社会主义法制在中国传播的过程和特点［J］. 马克思主义与现实，2021（01）.

［99］张小军. 延安时期党规党纪与陕甘宁边区政府的法治实践及其启示［J］. 陕西师范大学学报（哲学社会科学版），2019，48（04）.

［100］张小军. 革命语境中的马克思主义法学——早期左翼法学话语的政治意涵论析［J］. 中国高校社会科学，2019（02）.

［101］韩伟. 七十年来革命根据地刑事法制研究述论［J］. 苏区研究，2021（01）.

［102］韩伟. 延安时期对苏联宪法的引介与重释：中国共产党宪法观的历史考察［J］. 北方法学，2019，13（06）.

［103］韩伟. 陕甘宁边区的民事立法及其对当代民法典编纂的启示［J］. 北方法学，2017，11（03）.

［104］唐志全，陈学明，黄德华. 闽浙赣苏区法制建设的成就和基本经验［J］. 江西社会科学，2000（04）.

［105］汪习根. 法治中国的道路选择——党的"十九大"全面依法治国思想解读［J］. 法学杂志，2018，39（01）.

［106］汪习根，王冰. 论法治理念在当代中国的奠基——董必武法治思想探讨［J］. 中南民族学院学报（人文社会科学版），2002（03）.

［107］刘忠. "从华北走向全国"——当代司法制度传承的重新书写［J］. 北大法律评论，2010，11（01）.

［108］刘德林. 民主革命时期中国共产党反腐倡廉的实践和基本经验［J］. 求索，2010（11）.

［109］马京平，王小玲，肖周录. 陕甘宁边区农民法制教育的实践及其历史启示［J］. 河南社会科学，2010，18（05）.

［110］李交发. 百年中国法治艰辛路［J］. 湖南社会科学，2004（04）.

［111］刘国钰. 中央苏区时期的法制宣传教育［J］. 重庆社会科学，2013（08）.

［112］齐一飞. 论晋察冀边区的法制建设［J］. 法学杂志，1990（02）.

［113］于沛霖，陈敬根，王佳斌. 陕甘宁革命根据地的法制建设及其当代意蕴［J］. 中国延安干部学院学报，2010（01）.

［114］孔令秋. 哈尔滨解放区法制建设初探［J］. 黑龙江史志，2008（01）.

［115］闫少华，朱子娟. 革命根据地政权建立后中国共产党的法制观［J］. 理论学刊，2014（11）.

［116］黄先禄. 延安时期陕甘宁边区法治实践及其现实启示［J］. 中国延安干部学院学报，2015，8（04）.

［117］罗世英. 中华人民共和国成立前革命根据地选举制度的特点［J］. 法学研究，1957（04）.

［118］姚桓. 中国共产党依法治国的历程及思考［J］. 新视野，2015（02）.

［119］刘清生. 民主革命时期的人民检察制度研究［J］. 中国刑事法杂志，2009（10）.

［120］黄力平. 建国前中国共产党的民主法治观综述［J］. 甘肃

理论学刊，1999（05）.

［121］王孔容. 论中国共产党对法治之路的探索［J］. 青海社会科学，2012（05）.

［122］王晓光. 从陕甘宁边区两个司法案例谈起［J］. 理论视野，2017（02）.

［123］肖贵清，王然. 民主革命时期中共从严治党的历史经验［J］. 东北师大学报（哲学社会科学版），2017（05）.

［124］魏治勋. 百年法治进程的基本逻辑与执政党角色——纪念中国共产党成立100周年和"依法治国"方略提出24周年［J］. 法学论坛，2021，36（01）.

［125］杨雪冬，黄小钫. 人民民主的百年探索及启示［J］. 理论导报，2021（03）.

［126］柯新凡. 毛泽东法治思想探析——兼论毛泽东不是"法律虚无主义者"［J］. 毛泽东邓小平理论研究，2020（10）.

［127］张效羽. 论中国共产党历史上的法治思维——以民主革命时期为例［J］. 中共中央党校（国家行政学院）学报，2020，24（04）.

［128］张明军. 从宪法到宪治：法治中国建设的政治逻辑——从毛泽东《新民主主义的宪政》谈起［J］. 学术月刊，2015，47（05）.

［129］栾爽，平旭. 抗战时期中共抗日民主政权司法制度建设及启示［J］. 毛泽东邓小平理论研究，2011（05）.

［130］郑继汤. 闽西苏区立法实践［J］. 苏区研究，2021（04）.

［131］王永和. 中国共产党德治思想历史演进的三维考察［J］. 思想理论教育导刊，2021（10）.

［132］饶世权. 中国共产党百年法制（治）宣传教育历程及其经验与启示［J］. 思想理论教育导刊，2021（09）.

［133］黄文艺．习近平法治思想中的法治战略地位论［J］．思想理论教育导刊，2021（08）．

［134］廖奕．中国共产党法治观的百年演进［J］．国家检察官学院学报，2021，29（04）．

［135］张炜达，郭朔宁．中国共产党百年民族法制建设：实践探索、基本经验、时代回应［J］．西北民族大学学报（哲学社会科学版），2021（04）．

［136］何勤华，王静．法治：中国共产党人百年奋斗的抉择与使命［J］．人民论坛·学术前沿，2021（11）．

［137］付子堂，张燕．习近平法治思想的人民立场与实践要义［J］．法学，2021（06）．

［138］莫纪宏．习近平法治思想"十一个坚持"的法理逻辑结构与功能透析［J］．新疆师范大学学报（哲学社会科学版），2021（03）．

［139］李林．现代化中华法治文明及其世界意义［J］．中国社会科学，2022（12）．

［140］公丕祥．新时代推进中国式法治现代化的原创性思想［J］．南京社会科学，2022（07）．

［141］张文显．论习近平法治思想的鲜明特色［J］．法制与社会发展，2022，28（04）．

［142］段凡．习近平法治思想对马克思主义法治理论的原创性贡献［J］．马克思主义研究，2022（06）．

报纸

［1］张希坡．马锡五审判方式：群众路线的生动实践［N］．光明日报，2013-11-27（011）．

［2］张希坡.革命根据地的人民民主法制［N］.人民法院报，2011-07-01（007）.

［3］赵晓耕，沈玮玮.革命时期党对法院工作的指导及影响［N］.人民法院报，2016-07-01（005）.

［4］侯欣一，柴松霞.红色司法现实意义［N］.人民法院报，2016-06-22（004）.

［5］李林.马克思主义法学理论：中国特色社会主义法治理论的思想基础和理论渊源［N］.光明日报，2015-09-30（014）.

［6］韩伟.人民司法传统没有过时［N］.中国社会科学报，2016-03-29（001）.

［7］张小军.延安时期党局部执政的法治历史经验［N］.中国社会科学报，2019-09-11（005）.

［8］马怀德.习近平法治思想的理论逻辑、历史逻辑与实践逻辑［N］.光明日报，2021-08-25（011）.

［9］付子堂.习近平法治思想对马克思主义法治理论的原创性贡献［N］.光明日报，2021-08-25（011）.

［10］从革命根据地法制建设到全面依法治国［N］.法治日报，2021-06-29（006）.

［11］莫纪宏.中国特色社会主义法治道路的法价值结构与功能［N］.中国社会科学报，2021-10-19（003）.

［12］石佑启.中国特色社会主义法治道路的历史、理论与实践逻辑［N］.中国社会科学报，2021-10-19（003）.

后 记

本书是我在博士学位论文的基础上进行充实修改完成的。在进一步丰富和完善过程中，大量融入了我承担的科研项目——2022年度黑龙江省省属本科高校基本科研业务费思想政治课专项"新时代大中小学思政课实践教学爱国主义教育一体化的推进理路研究"（编号：145209710）、黑龙江省教育科学规划2023年度重点课题"龙江地域文化纵贯大中小学思政课实践教学一体化研究"（编号：GJB1423182）的研究内容、创新观点和思路方法，因而也成为上述科研项目的阶段性成果之一。

本书付梓之际，特别要感谢恩师李婧教授的倾力指导和倾情关怀。2015年9月起，我师从东北师范大学马克思主义学部李婧教授，开始硕士、博士研究生阶段的学习。李婧教授是马克思主义中国化历史与理论、中国特色社会主义民主法治理论与实践研究的专家，多年来潜心治学，深耕中国特色社会主义法治问题研究，形成了见解独到、颇具特色的系列研究成果。硕博期间，恩师悉心教导我进行马克思主义中国化研究学科基本理论与方法、学术前沿问题以及经典文献的学习与研究，在指导我不断深化理论研究与思考的过程中倾注了大量的智慧和心血，恩师为人、为师、为学的精神和品格值得我学习一生。可以说，恩师是我进入学术殿堂的引路人，她不仅培养了我的学科意识、研究思维与专业技能，更启迪和见证了我的学术成长和进步。谨以此书向恩师表达诚挚的感谢和敬意。

在本书的撰写、修改及完善的过程中，我得到了所在单位齐齐哈尔大学、齐齐哈尔大学马克思主义学院以及思想政治教育系提供的良好科研条件支持。本书的顺利完成，同样离不开很多老师、同事、朋友和家人的关心、鼓励和支持，在此一并表示感谢。

中国共产党探索新民主主义法治理论与实践这一问题复杂而深刻，无数专家学者几十年兢兢业业，这一领域的研究成果才日渐丰硕，使我衷心地敬佩和感激。本书的完成，只能算是自己刚刚叩开了学术世界的大门，科研之路道阻且长，仍需要勤学多思，坚持不懈，不断深化对这一重大理论和实践问题的研究。由于选题历史跨度较大，涉及诸多学科和领域，文献资料相对久远而繁多，加之笔者在理论功底、学术视野、学术积累、研究能力方面的有限，书中难免存在诸多不足，敬请同行专家及各位读者批评指正。

刘晓慧

于黑龙江齐齐哈尔

2023 年 8 月